创建学习家园 放飞人生梦想

Chuangjian Xuexi Jiayuan
Fangfei Rensheng Mengxiang

——学习型街镇（乡）建设案例集

Xuexixing Jiezhen (xiang) Jianshe Anliji

中国成人教育协会学术委员会　编

叶忠海　赖　立　主编

高等教育出版社·北京

图书在版编目(CIP)数据

创建学习家园 放飞人生梦想：学习型街镇（乡）建设案例集 / 叶忠海，赖立主编；中国成人教育协会学术委员会编. -- 北京：高等教育出版社，2015.9
ISBN 978-7-04-043782-9

Ⅰ. ①创… Ⅱ. ①叶… ②赖… ③中… Ⅲ. ①城市建设-研究-中国 Ⅳ. ①F299.21

中国版本图书馆CIP数据核字（2015）第214718号

策划编辑 游 滨 责任编辑 王馨毓 封面设计 于文燕 版式设计 马 云
责任校对 刘娟娟 责任印制 朱学忠

出版发行 高等教育出版社
社 址 北京市西城区德外大街4号
邮政编码 100120
印 刷 高教社（天津）印务有限公司
开 本 787mm×960mm 1/16
印 张 12.75
字 数 220千字
购书热线 010-58581118

咨询电话 400-810-0598
网 址 http：//www.hep.edu.cn
http：//www.hep.com.cn
网上订购 http：//www.landraco.com
http：//www.landraco.com.cn
版 次 2015年9月第1版
印 次 2015年9月第1次印刷
定 价 32.00 元

物 料 号 43782-00

编委会

序 言

读完《创建学习家园　放飞人生梦想——学习型街镇(乡)建设案例集》(以下简称《案例集》)，眼前浮现出一派和谐、快乐、幸福、其乐融融的街镇景象。24个街镇（乡）案例像一朵朵奇葩，给我们展示了学习型街镇为市民百姓营造的幸福家园。然而，细细体味，这不仅仅是实践活动的创新成果，更重要的是揭示了创建学习型街镇的真谛——让人们的生活更加美好。

首先，学习型街镇创建活动注重“以人为本”。“以人为本”不是口号，是要从制度、内容、方法等多方面着手，面向社区的每一个人，不分年龄、性别、职业、民族、宗教信仰等，人人都依法享有平等受教育的机会和学习的权利,更重要的是要关注社区的弱势群体。深圳宝安区福永街道就是突出的典范，他们坚持公平正义原则，对外来人员开展社区教育培训和服务，努力让外来农民工成为现代产业工人，让外来少儿平等融入校园，让社区成为外来妇女的幸福家园和外来老人的养生乐园，努力使外来务工者融入福永街道社区，把他们培育成为辛勤劳动创业并具备文明素质的“新福永人”。福永街道在创建学习型街镇过程中，使理念变为行动，愿景变为现实，值得学习和借鉴。

其二，学习型街镇创建活动关注市民的终身教育与学习。沈阳和平区太原街街道倾力打造“-2～100岁终身教育服务工程”就体现了这一理念，针对不同年龄段、不同类型人群的特点，开展全程、全方位的教育学习服务，创建了人人皆学、时时可学、处处能学的良好环境，让所有的人生活、生存、发展都得到关注和关爱。在满足不同人群、不同年龄段多元化学习需求的同时，也践行了终身教育与终身学习的理念。

其三，学习型街镇创建活动体现了对学习的尊重。社区教育承认一切学习的价值和作用，包括正规的学历教育、非学历培训、或随时随地的学习。无论是哪种学习，都是建立在学习者自身需要的基础上，是学习者的主动行为。因此，社区教育认证和评价正式、非正式学习的过程和结果，将与学习者需求相关联的学习内容、学习的完成率和成绩水平作为衡量社区教育质量的重要指标，改革和扬弃传统教育的质量评价体系。就如上海杨浦区五角场街道建立和完善了社区教育的评估体系，让学习者的满意度和学识能力提高的有效度作为检验学习成果的标准和尺度，更好地营造了学习的氛围，激励更多的人参与学习。

其四，学习型街镇创建活动彰显了社区多方合作的精神。联合国教科文组织《汉堡宣言》中明确指出：在政府内，成人教育不只是教育部一家的事，所有部门都要参与促进成人教育的工作，各部门之间的合作是很重要的。发挥政府在社区教育管理中的主导职能，建立多部门的合作机制是《案例集》中集中体现的精神。上海市闸北区大宁路街道努力形成多方参与的合力，除坚持党政统一领导、部门分工负责、社会积极参与的工作机制外，还动员社区内的机关企事业单位、社会团体、民间机构参与，重视对社会组织及团队的培育、指导和服务，营造健康和谐、凝心聚力的社区学习文化，打造大宁路街道安居乐业的幸福家园。

24个街镇（乡）的案例有力证明：开展社区教育，创建学习型街镇，具有传统学校教育无法替代的功能，它是实现全民教育，构建终身教育体系，形成学习型社会的重要基础；是促进社会和谐，维护社会公平最有利最有效的手段；是满足居民多样化学习需求，促进人的全面发展、终身发展的重要途径。

《国家中长期教育改革和发展规划纲要（2010—2020年）》明确提出，要“广泛开展城乡社区教育”，“统筹开发社区教育资源，积极发展社区教育”。近些年来，我国的社区教育得到长足发展。目前，经过调整和确认，全国共有143个国家级实验区和90个示范区；另外，还有更多的省、地市级实验区和示范区。全国形成了区（县）社区学院为龙头，街道乡镇社区学校为骨干，居委会（村）社区学习点为基础的三级教育学习网络；形成了一批大中城市为龙头，沿海发达地区为主干，中西部地区有重点，梯度推进、滚动发展的总体格局。但是，离党和政府提出的“到2020年，基本形成学习型社会”的战略目标，还有很大的距离，留给我们的时间仅有6年，如果我们没有强烈的责任感、紧迫感、危机感来推进社区教育，“基本形成学习型社会”的目标就有可能落空。应该说，推进社区教育，建设学习型社会是各级政府部门的事情，是各级政府部门的政治责任和庄严承诺。乡镇（街道）是我国最基层的行政机构，一头连着各级政府部门，一头连着千家万户老百姓，在国家经济社会发展中发挥着基础性作用。某种意义上说，没有街镇（乡）社区教育的全力推进，就没有全国社区教育的全面发展；没有街镇（乡）学习型社会的建设，就不会有全国学习型社会的形成。24个街镇（乡）社区教育的案例是全国街镇（乡）的典范。如果全国4万多个乡镇街道都能够以他们为榜样，学习借鉴他们的经验与成果，努力开展社区教育，积极探索创新，就一定能够开创全国社区教育的新局面。

为实现党和政府提出的“全面建成小康社会”，“形成全民学习，终身学习的学习型社会”奋斗目标，学习型街镇（乡）建设发挥着重要作用，担负着重要责任。我们欣赏和赞誉24个街镇（乡）为社区教育所做的努力，也期待在街镇（乡）层面开出更多社区教育的奇葩。

为此，撰写此序。我们将与你们一同努力。

中国成人教育协会会长　郑树山

2015年1月

前 言

中外城市发展史表明，学习型城市建设是城市发展史上前所未有的创举。建设学习型城市是一场深刻的教育和社会变革，也是一项涉及民生的基础性社会建设。我们需要认真地加以研究，积极而又稳妥地加以探索。

最近，教育部等7部门发布的《关于推进学习型城市建设的意见》(以下简称《意见》)，是我国推进学习型城市建设的首份政府文件，是我国学习型城市建设的行动纲领，引领着我国学习型城市的建设，具有里程碑的意义。

学习型街镇（乡）是学习型城市的基石，没有一个一个学习型街镇（乡）的创建，就没有学习型城市。为了配合《意见》贯彻落实，中国成人教育协会学术委员会历时两年，在有关省市区教育行政部门的推荐下，汇编了《创建学习家园　放飞人生梦想——学习型街镇（乡）建设案例集》(以下简称《案例集》)。这本《案例集》涉及7个省、3个直辖市的24个街镇（乡）案例，其中包括20个城区案例，3个镇（乡）案例，以及1个社区学院案例。

综观这24个案例，领导体制、制度建设、经费投入、基地建设、队伍建设等学习型街镇（乡）建设基础工作扎实，成绩突出。不仅如此，各街镇（乡）均体现了自身建设特色。

在目标方面，南京市建邺区南苑街道提出了“宜居幸福圈计划”，在2～3年内建成“5圈3网”。其中包括10分钟教育服务圈、文化体育圈等，最终建成“生活便、环境优、文化厚”的幸福宜居示范区。北京市顺义区马坡镇提出“以提高村民素质，改善民生为根本，创建学习型新村”。

在教育对象方面，深圳市宝安区福永街道针对快速的新型城镇化，以及外来务工人员大大超过本地户籍人口的实际，提出以教育公平撬动社会公平，把培育重点放在两方面，一是把农民工培育成为现代产业工人，二是把外来人口培育成为“新福永人”。

在内容方面，沈阳市和平区太原街街道倾力打造自胎儿到100岁教育服务全线工程。青岛市市南区江苏路街道开展以“美德润心、科普养心、名师塑心、党建聚心”为主题内容的教育活动，以达到“百年江苏路，人文新社区”的目标。南京市玄武区梅园新村街道，以“博学理念”“博雅气质”“博爱胸怀”等人文精神培育社区居民。上海市徐汇区田林街道在长期实践的基础上，形成了“弘扬优秀传统文化，培育现代社区精神”的街道特色学习品牌，“论语导读”获上海市老年教育特色课程。还有,浙江省嘉善县天凝镇的农民“种文化”活动。

在机制方面，北京市西城区月坛街道积极扶持社会组织，发挥月坛社区建设协会“枢纽型”社会组织孵化的作用，培育和发展各类社会组织270多个，服务于学习型街道建设。上海市杨浦区五角场街道长期实践“五区联动”运行机制，包括公共社区与大学校区、科技园区、部队营区、商业区联动，合力推进学习型街道建设。杭州市上城区紫阳街道积极探索学习型组织联建共建机制，打造“学习联盟”,形成资源共享、优势互补的创建模式。慈溪市龙山镇建立“学分银行”制度,激励农民参与学习。武汉市新洲区邾城街道“视社会支持为生命”，调动各方力量、各单位团体、所有社会成员承担“全民学习、终身学习”的社会责任。青岛市市南区湛山街道建立“法制教育公益联盟”，以社区管理中心、文化中心、医疗中心为平台，着力搭建“青少年法律学校”“青少年道德银行”“青少年关爱屋”“青少年维权服务站”“社区青少年关爱卡”“放学后·来吧”等教育平台，对青少年进行法制教育。

在基础建设方面，沈阳市沈河区滨河街道开展“五星级”学习型社区创建活动。杭州市江干区采荷街道大力培育社区学习共同体，目前已有5大类100多个社区学习共同体。太原市杏花岭区三桥街道以建立和完善文明市民学校系统为基础，深化学习型街道建设。

在队伍建设方面，杭州市上城区小营街道提出要打造一支“五型五优”的社区工作者队伍。“五型”指的是“学习型、服务型、专业型、全能型、创新型”；“五优”指的是“理念优先、素质优良、结构优化、方法优质、业绩优异”。

在组织保障方面，天津市河西区友谊街道提出建立“六种学习督导组织”，保证终身学习活动持续发展。

当然,这本《案例集》记述的全国学习型街镇（乡）创建工作还不够全面，中部地区只反映了两个街道，有待今后逐渐完善。然而，24个街镇（乡）建设过程中所反映的先进理念、有效做法和经验，确实体现了学习型街镇（乡）建设的中国特色。本人作为成人教育界和社区教育界一位老兵郑重地向大家推荐这本《案例集》。

中国成人教育协会学术委员会主任 叶忠海
2015年1月

目录

为外来人口撑起一片“艳阳天”
——深圳市宝安区福永街道案例 …… 1
社区学习共同体：学习型街道建设新载体
——杭州市江干区采荷街道案例 …… 10
撑起一片蓝天，筑梦太原街人
——沈阳市和平区太原街街道案例 …… 20
引来不竭动力泉，浇筑和谐新家园
——沈阳市沈河区滨河街道案例 …… 29
以学习促发展，建设学习型街道
——大连市金州新区站前街道案例 …… 35
创建学习型街道，市民教育大有可为
——太原市杏花岭区三桥街道案例 …… 44
以文化人，打造特色学习型街道
——青岛市市南区江苏路街道案例 …… 50
整合资源，创新载体，全面提升学习型街道建设水平
——青岛市市南区湛山街道案例 …… 59
以博学理念引领梅园学习型街道建设
——南京市玄武区梅园新村街道案例 …… 67
凝神聚力抓创建，携手共圆学习梦
——南京市建邺区南苑街道案例 …… 74
创新管理，幸福民生，全面推进学习型街道建设
——北京市西城区月坛街道案例 …… 81

强化学习理念，繁荣社区教育，创建学习型街道
——天津市河西区友谊路街道案例 ……………………90
以人为本，持之以恒，扎实推进学习型街道建设
——上海市徐汇区田林街道案例 ……………………97
构建区域性党建新格局，促进学习型社区新发展
——上海市长宁区华阳路街道案例 ………………… 106
创建学习型街镇，建设大宁安居乐业幸福家园
——上海市闸北区大宁路街道案例 ………………… 114
倡导终身学习理念，完善社区教育体系
——杭州市上城区紫阳街道案例 …………………… 122
创建学习型马坡，促镇域科学发展
——北京市顺义区马坡镇案例 ……………………… 129
学习改变命运，教育造福百姓
——慈溪市龙山镇案例 ……………………………… 138
从农民“种文化”到学习型社区的华丽转变
——嘉兴市嘉善县天凝镇案例 ……………………… 149
敢为人先创新培训模式，追求卓越创建学习型街道
——武汉市新洲区邾城街道案例 …………………… 157
打造“五型五优”社工队伍，让人人享有出彩机会
——杭州市上城区小营街道案例 …………………… 164
老街新韵，彰显学习文化的多彩魅力
——天津市南开区鼓楼街道案例 …………………… 169
五区联动添书香，共谱社区教育新篇章
——上海市杨浦区五角场街道案例 ………………… 176
争创学习型院校，助推学习型街镇建设
——北京市海淀区中关村学院案例 ………………… 182

为外来人口撑起一片“艳阳天”

——深圳市宝安区福永街道案例

2011年央视春节联欢晚会上，那令人难忘的一幕：在流光溢彩、绚丽缤纷的舞台上，伴随着《咱们工人有力量》的铿锵旋律，一群活力四射的青年欢腾跳跃、扑挪旋转，用现代街舞演绎着时代的风采。而当他们自我介绍“我是塑料工”“螺丝工”“洗车工”“电子工”“建筑工”……时，全国观众感受到巨大的心灵震撼。这段舞蹈也在当年“我最喜爱的春晚节目评选活动”中，当之无愧地荣获“特别节目类一等奖”。

平日灰头土脸、汗污满身的农民工，何以舞出如此灿烂的人生？这是因为“第二故乡”深圳市宝安区福永街道，为他们撑起了一片“艳阳天”！

福永街道位于广东省深圳市宝安区中西部、珠江入海口东岸，与中山市、珠海市隔海相望。总面积66.2平方千米，辖13个社区。福永是一个古老而年轻的街镇，古镇有700余年历史，南宋民族英雄文天祥的后裔聚居于此。改革开放后，特别是近20年，福永发生了突飞猛进的变化。截至2012年年底，福永有88.8万人，工业企业1845家，工业产值达1105.7亿元，两税收入81.8亿元，各项主要经济指标位居全区之首。街道教育整体水平居宝安区前列，2003年被评为“广东省教育强镇”,2012年被评为“全国社区教育示范街道”。

福永之所以能取得如此迅猛的发展，主要得力于“以教育、学习为抓手，以人的发展为根本，促进经济社会全面发展”总战略的实施，得力于常住人口生产力、创造力的充分激活。街道的主要做法可用“一撬动三培育”来概括。

一、以教育公平撬动社会公平

社会和谐，第一要义是公平正义。只有在公平正义的社会中，人们才享有平等的发展机会，才可能释放出最大的创造潜能，进而促进全社会的进步。

截至2012年年底，福永外来人口86.8万，占总人口的97.8%。街道认识到，要想促进福永发展，必须平等对待户籍人口和外来人口，为外来人口创造公平正义的生存、发展环境。要实现这个目标，便需要从提高人口素质着手，就是说，要把实现教育公平作为创造社会公平的着力点。为此，街道扎扎实实做好三方面工作。

（一）完善顶层设计

顶层设计决定发展理念、领导体制、方针政策，是事业推进的总体部署。这方面，福永注重了三点：第一，强调平等理念。街道在制定政策、实施计划、统计成果时，一般用“常住人口”为基数，非特殊情况不区分“户籍人口”和“外来人口”，平等对待所有“新福永人”。第二，健全领导机构。街道于2007年成立社区教育委员会，街道党工委书记亲任主任；为保障各界话语权、决策权，委员会成员由街道政府部门、13个社区和大中企业（3000人以上规模）主要负责人担任；社区教育委员会办公室负责常务工作，设于街道社区教育中心；街道下辖13个社区均设有社区教育工作站，与街道中心形成管理网络，为教育公平的实现提供了组织保证。第三，制定政策规章。街道根据宝安区《关于建设学习型城区的决定》（2004年）、《关于全面实施素质工程的意见》（2007年）等文件精神，先后制定《福永街道实施素质工程工作方案》《福永街道社区教育章程》《福永街道全面推进社区教育的实施方案》《福永街道社区教育委员会成员及职责》《福永街道社区教育各部门分工及职责》《福永街道社区教育五年发展规划（2010—2014年）》等一系列规章，为教育公平的实现提供了制度保证。

（二）加大经费投入

经费投入是“优先发展教育”和“实现教育公平”的基本前提。街道将社区教育经费纳入财政预算，实行专款专项管理，通过上级拨款、政府补贴、企业捐助等多种形式，形成多元经费筹措机制，确保社区教育公共财政投入的逐年稳步增长。2004—2006年，街道按常住人口人均1元的标准设立社区教育专项经费；从2007年起，街道建立“政府为主、多元投入”机制，将社区教育经费纳入政府财政预算，以常住人口（含外来人口）47万为基数，按人均5元的标准下拨：2007年226万元，2008年269万元，2009年348万元，2010年381万元，2011年705万元，累计投入1929万元；2011年常住人口人均社区教育投入达15元，远远超过宝安区规定人均2元的标准。有了相对充裕的经费投入，街道实施了给外来劳务工教育培训以补助、免除外来工子女教育费用、支持社区居民教育文化活动、鼓励社会各界参与社区教育等一系列政策，有力地促进了街道的教育公平。

（三）重视资源建设

优裕的教育资源是实现教育公平的物质保证。这方面街道抓了三个重点：一是整合各类资源。2007年5月，街道13个社区同时挂牌成立了社区教育站，各站均有200平方米以上的教育场所，达标的电教室、图书馆、电脑室等一应俱全。同时，街道要求辖区内文化馆、图书馆、文体中心等积极参与社区教育，要求学校、企事业单位的图书馆、阅览室、多功能活动室、体育场所设施等面向社区民众开放，形成共享格局。二是加强课程建设。经多年努力，街道社区教育中心和社区教育站建成了涵盖职业技能、文化艺术、科普知识、健康休闲、乡情乡貌、绿色环保6大类94门课程的社区教育课程体系；编印了《福永一本通》《文明礼仪常识》《凤凰山与万福广场》《毽球校本教材》《乒乓球》《老年人保健》等本土教材。这些课程、教材贴近实际，深受社区民众的好评与喜爱。三是实现网络学习。街道于2009年在怀德社区建设数字化教育平台，经4年实践，创建了“一中心四服务”数字化学习支持服务模式。“一中心”：一切以学习者为中心。“四服务”：技术平台支持服务，学习资源支持服务，学习管理支持服务，后勤管理支持服务。目前，平台可同时支持2000人在线学习；有数字化学习教室2个，数字化学习资源623学时，多媒体视频课程347课时，自建数字化课程46门；学习平台实名注册约1.8万人，网络学习点击年均125万人次。至2012年年底，数字学习结业3842人，居民满意率85%，街道于2010年获评“首批全国数字化学习实验街道”。

制度公平、投入充分、资源富集，为福永外来人口提供了教育公平的大环境。教育公平就意味着机会公平，教育公平的杠杆，必然撬动社会公平，为外来人口撑起一片地位平等、生存平等、发展平等的“艳阳天”！

二、把农民工培育成现代产业工人

农民工，是外来人口的主体，也是福永建设者的主体。农民工的生存、发展状况，决定着福永外来人口的生存、发展质量，更决定着福永经济社会发展的前途，街道党工委明确提出“来了就是福永人”，通过不间断的教育培训，努力把农民工培育成现代产业工人。

前些年，福永的农民工培训处于自发、自流状态，主要由各类社会教育培训机构分散进行。随着工业产业的发展、企业的大量聚集，这种培训状况已经不能适应形势的要求，所以，街道从2008年开始，对农民工培训进行了科学设计、统筹安排。街道的农民工教育培训分为三个明显的阶段。

（一）农民工初次上岗素质培训

福永有1800多家企业，其中外资企业不少。一方面，各类企业管理体制不同，对员工的要求相差悬殊；另一方面，初来城镇的农民工不熟悉城镇生存规则，不了解企业运作制度，不懂得自身权益维护。针对这种情况，2008—2009年，街道统一领导，开展初次上岗素质培训，加强了对农民工的人文关怀和帮助。初次上岗素质培训包括城市就业、安全生产、职业卫生、生殖健康、交通安全、食品药品卫生、消防安全及应急自救、心理健康和文明礼仪等9方面内容，旨在帮助农民工增强法律意识、适应城镇生存、懂得文明礼仪、学会自我保护。初次上岗培训量大面广，新增农民工基本都要接受培训。

初次上岗素质培训的运作，是根据宝安区素质工程领导小组统一部署，由街道素质办牵头，联合街道社区教育中心、劳动办、工会、妇联、团工委、司法所、安监办等部门推行的。运作实践中，无论企业还是农民工本人，都非常欢迎这种培训，培训收到了预期效果。

（二）百万员工素质提升培训

随着福永经济社会的快速发展，随着产业的转型升级、技术创新，数量庞大但层次较低的劳动力结构成为制约街道发展的“瓶颈”，农民工素质的普遍大幅提升成为迫在眉睫的问题。2010—2012年，街道大力开展“百万员工素质提升培训”。培训充分发挥街道社区教育中心的主阵地作用，开设电脑类、叉车类、电工类、外语类、起重机、制冷类、模具类、电焊工、会计类、安全主任、企业负责人、创业就业（SYB）、物业管理、物流管理、花艺、厨艺等50多个培训项目。同时，街道实施“千场培训进企业”工程，通过“校企合作”方式，由社区教育中心对企业推荐的124名培训师进行预培训，再由他们回企业开展员工培训，以有效扩大培训面、强化培训效果；在这项培训工程推进过程中，街道共派发辅导教材35万余册、教学光盘1500余张，共有1495家企业的35.9万员工接受了培训；街道还组织辖区16.6万名企业员工参加区“百万员工素质提升培训”知识竞赛，有100多人获得奖项。

由于女工占外来工的70%以上，所以，街道对女工的素质提升给予特别关注。街道派出由23名妇女教育专家、律师、医生等组成的妇女教育讲师团，下基层、进工厂，重点培养女工的自我意识和发展能力；街道还组建18所外来女工流动学校，灵活地为女工提供基础文化、职业技术、生理心理等教育服务。讲师团、流动学校几年来免费送培训进企业156场，培训女工近100万人次，《人民日报》和中央电视台为此专门进行了"百万女工进学堂"专题报道。

（三）各类高级技能人才培训

最近几年，国际金融危机的爆发深刻地改变了中国经济的内外环境，中国经济承受着越来越大的发展压力，"打造中国经济升级版"成为国家寻求突破的总战略。这种战略的实施，必须激发社会、企业、个人的活力和创造力，必须依靠大批高素质科技人才、技能人才。顺应大势，宝安区于2013年4月出台了《宝安区劳务工技能人才培养"百千万工程"工作方案》（深宝素质组[2013]4号），计划在2013—2015年间，每年培养100名以上技师、高级技师，1000名以上中高级技能人才，培训、鉴定1万名以上初级技能人才，街道年企业员工培训量达10万人以上，由此，福永农民工培训进入各类高级人才培训新阶段。

街道决定，重点培育机电类、汽车类、电子类、服务类、广告类、医药类中高级人才。对取得国家职业资格证书者，经培训参加技师、高级技师模块化考核成绩合格者，给予全额培训费用资助；参加培训但考试未通过者，也给予70%培训费补助。上述举措的实施，将有力促进农民工向中高级人才转化。

多层次、不间断的农民工培训，为福永街道的产业发展提供了充足的生力军，也使农民工素质不断提高，快速成长为应时而需的现代产业工人。

三、把外来人口培育成"新福永人"

农民工是外来人口的主体，而农民工的家属，即他们的配偶、子女、老人，数量也十分庞大。如果他们的素质得不到提高，依然会拖福永发展的后腿。街道的做法是，通过公平的社区教育，努力把外来人口培育成"新福永人"。

（一）基础教育：让外来少儿融入平等校园

街道现有在校中小学生2.6万人，在城镇快速发展、义务教育学位紧张的情况下，街道认真落实深圳市"来深建设者子女积分入学政策"，开通绿色通道，使外来青少年比例达到中小学生总数的89%。街道还十分注重青少年校外教育，利用寒暑假组织他们参加社区环境整治、绿地维护、交通安全宣传等公益活动；开展寓教于乐的文体科技比赛、培训、考察、参观等活动；组织学生去粤东、粤西学农，体验农家生活；举办中小学生艺术节、合唱节；组织学生参加全国社区青少年教育征文活动等。2011年，街道共有8.6万名青少年参加了各类活动，外来青少年享受着平等的受教育权益。

（二）妇女教育：让外来妇女营造幸福家园

一个女性可能影响三代人——丈夫或男朋友、子女、孙辈，所以，街道对外来妇女教育格外重视。街道聘请婚姻家庭指导师、医生、计生专家等，采用多种形式为她们开展育儿教育、子女教育、家政教育、邻里教育、法制教育、礼仪教育、文体艺术教育等，全面提高妇女综合素质；街道普遍开展学习型家庭创建活动，引导妇女在“重家教，以德立家；学法律，以法护家；勤上网，信息富家；读好书，文化兴家”活动中发挥主导作用。使她们充分认识到自己的人生价值。街道积极开展“妇女网上行”活动，将外来妇女带入现代生活的新天地。2012年，街道被评为“宝安区母亲素质提升‘金虹行动’示范街道”。

（三）老年教育：让外来老人珍爱养生乐园

街道投资1.2亿元，建成占地4800平方米，花园绿地3000平方米，集教育、学习、娱乐、康复功能为一体的老年服务中心。街道文体中心建筑面积4万多平方米，其中一半是老年人活动场地。街道成立了老年大学，13个社区都有老年课堂。通过教育培训，让老年人在“老有所依”“老有所养”“老有所乐”的同时“老有所学”“老有所为”；街道老年协会邀约退休教育、科技、卫生、体育、法律等工作者组成老年义工队，通过培训、学习，使他们成为街道弘扬正气的评论员、维护安定的治保员、处理纠纷的裁判员、治理环境的监督员，为构建和谐社区发挥了重要作用。

（四）公民教育：让外来人口成为“新福永人”

街道为各类外来人口开展的教育活动，一以贯之的目标是培养具有“自尊自信、理性和平、积极向上”精神品质的“新福永人”。街道采取的引导方式是：第一，增强主人意识，弘扬“福永精神”。面对来自天南海北、四面八方的近百万外来人口，街道始终倡导“来了就是福永人”。街道以“阳光、辛勤、感恩”作为“福永精神”，鼓励外来人口“以阳光的心态面对人生，以辛勤的劳动创造生活，以感恩的情怀融入社会”，争当主人，当好主人，扎根福永，就业创业置业，把对安居乐业生活的憧憬变为美好的现实。第二，增强城市意识，提高文明素质。街道以社会主义核心价值体系和促进城市人文精神建设为目标，普遍开展“爱国、守法、诚信、知礼”现代公民教育，增强外来人口的公民意识；结合科教、文体、法律、卫生、安全“五进社区”活动，大力推进居民文明素质和城市文明水平“双提升工程”；积极开展文明礼仪教育，使外来人口养成城市生活行为方式和文明习惯，尽快转变为具备文明素养的“新市民”。第三，增强家园意识，共创和谐街道。街道充分发挥外来人口在“提升城市文明，建设幸福家园”中的主体作用；针对公共秩序、环境中的薄弱环节，开展“八个一”法制宣传活动，推进市容环境、畅通福永、社会治安、市场秩序和公益行动“五大提升行动”；在社区居民中开展“睦邻友善、守望相助”教育；发起组建“市民文明观摩团”，定期邀请50名热心市民，同人大代表、政协委员及福永小记者一起走进社区，发现文明亮点或“短板”，为建设、维护新家园做出积极贡献。

经过多年坚持不懈的培育，一代“新福永人”已经崛起，熊永兰就是他们的杰出代表。熊永兰，一位来自海南贫困山村的女孩，1992年高中毕业后来到福永。她边打工边在街道良好的教育环境中刻苦学习，先后完成成人大专、本科学业，接受多种业务知识、技能培训，完成了从懵懂的打工妹到生产线上的业务能手，到热心社会公益的“五星级义工”，再到拥有千名义工的“全国优秀青年中心”（团中央授）带头人的“三级跳”，2011年被全国妇联授予“全国巾帼建功标兵”称号。2012年，作为来自生产一线的农民工代表，她光荣地出席了中国共产党第十八次全国代表大会。熊永兰是农民工的骄傲，是新一代产业工人的骄傲，也是“新福永人”的骄傲！

四、把街道培育成新型城镇化排头兵

20年前的福永，还只是珠江口东岸的一个小镇，全镇人口5.2万，有中小企业250家，工农业总产值仅1.4亿元；到2012年年底，福永人口达到88.8万，企业增至1845家，工业总产值达1105.7亿元，外贸进出口总额151.9亿美元，成为深圳宝安区的经济重镇。目前，福永正意气风发地行进在社会主义现代化建设大道上，满怀信心地争当我国新型城镇化排头兵。

那么，福永的发展有何优势？有何资本？发展底气又从何而来？

（一）福永的综合优势——“四张牌”

为进一步建设好“幸福福永”，近两年，街道总结发展经验，决定实施四大战略打好“四张牌”：第一，项目带动，转型升级，打好“产业牌”。街道抓住大空港（深圳机场）和临空经济区规划建设契机，全面提升产业水平，促进新一代信息技术、节能环保、生物、新能源、新材料和高端制造业等多门类产业的集群化发展，进一步壮大街道产业竞争优势。第二，民生优先，配套推进，打好“城市牌”。进一步优化学校与医院、道路与桥梁、商业街区等建设，为民众提供更便利的生活条件；进一步完善管理制度，实施分类管理，加强监管巡查，强调综合治理，为民众创造和谐平安的生活环境。第三，价值引领，人文践行，打好“文化牌”。继续完善公共文化服务体系，大力开展多层次主题文化活动，吸引民众“离开麻将桌，走上大舞台”；继续擦亮醒狮、杂技、街舞“三大名片”，支持其走向全国、走向世界；继续支持粤曲、评书等艺术团队，传承优秀传统文化，在文化领域弘扬主旋律，传递正能量。第四，环境治理，景观提升，打好“生态牌”。开展河流整治，加快“一河两岸”生态景观建设；全力维护凤凰山、立新湖等自然景区，打造城市景观精品；搞好凤凰古村保护性开发，推进古建筑保护修缮；在支持经济快速发展的同时，保持福永的青山碧水蓝天绿地。打好“四张牌”，福永就具备了良性发展的综合优势。

（二）福永的宝贵资本——“新福永人”

福永实施四大战略、实现创新发展，有诸多可凭借的资本，但其中最宝贵的，是“新福永人”：第一，“新福永人”的人口红利。改革开放以来，我国经济社会发展取得了举世瞩目的成就，这其中，享有长达30年的“人口红利”是要因之一。而今，当我国步入老龄社会之时，“人口红利”将消失殆尽，而福永由于外来人口以青年为主，人口平均年龄约为33岁，所以，福永发展至少可再享有20年“人口红利”。第二，“新福永人”的良好素质。福永有三张享誉海内外的“文化名片”：活力四射的街舞队，技艺高超的醒狮队，勇于创新的杂技团。街舞队的《咱们工人有力量》登上2011年央视春晚并获一等奖；醒狮队多次代表中国参加国际比赛并获得“狮王”称号；杂技团荣获“第十届古巴夏季杂技节”金奖，并赢得赴西班牙的百场商业演出机会。三支完全或主要由外来人口组成的队伍的最显著特征——街舞队的“活力四射”，醒狮队的“技艺高超”，杂技团的“勇于创新”，恰恰是“新福永人”最突出的素质特征；而三支队伍成功的共同因素——“团结拼搏，勇为人先”，也正是“新福永人”的群体精神。第三，“新福永人”的精神支柱。来自天南海北、素质千差万别的外来人口，为什么会形成“团结拼搏，勇为人先”的精神？为什么能养成“活力四射、技艺高超、勇于创新”的综合素质？关键在于他们有共同的人生梦想——创造安居乐业的幸福生活；他们有共同的精神支柱——“阳光、辛勤、感恩”的“福永精神”。他们在“福永精神”的鼓舞下，以自尊自信、理性和平、积极向上的心态和行动追寻自己的梦想，同时为福永的发展提供着强劲而持久的动力。他们是福永发展最宝贵的资本！

（三）福永的底气来源——学习型街道

福永的发展具有充沛的底气，这底气来源于学习型街道的创建。

学习型街道是秉持终身学习理念，整合各类教育资源，以学习者为中心，以先进文化为导引，以各种学习型组织为基础，为社会成员无障碍学习提供充分支持以助其全面发展，并进而促进街道可持续发展的新型街道。所以，学习型街道的创建自然会为街道民众“人的全面发展”，为街道经济社会的发展提供充沛的底气。

福永创建学习型街道主要取得了六方面成效：实现了充分的教育公平，使外来人口与户籍人口享有平等的受教育机会；构筑了完善的教育平台，使家庭教育、学校教育、职场教育、社区教育得到协调发展；组建了活跃的学习团队，使学习型组织在各个机关、单位、企业、社区健康成长；形成了多层面支持系统，为民众提供周到的学习服务；促发了内生的学习动力，使学习成为越来越多居民的生活方式；凝聚了独特的街道文化，引领居民为美好理想的实现协力拼搏！

学习型街道的创建凝聚了“福永精神”，激发了福永人的学习动力、创新活力，促使福永走在社会主义现代化建设前列，奋力争当新型城镇化排头兵！

学习型街道的创建，为“新福永人”撑起了一片“艳阳天”，也将使福永的明天更加灿烂！

撰稿：深圳市宝安区福永街道办事处
朱　涛　五邑大学

社区学习共同体：学习型街道建设新载体

——杭州市江干区采荷街道案例

浙江省杭州市江干区采荷街道成立于1987年，地处杭州主城区东部，紧邻杭州新地标——钱江新城，系江干区委、区政府所在地。采荷街道是一个集居住、商务和公共活动为一体的综合性街区。辖区面积5.5平方千米，下辖15个社区，现有居民3.4万户，人口9.3万，其中，外来人口2.3万多。区域内教育资源丰富，有中学3所，小学5所，幼儿园10所，企事业单位35家。2001年5月，胡锦涛同志视察采荷街道社区建设工作，做出了“为民服务是社区一切工作的出发点和落脚点”的重要指示。多年来，采荷街道紧紧围绕“以人为本，为民服务”这一根本宗旨和原则，以“全省示范、全国一流”为总体目标，健全机制，夯实基础，创新载体，拓展内涵，大力弘扬尊师重教、崇文尚学的良好风尚，全面开展丰富多彩的全民学习、终身教育活动，积极推进学习型街道建设工作。2006年，采荷街道成为杭州市首批社区教育实验单位；2009年，采荷街道社区学校被评为“杭州市首批示范社区学校”；2010年，采荷街道又荣获“全国社区教育示范街道”荣誉。

自2008年以来，采荷街道开展了创建特色社区学习共同体活动。随着区域经济和社会的快速发展，采荷街道辖区居民生活日渐富裕，对精神文化的需求日益高涨，由居民自发的、社区组织的和街道打造的各类社区学习共同体，如雨后春笋般蓬勃发展。目前，街道有书画、摄影、剪纸、舞龙、风筝、篆刻、手工艺、葫芦丝、茶艺表演等在内的生活技能互助、市民素质提升、文化休闲娱乐、民间文化传承和青少年校外教育等五大类21种社区学习共同体共100多个，遍布采荷街道的15个社区，涌现了洁莲社区“金石篆刻工坊”和绿茗社区“茶之韵”茶艺社等精品社区学习共同体，初步形成了“一社一品”的社区教育品牌。各类社区学习共同体相对稳定的成员达2000人以上，街道社区学习共同体数量之多、覆盖人群之广、类型之丰富、质量之高，形成了采荷街道学习型街镇建设的一道风景。采荷街道以社区学习共同体为载体，已经形成组织领导健全、目标规划明确、阵地设施完善、运行机制通畅的全民终身学习新格局，学习共同体活动呈现出主题特色化、内容多元化、参与便捷化、活动常态化的特点，这些富有特色的社区学习共同体项目群，成为采荷建设学习型街道的亮点与特色。

一、理性选择：社区学习共同体成为学习型街道建设的基石

采荷街道之所以高度重视和积极推进社区学习共同体工作，是基于以下三点共识：

（一）社区学习共同体是构建学习型街道的重要生命体

一个国家要实现现代化，其核心就是实现人的现代化——具备现代文明素养与科学生活方式，具有现代劳动技术与发展能力，等等。人的现代化始终离不开长期不懈的教育与学习。那种只讲“学在学校”“学在年少”的时代已经过去，而“学在终身”“学在社会”的全新时代已经到来。全国上下创建学习型城市、学习型街道的呼声越来越大，聚焦社区，“学习共同体”是社区中最基本的社会结构组织，它以人的需求为导向，尊重学习者主体，是一种扎根于社区居民、服务于社区居民、按需提供教育服务的教育形式；它不仅重视居民品格、个性的发展，而且满足人的文化内涵和生命价值的提升。实践证明，社区学习共同体是构建学习型街道最好的生命体。

（二）社区学习共同体是建设和谐、文明街道的重要载体

一个区域的文明与和谐，取决于人们的整体素质。现代人文明素养的养成和科学生活方式的形成，离不开教育与学习。社区学习共同体为全民学习、终身教育提供了新的途径和载体，它对街道的和谐稳定、环境品质、民主自治、持续发展以及对市民个人文明素养、劳动技能以及对家庭和睦、改善生活品质等诸多方面，具有重要作用和积极的意义。社区学习共同体是建设和谐社区与文明街道的重要载体。

（三）发展社区学习共同体必须依靠地方政府的推动和引导

近年来，采荷街道全民学习和终身教育活动已经转入正轨并加速发展，各类社会教育机构以及民间自发的学习共同体纷纷涌现。街道党工委、办事处的使命与责任就在于正确引导与积极促进全民学习和终身教育活动，同时继续发挥各类社区学习共同体在促进社会和谐、改善民生中的主动性、主导性和推进性。

二、突显特色：培育多元社区学习共同体的策略

近几年，采荷街道以创建示范社区学习共同体、发展学习共同体的特色为抓手，实施“培育特色、精修内功”的品质优化策略、“服务社会、我行我塑”的品位提升策略和“打造精品、多轮驱动”的品牌发展策略，社区学习共同体建设日趋品牌化。实际工作中，社区工作者按照社区学习共同体不同的“出身成分”，把社区学习共同体划分为群众自发性社区学习共同体、社区主导性社区学习共同体、民间潜伏性社区学习共同体。对不同的社区学习共同体，采用不同的策略和方法进行培育和引导。

（一）扶持＋引导策略

针对群众自发性社区学习共同体明显存在的自发、自由、组织松散、水准偏低、缺乏目标牵引等不足，主要采用“扶持+引导”的方法。分阶段组织核心成员培训学习，提供必要的经费支持，积极搭建展示舞台，有目的、有计划地变“自发型”社区学习共同体为“自觉型”社区学习共同体。例如：街道组织歌咏队、交谊舞队等自发型社区学习共同体核心成员开展培训学习，提供经费支持，引导他们向“自觉型”学习共同体方向发展，有效提高了社区学习共同体的内涵，成就了一批像洁莲金石篆刻工坊、红菱手工艺DIY手工坊、绿茗茶之韵茶艺坊、商教苑景泰蓝工艺社及地掷球队、健风康乐驿站、荷花塘葫芦丝馆、江汀彩莺艺术苑、青荷苑墨香人家书画轩、双菱和平风筝坊等富有特色的品牌学习共同体。此外，街道还在弘扬传统技能和民间艺术上进行积极尝试，通过挖人才、建阵地、创形式等手段，分层次、分周期、分阶段、分系列扶持培育传统特色社区学习共同体，既弘扬了传统技能，又宣传了民间艺术的理念，扩展了民族文化的辐射力。

（二）协助＋创新策略

对于社区主导性社区学习共同体，侧重采用“协助＋创新”的策略。协助社区学习共同体提供优质师资、免费开展提高培训，促使这些社区学习共同体提升内在品质、提高外在影响力，将其打造成为品牌型社区学习共同体。例如：通过协助发展、创新自管模式，将书画苑、手工艺制作坊等相对成熟的学习共同体打造成为“特色学习共同体品牌”，起到了十分明显的示范作用。随着这些社区学习共同体的培育和成长，在建设学习型街道、培育学习型公民、繁荣和发展社区文化、提高市民文化素养等方面发挥了积极作用；对促进和谐采荷

建设、繁荣和发展采荷社区文化、改善采荷社区育人环境、提升市民整体素质等，具有积极的意义。

（三）发掘+培育策略

针对民间潜伏性社区学习共同体,重点采用“发掘+培育”的方法和策略，关键抓住两点：一是活动内容有广泛的群众基础；二是有“能人高手”能为人师。比如，剪纸和风筝，可以说无人不知，而且很多人怀有浓厚的兴趣。近两年，采荷街道积极扶持和培育剪纸艺术社和微型风筝制作馆等学习共同体，通过细心挖掘、精心培育，在剪纸、微型风筝制作等传统手工艺方面大做文章，抓住其广泛的群众基础，把有待发掘培育的民间潜伏型社区学习共同体从“无形”变为“有形”，从“无名”变为“有名”，有计划分步推进民间潜伏型社区学习共同体走向规范化。

三、系统保障：保持社区学习共同体持续发展态势

各类社区学习共同体对社区教育的普及与发展产生了重要的促进作用，在区域文明建设、提高居民精神素养方面的作用尤其明显。采荷街道用“社区学习共同体”这个载体把诸多社会精神建设层面的问题串起来，社区居民在不断学习的过程中，获得了自身发展，也推动了社会的进步。

（一）关注成长前景，保持良性发展

采荷街道深入实际，了解各社区学习共同体基本活动规律，同时关注团队未来发展前景。首先，认真对社区学习共同体开展调查、分析、论证，坚持发展性与可持续性相结合的原则，对社区学习共同体未来的发展目标进行科学规划。其次，依据现有的发展模式与基础，制订符合学习共同体发展规律的活动计划与实施推广方案。再次，根据经济社会发展、科技进步以及其他领域中出现的对社会影响巨大、深远的新概念、新事物、新问题，不断调整社区学习共同体学习交流的内容、方向和目标，保持传统精华，使社区学习共同体在与时俱进与不断提升的基础上动态发展。最后，街道还给社区学习共同体建立成长档案袋，全程记录社区学习共同体的萌芽、培育与发展全过程，并提供全程跟踪服务与发展指导。关注社区学习共同体成立背景、人员构成、基本情况、活动开展、学习体会、学习成绩、学习内容等。记录团队成长发展全过程的经历，展示团队学习和发展的成就，为评估团队的发展状况、发展水平提供客观依据；为团队保留学习和发展的重要信息，记录下动态的、完整的团队发展轨迹；为

每个成员在团队中享受快乐、享受成功留下印记。

（二）提供多方支撑，助推内涵提升

资金和核心人物缺乏是目前制约社区学习共同体发展的重要瓶颈之一，社区学习共同体的运作与发展离不开资金和核心人员的培训。采荷街道给予社区学习共同体一定量的资金支撑，为社区学习共同体的发展助推一臂之力。在人员培养上，采取社区学校主动与社区学习共同体结对的方法，提升社区学习共同体的品位与内涵，注重对社区学习共同体核心人物的培训。社区学习共同体大多存在结构松散、形式单一、内容复杂、学习力低下等一些问题，通过定期、定时、定系列对社区学习共同体核心人物进行培训，能有效提升学习共同体的学习效能，更快达到共同学习的愿景。

（三）搭建展示平台，扩大团队知名度

比赛与交流展示是一种很好的再学习过程，也是有效提升社区学习共同体知名度的重要方式。近年来，采荷街道充分利用文化教育资源丰富的特点，结合节假日，依托辖区单位、共建学校，开展全民终身教育活动，进行学习共同体成果展示。利用对外学习交流，参与各级比赛的活动平台，以及终身学习活动周、社区教育宣传月、读书节等桥梁，让每个社区学习共同体把平时学习积累的成果展示出来，既增强社区学习共同体责任心，同时也加深社会认同感。一年一度的“全民终身学习宣传周”已经成为街道宣传学习共同体的主打品牌和重要阵地，在区域内具有较强影响力。

（四）实验项目推进，夯实建设基础

通过开展项目实验和课题研究，对社区学习共同体各个阶段不同问题开展针对性实验和研究，积累经验，探索路径，带动社区学习共同体的发展。为了更有效地推进学习型街道建设，促进社区教育发展，采荷街道承担了全国社区教育实验项目“社区学习共同体的构建与运行——市民主体性社区教育模式研究”的子课题任务，积极开展“社区学习共同体”的课题研究及其实验项目建设，已取得良好成效。

四、彰显关怀：提高居民幸福指数的新路径

各类社区学习共同体是创建学习型街镇的立足点和出发点。近几年来，采荷街道各类社区学习共同体层出不穷，特色社区学习共同体为市民享受生活、

享受人生提供了很好的平台，提升了居民整体素质，满足了居民终身学习的精神需求，尤其是在促进社区居民的“幸福感”上发挥了越来越突出的作用。

（一）参与社区学习共同体成为社区居民健康生活新风尚

社区学习共同体尊重个人兴趣和学习需求，能对居民提出的人生困惑与难题给予积极回应，深受居民欢迎。我国社区健康教育在传播医学科普知识、启发居民健康意识、促进计划生育工作积极开展、培养居民健康的生活方式等方面发挥了重要的作用。实践证明，在社区学习共同体中开展以普及健康知识、舒缓精神压力为主题的社区学习活动，可以提升社区居民的健康水平，提高人的抗压能力，促进心理健康，营造一种全新的健康生活风尚。静怡社区的王奶奶（化名）深有感触地说：“我的孙女只知道读书，考入重点中学后，性格更内向了。孩子的父母早年离异，父亲文化程度低又患精神疾病。孙女主要由我抚养，我们祖孙俩人几乎不沟通，我十分担心孙女性格会变得内向、冷漠。自从孙女参加社区四点半爱心学习共同体后,解决了我们隔代教育上的许多烦恼，孙女放学后,有地方继续安心学习和娱乐了。看见孙女的变化,小家庭和睦亲近，我们其乐融融，我这心里别说有多高兴呀！”此外，从2008年至今，在健风社区活跃着以“弘扬中医文化，讲授养生知识，促进患者康复”为宗旨的一个学习共同体——健风社区康乐驿站，他们的聚集源于同一个主题——“珍爱生命，战胜癌症”。起初一群癌症病友自发聚在一起相互鼓励，互帮互助，交流抗癌心得。渐渐地，学员们通过共用资源、对话交流、分享体验、相互激励而获得良好学习效果，彼此支持，共同进步，他们从自由对话走向深入分享、流畅沟通,最终创建康乐驿站。多年来,每个月的交流对于每一个学员都弥足珍贵。像这样以解决居民的身边难题为主题的社区学习共同体在采荷街道比比皆是。

（二）参与社区学习共同体让社区居民收获全新的休闲方式

社区学习共同体活跃了社区的文化生活，使每一个成员找到了终身学习的新方式，文化娱乐的新伙伴，幸福生活的新天地。马克思认为，成人的休闲时间是“非工作时间”，包括两点：一是用于娱乐和休息的闲暇时间；二是指发展智力，在精神上掌握自由的时间。现代社会，成人的休闲生活主要被看电视和上网所占据。成人教育可以通过休闲教育提高成人的休闲水平，使成人过上舒适的休闲生活。在工作之余，成人接受教育本身就具有休闲功能，是一种健康优雅的生活方式和休闲方式。当前我国成人教育的主要形式是职业培训，具有很强的工具性。亚里士多德就曾指出，教育的本质是休闲。以休闲为目的的成人教育，摆脱了儿童教育的强制性，是自由发展智力的教育，参与社区学习共同体就彰显了社区教育的休闲价值。在社区学习共同体中居民们发展智力，自我教育，度过健康有益的闲暇时光。具有休闲价值的社区学习共同体追求生活质量的提高、审美品位的提升、美好生活的体验，简而言之，追求优雅的休闲生活，体现了教育的本真。社区学习共同体的学习活动是一种基于好奇心的自由选择学习，是一种合作式的现代成人学习方式，是一种非正式学习，不仅有利于自身知识的扩充，才干的增长，而且有利于自我审美品位的提升，是学习与休闲的完美结合。例如，红菱社区“创艺剪纸线”的曹凤梅，在谈到剪纸给自己带来的收获时，她抑制不住内心的兴奋与激动：“加入剪纸线后，我很快就感到自己那颗浮躁不定的心，终于找到了归宿。无论是在创作剪纸作品、珍藏剪纸作品的过程中，还是在剪纸培训交流、让剪纸作品走向社会服务市民的过程中，我都处在一种很享受的感觉中。这真是一个享受快乐的过程！”董利民，一个基层社区（洁莲社区）的党委书记，在采荷当地还有一个雅号——“草根艺术大师”，曾为中央政治局原常委李长春现场治印。他利用自身是金石篆刻工艺美术师的优势，创建了全国首家西泠印社书画篆刻学院社区教育点，形成了洁莲社区文化的“一社一品”品牌——金石篆刻工坊。其固定学员达50名，经常组织活动，包括巡展、比赛、讲座、沙龙。此外，他还到江干区社区学院开设篆刻班，到社区周边学校社会实践课堂传授篆刻技艺等。他不仅是传统文化的学习实践者，更是传统文化的倡导传播者，金石篆刻工坊这一社区学习共同体成为杭州市品质生活体验点、学习港。杭州市委书记黄坤明参观社区学习文化成果展后欣然题词：打造老百姓家门口的文化乐园。最近，董利民又获得了全国“百姓学习之星”荣誉称号。像这样通过参与学习共同体改变自我，提升生活品质的鲜活人物和事例在采荷街道比比皆是。

（三）参与社区学习共同体提升社区居民凝聚力与归属感

社区学习共同体以点的形式凝聚居民自愿参与，既满足了人民群众精神文化需求，又繁荣了社区文化，尤其是在有效提升社区居民的归属感和幸福力上发挥了极大的作用。心理学家马斯洛的需要层次理论认为“人除了有基本的匮乏性需要外，还有归属和爱的需要”。一个人要求与其他人建立感情的联系或关系，如结交朋友，参加社会团体并在其中获得某种地位等，都是归属需要的具体表现。归属感在人的需要结构中占据着重要的地位。归属感的缺乏，必然破坏一个人的主观幸福感。社区归属感是指社区居民把自己归入某一地域人群集合体的心理状态，这种心理既有对自己社区身份的确认，也带有个体的感情色彩。主要包括对社区的投入、喜爱和依恋等情感。这种归属感是社区最本质的特征，离开了对社区的归属感，社区的地域性和群体性将变得缺乏意义。同时，社区归属感也是社区研究中一个核心的不可或缺的因素，甚至是社区最重要的要素，是推动社区变迁的动力，同时还是实现社区整合功能的关键。人们需要有归属感和认同感，对于社区居民，特别是老年人和外来人员，这样的需求更加明显。

1. 社区学习共同体可以有效促进社会安定和谐。从社会学的角度看，社区学习共同体将社会的价值体系内化为人的社会认知结构，外化为人的亲社会行为，从而减少反社会行为及犯罪的发生概率。从教育学的角度分析，社区学习共同体提高了人的身心健康水平，提升生活的满意度，使个人及家庭可以过上幸福的生活。例如：DIY手工坊让学员们找到了一条不同寻常的幸福之路。刘清香，DIY手工坊的骨干成员，心灵手巧的她，经常把活儿带回家做。看着活灵活现的各种小动物、小玩意儿，不停地从她手中冒出来，时日一久，女儿和丈夫终于禁不住“诱惑”，也自愿加入了手工制作行列。如今，刘清香一家人与手工坊姐妹们共同制作的中国结、葫芦娃、龙虎兔等十二生肖纯手工艺术品，惟妙惟肖、特色浓郁、喜庆吉祥，并且多次作为贵重的民间礼物，漂洋过海走进大洋彼岸的美国普通家庭，深受外国朋友的喜爱。刘清香一家怎么也没想到，小小手工艺品居然还能为中美友谊架起沟通的桥梁、发挥独特的作用。每当此时，刘清香与她的女儿、丈夫，总是深深地沉浸在幸福之中。老来俏时装队创办于2001年3月，在谈起老来俏时装队这些年的发展历程与成长时，该队负责人徐慧英老师说：“不瞒你说，以前呀，我们想找几个像样点儿的队员都找不到。现在可不一样啦，想加入我们时装队的人越来越多，而且越来越专业，越来越年轻。”

2. 社区学习共同体促进了学习机会平等。以社区学习共同体为基础的社区教育是无门槛的学习，是真正实现教育公平的极好路径，成为建设和谐社会、推进教育公平的有效途径和手段。例如：商教苑社区的景泰蓝工艺社于2010年成立，是一个汇聚社会各界爱心的大舞台，是一个展示困难群众智慧和才华的大舞台，是一个帮助困难群众实现创业就业梦想的大舞台。景泰蓝工艺社为社区残疾人员、下岗失业人员、困难家庭人员、在杭外来务工人员提供一个创业的平台，让更多的景泰蓝爱好者走进社区创业园。多年来，那些精致描绘、精雕细刻、精心制作的作品均出自于生活困难成员之手，充分展示出其自身才华和价值。真正实现困难群众“融入社会，提振自信，感受温暖，实现价值”的目标。绿茗社区茶之韵茶艺社对学员的招收没有设太高的门槛，感兴趣的居民便可以前来观赏学习。学习共同体中的学员有风华正茂的青年朋友，有充满热情的退休工人，有下岗失业人员，有残疾人，有老年人，也有遍布各行各业的在职员工。一些原本不相识的人，因为同一种爱好，走在了一起，共同学习，互相探讨。在这里，大家可以发挥自己的所长，学习自己感兴趣的知识。社区学习共同体排除了财富、性别、年龄等方面的差别，更关注每个社会成员，特别是社会中处境不利的困难人群和特殊人群，包括无业人员、残障人员、外来工及其子女，以及城市新人等。平等自主地参与社区学习共同体，平等自由地选择学习内容，真正体现了学习机会的平等。

3. 社区学习共同体促进了民主参与。通过参与社区学习共同体，居民的文化素质显著提高，有能力积极参与公民的政治生活。社区学习共同体唤醒人们的公民意识，激发人们建设民主政治和和谐社会的热情。创建于2001年的芙蓉社区"芙蓉舞龙社"一方面弘扬中国传统舞龙技术，另一方面打造"老百姓喜爱的精神家园"。在"学舞龙、做传人"的浓厚氛围影响下，社区里研究舞龙技术的人多了，打牌打麻将的人少了；交流心得的人多了，争执吵架的人少了；互相关心的人多了，邻里间漠不关心的人少了。通过芙蓉舞龙社开展的丰富多彩的社区活动，渐渐成为连接艺术与社区居民的桥梁。同时，通过活动提高了社区居民的文化水平与艺术鉴赏能力，强化了学习的兴趣，社区现有的人文资源得到有效整合，芙蓉舞龙社成为居民们最乐于参与的学习共同体。芙蓉舞龙社还连续两年被评为杭州市"最具品质体验点"八十强之一，每次参加体验日活动的市民都有几百人。社区的居民通过加入学习共同体，关注社区公共事务管理，参与到民主自治之中，感受到必要的尊重，增强对居住社区的归属感、责任感与幸福感，进而形成对政府执政力的信任，从而自觉形成对公民体制的维护与支持。

多年来的实践与探索为采荷街道学习型街道建设提供了新的思路，学习型街道建设工作的重点以政府"要求"为导向，以市民"需求"为依托，以"要求"唤醒"需求"，以"需求"充实"要求"，积极寻找开展社区教育的最佳结合点。随着以思想道德、文化艺术、职业技能、家庭教育、健康保健、休闲娱乐等为内容的社区学习共同体活动的广泛开展，内容丰富、形式多样的社区学习共同体创建活动既促进了市民文化素质的提升，又加强了社区稳定与社会和谐，社区学习共同体成了政府"要求"和市民"需求"达成和谐的黏合剂和最佳结合点。上接政策，下接地气，这些社区学习共同体，既符合政府要求，又满足市民需求，充满了生机与活力，让更多的居民"学有其所、学有所教、学有所得"，更好地满足居民相异性、多样性和互动性的教育需求。整个采荷街道活跃着上百个社区学习共同体，以每一个社区若干个社区学习共同体为结点，自然织成一张社区学习的网络，基于社区学习共同体的学习成为社区学习的一种主流方式。在采荷街道，居民的学习积极性被激活，逐步形成了以社区学习共同体为载体的社区教育新格局。

展望未来，学习型街镇建设是学习型社会建设的必然要求，学习型街道创建工作的实践，丰富了社区教育的内涵与模式。采荷街道充分发挥社区学习共同体在学习型街镇建设中的载体作用，成为全国学习型街镇建设的突出代表。成绩属于历史，未来在于创造，采荷街道学习型街镇的建设任重而道远，需要一如既往，不断拓展社区教育新内涵，坚持理论与区域实践相结合，大胆创新，培育与管理好社区学习共同体，及时总结经验，努力探索具有采荷特色的学习型街镇发展新路径。

撰稿：方华平　杭州市成人教育研究室
楼水法　杭州市江干区社区学院

撑起一片蓝天，筑梦太原街人

——沈阳市和平区太原街街道案例

2011年1月10日《沈阳日报》上一则醒目标题吸引了读者的关注：太原街街道国家级荣誉为何如此之多？文章介绍了太原街街道获得诸多荣誉，全力打造文明、富庶、和谐新家园的实践创举。

近年来，沈阳市和平区太原街街道先后荣获“全国和谐社区建设示范街道”“全国社区教育示范街道”“全国社区睦邻文化示范街道”“全国商业街建设先进集体”“全国学习型社区示范街道”以及“辽宁省文明机关和沈阳市文明街道标兵”等国家、省、市各级各类荣誉称号30余项。如此多的荣誉从何而来？它源于太原街人勇于创新、勤于思考、善于学习的优秀品质，源于他们筑梦家园的不竭动力和不懈追求，而建设学习型街道是太原街街道取得成功的根基。

太原街街道位于辽宁省沈阳市和平区的中西部，具有百年历史的著名商业街——太原街横贯而过，总面积3.7平方千米，辖11个社区。太原街是由清代盛京古城西郊的一条小路发展而成，凝聚着百年的兴衰荣辱。日俄战争后，日本辟建了这条商业街，成为他们侵华的见证。改革开放后，太原街有了突飞猛进的发展，进入21世纪以来，这里集休闲、购物、旅游、餐饮、娱乐为一体，建设成为全国闻名的商贸区。至2013年，有居民3.7万户，人口约10万。有1所大学、6所中小学、5所幼儿园。辖区驻街单位5094家，个体商户7001户，固定资产投资22.3亿元，社会消费品零售总额160.9亿元，各项主要经济指标位居全区之首，区域商贸企业密度位居东北第一，是沈阳市企业户数最多，经济总量最大的街道办事处，是沈阳市学习型城乡建设先进单位。

太原街街道有如此魅力，是因为他们明确了争创“东北第一，全国一流”的发展目标，探索了适合区域发展的“街道统筹、部门主管、社区自治、全民参与、共驻共建”学习型城区管理模式。具体可概括为“三线”工程，即以街道为中心点打造主线工程；以居民为基点打造全线工程；以社区资源为重点打造曲线工程。

一、全力打造终身学习主线工程

具有百年历史的商业文化是太原街人智慧和汗水的结晶，而明天和未来对于太原街人是机遇和挑战并存。把握时代的脉搏，用知识武装，创建学习型街道是太原街前进的不竭动力。太原街街道坚持充实、改革、创新、完善，勇做商贸区的排头雁、领航者，努力把整个太原街商贸区建成一座社区大学，为社区全体成员提供“一条龙”航母式教育服务。

（一）建立机制，逐步完善教育管理体系

1. 创立“三位一体”的社区教育管理体系。太原街街道在多年的社区教育实践中，不断对社区教育管理体制进行改革，完善了街道、社区、驻街单位三位一体的教育管理系统。成立了以街道书记、主任为组长，主管主任为副组长，各科科长、社区书记、驻街学校校长、28家驻街企业领导、居民代表为成员的社区教育工作委员会，统一协调本地区的社区教育工作，形成了“中心辐射、区域共建、资源共享”的社区教育特色。

2. 建立了网络式社区教育发展格局。创建了“街道统筹、部门主管、社区自治、全民参与、共驻共建”的发展模式，以街道、社区、驻街单位、家庭为载体，全力拓展全民学习、终身学习的空间。

3. 街企合作，完善统筹机制。建立了街道、社区、学校、企业统筹管理的教育模式，为社区教育的开展提供了组织保障。先后制定出台了《社区教育委员会章程》《领导议会制度》《社区教育工作者职责》《社区教育管理制度》《社区教育中长期规划》《社区教育工作者考评方案》《学分制教学方案》等相关政策，有力地保障了社区教育工作的顺利实施。社区教育实现了五化：教育管理规范化、工作系统网络化、教育活动信息化、办公系统自动化、教育工作档案化。

（二）学习型机关引领未来

火车跑得快，全靠车头带，要想开足马力，全速领跑，就要不断地学习，与时俱进。太原街街道机关首先把自己打造成学习型单位。

1. 坚持“四学四力”，整体提升。街道把学习型机关建设纳入总体工作规划，明确了“学理论、学政策、学科学、学技能，增强学习力、创新力、执行力、公信力”的目标。为使其落实到位，街道专门成立了创建工作领导小组，建立起书记亲自抓，分管书记具体抓，一级抓一级、层层抓落实的责任体系；确立

了“三会一课”制度、理论中心组学习制度、考核制度和学习成果转化机制等；采取集中学习和分散讨论的形式，重点学习《中国特色社会主义理论体系》《社会主义核心价值体系》以及世情、国情、党情相关知识等政治理论和党的路线方针政策。

2. 购置光盘，通过影像资料专题学习。多年来集体学习讨论了《弟子规》《道德经》和《公务礼仪》等国学文化和现代礼仪专题知识。

3. 邀请上级领导和专家学者进行专题辅导讲学。先后聘请沈阳市规划院、沈阳市商业局的专家为党员干部举办“立体空间开发”“高端业态发展”专题讲座；邀请区领导与街道班子成员共同研讨“大太原街”建设与发展规划等话题。

4. 学以致用，创新工作方式。一是深入企业、家庭，贴近职工、百姓，体察民情民意；二是拓展学习成果转化运用平台，设立群众工作中心，围绕群众需求统揽街道工作；三是组建商贸企业联合工会和党委，保障商务楼宇内企业党员、员工的合法权益，加强横向联系与协作。这三项举措成为沈阳市街道系统工作的品牌和亮点。

（三）多元筹资的投入机制

太原街街道在沈阳市算是经济实力雄厚的大街，但同样也面临着教育建设经费不足的困扰。百年大计，教育为先。本着共赢的原则，太原街街道采取多元化的投入机制，建立了以政府划拨为主，街道投入为辅，社会赞助、自我发展相结合的经费投入模式，并设立了“学习型城区建设专项经费”用于硬件建设。采取上级拨一点，自已出一点，企业捐助点等形式，保障经费来源。目前，人均经费已达10元。

1. 基地建设。近几年，投资近千万元对社区进行改建扩建，11个社区办公用房均达800平方米，相继建立了社区服务中心、图书阅览室、文体活动室、棋牌娱乐室、健身活动室、居家养老室、卫生计生服务室、党员活动室、残疾人康复室、多功能教室等。同时，打造了200多个便民服务网点。社区教育实现了多样化、常规化、专业化。

2. 硬件建设。全街安装光纤网络，实行了办公信息化、网络化。为社区配备电脑，建立网络教室，进行远程教育、数字化教育。为社区配备LED电子显示屏、电视、VCD、音响、数码相机、高级打印机等，为社区居民学习提供了现代化的教学手段。

3. 联建共建。与沃尔玛超市、上海和黄药业、北京盈科律师事务所等20多家驻街企业建立了共建关系，驻街企业每年以不同方式捐助的社区教育活动经费在50万元以上。同时，跨区域发展联建共建单位，实现街企合作的“双赢”。建立街道、社区、学校、企业联动机制，广泛的社会力量参与，为学习型街道的建设发展提供了有力保障。

昨天，太原街人创造了经久不衰的商业街文化，今天，太原街人又以学习型社会的理念引领实践，强化管理，更新模式，以社区、龙头企业为主体，打造区域学习航母战斗群，共同进步，共同发展。

二、倾力打造-2～100岁教育服务全线工程

学习是人类生存和发展的重要手段，终身学习是自身发展和适应职业的必由之路。社会发展的多元化需要人们不断更新知识。任何人都不可能一劳永逸地拥有足够的知识，人人需要终身学习。太原街街道努力为社区居民提供从孕前到死亡终身全程、全方位的教育服务，创建了富有社区特色的“–2～100岁终身教育服务工程”。

早在2006年，太原街街道就率先在全国推出“0～100岁社区教育关爱服务工程”。以后又拓展延伸，针对不同年龄段、不同类型人群的特点，根据生活、生存和发展的需要实施了“–2～100岁终身教育服务工程”。

（一）-2~0岁：孕育期

孕育期主要包括孕前孕后期。这一时期，胎儿的生长发育完全依赖母体，因此，母体的生理和心理直接影响胎儿的生长发育。对年轻父母进行、科学健康的孕期教育至关重要。街道组织相关部门对未育适龄人群进行合格父母培训，告诉年轻的父母，良好的家庭环境、良好的心态、良好的行为影响孩子的一生。街道团委、妇联、计生办、教育部门等联合开展婚恋、生育、心理知识和文化道德等宣传教育。社区家庭志愿者从母亲怀孕开始，就提供上门服务，为胎儿发育提供全程指导。

（二）0~3岁：婴幼儿期

婴幼儿期是一个人身心发展，特别是其多元潜能发展的关键时期。太原街街道在各个社区开设了家长学校，依托乐道家庭教育中心、鲍怡霏心理健康教育工作室、辽宁省妇女会馆、月嫂中心、早期教育服务部、中国统一教育网等组织家长参加婴幼儿保健知识讲座、亲子游戏等，请有关专业人员系统传授科学育婴理念和育婴知识，指导培训产妇婴幼儿护理技巧技能，开展专业化指导、多元化智能开发、个性化“一对一”的教育和训练。同时，提供预防接种场所，

推荐营养保健食品等服务。

（三）4~6岁：学龄前期

启蒙教育对儿童发展起着重大的决定性作用，也是其发展智力、潜力的必要条件。街道依托中国统一教育网、乐道家庭教育中心、鲍怡霏心理工作室、联营社区心灵花园、沈阳军区司令部幼儿园、沃尔玛社区教育基地、好豆豆亲子幼儿园等开展学前教育，帮助父母建立科学的学前教育理念，克服不良心态，优化教育方法。组织孩子开展趣味活动，培育团结协作的团队精神，增强独立处理问题的能力。开设经典诵读课，开启智慧，传承民族文化精神。

（四）7~18岁：青少年期

这一时期是儿童少年时期过渡到成人期的一个迅速发育的阶段，也是人体生长发育中最重要的时期。心理和生理都发生巨大变化，记忆力、认知力、逻辑思维能力非常强，是人格塑造与形成的黄金时期。街道家长学校定期开展教育培训，普及家庭教育的科学知识，介绍不同年龄学生生理、心理发展特点及其相应的教育方法。指导家长为孩子创造一个学习型、宽松型、和谐型的家庭环境，以利于孩子身心全面发展。本着学校放假，社区学校开学的原则，依托中国统一教育网、沃尔玛社区教育基地、65042部队、沈后联勤部军事博物馆、沈阳市新华购书中心等32家社区教育实践基地，组织青少年开展各种有益于身心健康的社会公益性活动、社会实践教育活动，提高孩子们的动手能力和综合素质，增强社会责任感。建立青少年维权站、法律咨询中心、心理咨询中心，并设立咨询热线，全天提供免费服务。

（五）19~30岁：青年期

青年期身体发育逐步进入稳定期，智力发育迅速，思维敏捷，求知欲、理解力和记忆力强，善于接受新事物，是人生中创造性劳动出成果的高峰时期。部分青年人游离于社区，是街道终身教育的空白带。街道采取培训家长和驻街企业青年的方式，弥补社区教育中的空白，以促进青年人的全面发展。家长培训主要是利用社区家长学校开设母亲课堂、父亲课堂，引导家长正确认识孩子青春期心理特点，学会与孩子沟通交流，给孩子人格成长、个性发展留有广阔的空间。对年轻人进行性教育，树立正确的恋爱观。鼓励他们自力更生，自主创业。驻街企业员工培训，主要依托沈阳工业大学、沈阳电视大学、沈阳社区大学、沈阳市婚姻家庭咨询师协会、街道就业培训中心等，提供学历教育、职业技能、职场生涯、职业道德、婚姻家庭等教育培训，提供个性化就业指导，组织青年趣味运动会、联谊会，丰富驻街青年的文化生活，促进不同行业间的沟通与协作。

（六）31~60岁：壮年期

壮年期是人身心发展的成熟、稳定和转折阶段。人到壮年，一些生理功能盛衰的转折期已悄然来临，承上启下，负担较重、压力较大。街道组织社区学校、就业培训中心开展培训、发证、就业一条龙服务，就业率达100%。设立再就业服务中心，对失业人员进行岗前职前培训，提供就业岗位，只要不是过分挑剔，都能有就业机会。建立社区法律学校、心理咨询中心，免费提供咨询服务。

（七）60岁以上：老年期

俗话说“活到老学到老”，人到老年同样需要学习，老年人通过接受教育可以实现他们的人生价值，提高生活质量。街道针对老年人的学识、技能、情趣等开展多专业、多层次、多形式、多样化的教育培训，依托沈阳市老年大学、社区老年大学、社区教育基地、和平区社区学院等，开设科普、美食、养生、书法、绘画、音乐、体育等20多门课程。寓教于乐，为老人创造了“有其学、优其学、乐其学、终身学”的空间和环境。组建社团，组织演出、比赛等，五环社区的京剧团走出国门，到美国、俄罗斯等地演出；辽宁电视台走进太原街街道，社区艺术团做了专场演出；北枫合唱团参加东三省大赛荣获一等奖。倡导幸福家庭生活，为社区老年人提供婚介服务，太原街的空巢老人服务中心、九大妈服务队已为1000多位老人组建了新家庭，全国首创互助式婚姻，为老人幸福晚年搭建了平台。组织老人志愿者服务队，美化社区环境、看家护院、帮贫扶困、教育青少年等，协助社区管理服务。目前已组建30多个团队，居民称他们是小区的保姆。环宇社区的老年服务队包揽了园区绿化、老人理发、自行车维修等业务，组建了理论学习组，定期学习、研讨国家时事，每人都有学习笔记。同时，对日常生活需要精神慰藉、生活不能自理的老人，定期上门服务。

街道在每个社区建立一托三养老服务中心，设有老年休息室、健身室、医疗室、图书室、棋牌室、文体活动室等，依托社区老年大学、社区志愿者服务队、社区医院等开设科普、养生、书法、绘画、声乐、器乐等教育活动，建立悄悄吧，与老人聊天，倡导健康文明、科学的生活方式。组建青年志愿者服务队，上门为老人服务。联营社区的企业员工每周到社区空巢老人家做服务，为其打扫卫生、唱歌、讲故事，倾听老人讲述，还用记事本记录下来，他们说老人的经历是人生的精华，值得珍藏。街道还在社区开展生命教育，正确对待生死，爱贯穿在人生的每一刻，活得幸福，死得安详。对去世的老人做社区关怀，组织邻里开追悼会，倡导文明祭祀，组织公祭活动。

终身学习既是一种理念，也是一种需求。太原街街道因地制宜推出“-2~100岁终身教育服务工程”，创建人人皆学、时时可学、处处能学的良好环境，为社区成员的全面发展撑起了一片蓝天！

三、努力打造全民学习的曲线工程

目前，我国正处在重大经济变革和社会转型时期，教育要顺应这种转变，与时俱进。太原街街道位于繁华的太原街商贸区，教育需求呈现多元性、时效性和专业性，呼唤社区教育的动态发展，太原街街道不断整合资源，优化区域教育模式，打造了完美的学习型街道教育曲线工程。

（一）创建学习超市，实行点餐式服务

太原街街道辖区面积较大，11个社区各具特色，教育发展不均衡，靠一个社区自己的力量不能满足社区成员的教育需求，因此，整合全街各方面的教育资源，创建社区教育大课堂，打破地域界限，居民可任选自己喜欢的课程和老师，实行点餐式服务。

1. 优化课程资源，建立社区学习超市。做好全年社区教育规划，制定全街授课时间表，居民可根据自己所需，选择课程。

2. 优化教师资源，建立师资超市。广泛吸纳社会各界讲师做社区教师，制作教师授课表，居民可选择自己喜欢的老师的课。

3. 优化网络教育资源，建立网络超市。街道的教育课程远远不能满足居民需要，课程质量参差不齐，而网络教育丰富，且都是精品课，街道与中国统一教育网联合开展网络教学。这里包含从胎儿到百岁老人所需的各种课程。

4. 优化音响设施，创建多媒体超市。为每个社区配备了多媒体教学设施，建立光盘菜单，派专人负责，社区可根据需要随时使用。

街道教育大课堂的设立，打破了社区间的界限，实现了全街教育资源共享。

（二）创建学分制教学方式，激发学习热情

为促进终身教育的可持续发展，调动居民学习的积极性，太原街街道创设了学分制教学方式，激发了居民的学习热情，使学习成为一种需求、一种习惯，一种乐趣。

1. 学分累积制。根据课程结构，设立学分，依据积分给予奖励。

2. 学分转换制。鼓励社区工作人员参加职业、学历等再教育，对获得国家级证书的给加10分，省级7分，市级5分、区级3分，计入年终考核，作为评优标准，按获证级别发放奖金和奖品，以此作为下一届优先聘用的条件。

（三）优化队伍，增强实力

太原街街道各类教育资源丰富，街校合作、街企合作共同肩负起了学习型街道建设的重任。在多年的终身教育过程中,创建了“三支”精良的教师队伍，即专兼职教师队伍、“五老”队伍和志愿者队伍。

专兼职教师队伍主要由35名社区教师、离退休教师及聘请的教育专家组成，他们知识渊博，经验丰富，是社区教育的主体。沈阳市社区大学、和平区社区学院、沈阳市婚姻家庭咨询师协会、鲍怡菲心理工作室等200多名教师和专家常年为社区居民和驻街企业授课。

“五老”教师队伍主要由社区内的“老教师、老专家、老干部、老军人、老劳模”组成。他们有丰富的知识和人生阅历，他们把一生的积淀，无私奉献给社区教育事业，以切身的经历教育和感染下一代。

扩大志愿者队伍。各社区专门成立了教育志愿者服务工作领导小组，并把共建单位作为主体纳入到成员中，形成了由社区党委牵头，辖区单位、居民群众自愿加入的社区教育志愿服务组织，他们活跃在社区的每一个角落，定期组织教育活动，全街共有教育志愿者1.2万多名。

（四）研究课题，丰富内涵

社区是人全面发展的基地，需求教育的多元化，需要深层的探索和研究。太原街街道对区域教育进行了大胆的尝试和探索。2006年，参加全国教育科学“十五”规划课题“区域性社区教育理论与实践研究”，获国家科研课题优秀成果奖。2010—2013年，参与了两个国家级科研课题，三个省级科研课题，其中，“社区教育教学模式的研究”“家长学校的管理研究”获辽宁省优秀科研课题一等奖。目前，正在进行国家科研课题“家长学校的模式优化研究”、实验项目“社区教育资源整合与开发利用的实验”的探索与研究，旨在探索社区教育理论与实践的内涵。

（五）爱心助学，圆梦太原街

孩子是明天的太阳，是祖国的未来。贫穷使孩子无法走进知识的殿堂，贫穷会折断孩子追求理想的翅膀。失学孩子未来的希望需要爱心托起，他们心中的梦想需要助力启航。太原街街道的教育口号是：“一个也不能少”。居住在太原街的农民工子女可以免费就读中小学，对低保和贫困家庭子女也尽全力保证其完成学业。女孩晶晶（化名）就读于108中学，因家中突然变故，独自一人居住，街道和社区知道后，立即为其更换门锁，并为她选出7位代理妈妈，使她能够安心完成学业。婷婷（化名）父亲失踪、母亲去世，失学两年，街道了解情况后，立即为其办理了孤儿手续，使其顺利就读108中学，并承诺一直供孩子读完大学。太原街企业众多、商贾云集、职工数万，为和平区经济社会发展做出了卓越贡献。然而，他们中有许多职工家庭因贫困无法让孩子完成学业或实现才艺梦想，许多孩子因过早体味生活艰辛深感无助。太原街街道工会举办了“爱心助学团，圆梦在行动”为主题的一对一、手牵手助学圆梦行动。对职工家庭贫困的、品学兼优的学生进行教育费和生活费的资助，让他们安心学习，追逐梦想。在驻街企业益振洲商贸有限公司开展心灵熏陶、心灵启迪、心灵沟通的“三心”工程,使残障孩子快乐成长。太原街街道举起有力的大手，托起了明天的太阳。

太原街人创建了属于自己的模式，街区建设向开放式、多样化、网络化、数字化的方向发展，太原街人用自己的汗水凝结了历史的厚重，用自己的双手铸就了今天的辉煌。太原街人在奉献中快乐着，在创造中幸福着，和谐“大太原”是他们美丽的梦想家园！

撰稿：潘士君　辽宁省教育研究院终身教育研究所
　　　何　卉　沈阳市和平区太原街街道办事处

引来不竭动力泉，浇筑和谐新家园

——沈阳市沈河区滨河街道案例

滨河街道位于辽宁省沈阳市沈河区的中部，北有闻名中外的张氏帅府、商贾云集的繁华中街，南临风景秀丽的南运河畔，东以带状公园为界与万莲、大南街道隔河相望。辖区面积1.8平方千米，下辖8个社区，常住居民2.9万户，有7.1万人。多年来，经过滨河人的不懈努力，滨河街道各项工作均名列前茅，先后获得了省委、省政府、市委、市政府颁发的“军民共建标兵单位”“文明街道”“先进党委”等多个荣誉称号。2010年，被中国社会工作协会社区工作委员会评为“全国学习型街道”。

一、探索历程：学习—实践—创新

多年来，滨河街道在创建学习型街道过程中，由初步认识到理论提升、由传统学习到组织学习、由粗放管理到系统规范管理、由街道和社区推动学习到居民积极热情参与学习，长期坚持不断地探索。滨河街道通过开展系列的学习教育活动，不断满足居民学习需求，进而弘扬学习文化，营造和谐向上的社区学习氛围，为深入开展学习创建活动夯实基础。街道在组织开展“滨河论坛”“民生讲坛”等活动的基础上，进一步培育具有地区特色的终身学习品牌。例如，在创建活动中融入优秀传统文化，作为社区居民终身学习的重要内容，开展以“幸福人生”为主题，以《弟子规》《孝经》等我国优秀传统文化经典为内容的系列讲座和践行活动，举办青少年传统文化学习营，培育和扶持社区居民书画院等，为滨河学习型街道的创建积累物质和精神财富。2010年，滨河街道开展了“五星级”特色学习型社区创建活动，在创建实践中，认识不断提高、内容不断丰富、机制不断健全、措施不断完善、创建氛围不断浓厚，取得了可喜成绩，社区居民对学习型社区建设的认知度、满意度持续提升。

（一）完善组织，明确职责，为创建工作提供组织保障

2010年3月，滨河街道把创建学习型街道列为“一把手工程”，成立以

街道党工委书记和街道办事处主任为组长的学习型街道创建工作领导小组及办公室。

为保证学习型街道创建工作扎实有效，领导小组的成员和各职能科室进行了明确分工：办公室负责对创建工作进行全面管理；社区建设指导科负责加强社区文化建设，以及文学艺术、文明礼仪和未成年人培训等教育的组织实施；宣传委员负责开展形势教育和学习宣传活动；司法所负责政策、法律法规教育培训；社保科负责职业技能培训活动；机关党支部负责开展学习型机关创建活动；党办负责学习型社区居委会和学习型社区民间组织创建；妇联负责学习型家庭创建。街道上下形成合力，推动创建活动深入开展。

滨河街道主要领导从创建设计方案、确定主要任务、选择内容和形式，到听取情况反馈、制定改进措施、完善管理制度等方面参与全过程管理，成为总设计师和引领者。全年先后两次组织专门会议研究管理工作，不仅如此，街道实行的“周重点报告”“月工作评述”等措施,有效保障了学习与工作相互融合、相互促进。

（二）建立机制、加大投入，整合学习服务资源

滨河街道整合各方面力量，加大对教育、文化、科技等资源的统筹力度，着力构建社区居民共享的学习资源平台。

一是机制建设逐步落实到位。滨河街道积极完善各项学习保障制度，制定了《创建学习型街道三年（2010—2013年）规划》，确定了长远发展目标。为进一步提高学习动力，采取了岗位练兵考核，将个人学习纳入工作业绩等措施，建立了激励机制。

二是经费充足保障社区教育。几年来，滨河街道投资300余万元用于教育硬件设施建设。用于社区教育的经常性工作投入每年有所递增，2010年为18万元，2011年和2013年分别为25万元、30万元，2014年前3个月的教育投入就达到10万元。

三是基础设施因地制宜，合理配置。在滨河街道，已初步形成“一心两翼”教育阵地布局。“一心”，即街道社区教育中心。2012年，街道投入20余万元重新进行了装修改造，拥有图书阅览室、培训室、棋牌室、排练厅在内的800平方米的室内活动场所，配有专职人员进行管理，免费为群众服务。“两翼”，即社区、单位学习阵地。目前，全街8个社区共有阅览室、活动室、棋牌室、排练室50余个、面积3000平方米。同时，驻街单位，包括区教育局、国税局、中国移动等单位建有图书室、台球室、健身房。现代家园、泊岸华庭等物业公

司也开放了业主会馆。

二、学习型街道的基础建设

（一）学习型组织与学习团队的建设

学习型街道的创建必须以学习型组织、学习团队为基础和支撑，以优秀的学习型人才为依托，为此，街道挖掘资源选贤用能，成立了“百人社区教育讲师团”“社区教育志愿宣传员”等专兼职工作队伍。街道、社区共成立了80个协会组织，现有会员1.2万余人，其中骨干2000余人。此外，街道还有老年大学、孝道研究会、评剧团、合唱团、民乐团、舞蹈队、长跑队、乒乓队、太极拳等37个文体团体，各团体定期组织居民开展各种形式的活动，丰富社区文化生活。

（二）终身教育与学习网络的建设

一是建立组织管理网络。街道主要领导亲自挂帅，层层督导，明确职责，确定督导对象，构建严谨的督导学习网络并完善相关督导评估细则，进而使组织管理网络坚实有力。

二是建设人才储备网络。分类构建各类人才档案库，在人、财、物等方面大力支持相关领军人物，支持其构建有利于学习型街道和社区建设的子网络，培训分支机构骨干力量。

三是建立交流合作网络。学习型街道创建亦应体现创新型街道建设，为此，街道学习和借鉴市内、省内、国内先进的经验和好的做法建立畅通的交流合作平台和网络分享信息和经验。

四是建立畅通的反馈网络。街道的工作是否践行党的群众路线，是否深入百姓的人心，学习型街道和社区的创建是否卓有成效，都需要听到真实的百姓声音，为此街道构建了畅通的反馈网络，以便及时倾听基层的声音。

（三）终身学习文化氛围的营造

学习社区化，以“文”化人，才能提升社区居民的文化素养，为此，街道从物质和精神两个层面营造终身学习文化的氛围。

一是物质方面，加强街道辖区内公园、绿地、标志性文化景观、LED电子显示屏、宣传栏、文化长廊等的利用和投入，加强对故宫、帅府、同泽等历史悠久文化古迹的保护和开发，使其焕发新的生命力，带动街道文化氛围的营造。

二是精神方面，善于借助媒体资源宣传先进文化，从身边做起，从孝敬父母做起，开展弘扬国学、弘扬孝道系列活动，带动民风，请专家办讲坛、传承文化精粹，以此吸引民众，引导民风，扬正气，树新风。

三、搭建多种平台，培育具有地区特色的终身学习品牌

（一）创建智慧社区，打造终身学习数字化交流平台

2013年8月，国务院办公厅发布《关于促进信息消费扩大内需的若干意见》，提出“智慧城市建设”的战略构想。滨河街道创新思维，抢抓机遇，与北方广电网络沈阳分公司深度合作开展智慧街道建设，借助有线电视的媒体平台，研发“智慧社区频道”，以此提高社会管理的智能化程度，创新社区管理模式，提升辖区居民的幸福感和满意度。经半年多的反复论证与调试，“智慧滨河”建设已取得阶段性进展，即将进入大规模推进阶段。

街道提出力争到2015年年底，在全街实现智慧型社区全覆盖，利用有线电视等新一代信息技术，通过对各类与社区居民生活密切相关的信息的自动感知，及时传送、及时发布信息资源，实现社区居民“吃、住、行、游、购、娱、健”生活七大要素的数字化、网络化、智能化、互动化和协同化，让“五化”成为居民工作生活的主要方式。目前，在双路、现代家园两个社区内部架设专业线路，实现了有线电视信号数据的双向互通。每个试点社区选取10户试点家庭，进行先期体验活动，跟踪使用效果，通过演示和宣传推介，使群众对智慧社区有直观认知，收到极佳效果。

（二）弘扬社会主义核心价值观，从孝敬父母做起

孝是中华民族的传统美德，百善孝为先，它是对父母长辈最真切的报答，是体会爱的一种最朴实的表现。弘扬社会主义核心价值观，就要从身边做起，从孝敬父母做起。

自2012年8月开始，街道在现代家园社区开展了以“幸福人生”为主题，传承《弟子规》《孝经》等我国优秀传统文化经典的系列讲座和践行活动。到2014年3月，已成功举办了4期寒暑假青少年中华传统文化学习营活动，每期7~10天半封闭教学，同时，还举办周六、周日学习班120余期，先后有1430名学员及家长参加了学习营活动。

“弟子规，圣人训，首孝悌，次谨信，泛爱众，而亲仁，有余力，则学文……”从第一期学习营开始，每当社区举办此项活动，园区三楼会馆里就会传出此

起彼伏的读书声，吸引大批园区居民和孩子们的目光。众多的家长在活动中懂得了言传身教的重要性，现场一位学生家长激动地表示，她对国学文化既熟悉又陌生。熟悉的是，她上学时就知道中国有这些传统经典。陌生的是，她从来没有系统地学过，更谈不上在生活中做到“知行合一”，当她听完一堂“弟子规”的课后，她深有体会地说，不仅孩子需要学习国学，家长也同样需要学习。中华传统文化的学习，使孩子们悄然变化：有的孩子面对自己想要做的事或想要吃的东西，学会了控制；有的孩子知道关心父母和长辈，自己穿衣洗脸，自己的事自己做；有的孩子学习成绩有了较大提高，在学校关心他人，帮助同学，自觉尊敬师长。虽然只是点点滴滴的小事情，但是透过点滴小事能看到孩子对中华传统文化的认知和践行，能看到孩子们的进步和成长，很多居民纷纷表示：弘扬传统文化是令人高兴和期待的事儿，一直以来在教育孩子上没什么好办法，没想到老祖先早就给咱们想好了！往后可要让孩子好好学习老祖先的文化。

（三）培育扶持社区居民书画院，打造文化书香社区

在滨河街道永顺社区活跃着一支这样的队伍——永顺书画院。2007年1月永顺书画院成立，最初是由社区内十余名书画爱好者发起的，发展至今已有正式会员50余名，他们中既有离退休干部也有失业职工，还有部分书画家是省市协会会员，并在国家和省市获奖。他们在一起切磋书画技艺，用手中的画笔描绘祖国的美好山河。很多人离退休后，重新找到了人生的坐标，焕发了艺术活力。画院成立至今先后成功举办了多场大型活动，承办了沈河区第八届文化艺术节，参与了沈阳科学技术协会举办的科技会展，并获得了十几个奖项。

为了让更多的居民学习书画技巧，书画院的会员们分别为他们讲课。学员们经常拿出自己的作品互相交流、欣赏，不断提高书画技艺，发掘生活的乐趣，激发新的追求。社区书画院将学习活动与居民的需求结合起来，提出了全新的“顺”字文化建设，打造了特色社区的建设。会员们用手中的画笔，为社区居民描绘出一幅幅带有“顺”字寓意的字画，让百姓出行见“顺”，让“顺”字文化充满家园。“顺”字文化的开展，情系民心，顺载民意，一幅幅贴近民心的字画让居民百姓感受到家的温暖，凝聚了民心，推动了和谐社区建设。

永顺书画院的发展给永顺社区的文化建设带来了活力，为社区居民搭建了一个相互学习、相互交流的平台，同时也有助于书画艺术的宣传与普及，提高社区文化氛围和文化品质，让老百姓在诗情画意中感受生活的美好，永

承顺意。

（四）充分发挥社会组织作用，让居民群众自主学习

阳光社区是“全国学习型十佳社区”，其最显著的特点就是，充分发挥社区社会组织的作用，让居民群众自己组织、自主学习、自我管理、自我教育。阳光社区最有代表性的社会组织就是：一校、一部、十队。一校即老年科普大学校；一部即滨河社区旅游工作部；十队即老年合唱队、乒乓球队、阳光舞蹈队、民乐队、太极拳队、书法代表队、空竹队、女子木兰剑队、女子演唱队、坛球队。

社区教育改变传统学习方式，不再以上大课，读大书为主要学习内容，取而代之是整合资源，充分挖掘社区驻街单位的资深艺人、专家、名人，为我所用，利用社区各文化队伍拓展丰富多彩的学习内容，利用各种平台打造适合社区居民参与的活动项目，使学习集兴趣、文化于一体，让广大居民在兴趣学习中获益。社区邀请了市科普大学多名资深老师，并在教学内容的设置上，根据中老年人的心理特点及实际需求，采取风趣、幽默、耐人寻味的教学方式，使以人为本、贴近生活、按需授课得到了完美的诠释。科学知识的传播不仅使学员自己受益，而且带动家庭成员受益，带动邻里共同受益，产生了群体效应，社区百姓生活有了明显的变化，不仅大幅度提升了生活的品位，而且掌握了科学生活的本领，居民的生活质量提高了，家庭教育水平提升了，依法办事及环境保护的意识增强了，社区生活更和谐，更科学健康。

通过争创学习型街道，在滨河街道辖区内，涌现了一批优秀的社区先进典型，科普大学阳光分校连续7年被市科协总校评为先进办学单位。几年来，仅阳光社区就培养出了市级文明家庭典型6户，市级道德模范先进个人1名，社区级道德模范家庭千余户，先进个人16人，节能减排示范户60户，文明和谐家庭480户。

创建学习型街道的实践强有力地证明，社会主义核心价值观的树立靠学习，中华民族优秀传统文化的传承靠学习，伟大中国梦的实现更要靠学习。学习型街道创建关系到一方百姓的福祉，学习型街道的创建给社区百姓带来了实实在在的精神财富，丰富了社区百姓的精神世界，引来不竭动力泉，浇筑和谐新家园。

撰稿：潘士君　辽宁省教育研究院终身教育研究所
周文凯　沈阳市沈河区滨河路街道办事处

以学习促发展，建设学习型街道

——大连市金州新区站前街道案例

2010年4月9日，大连市新市区管理体制改革正式启动，由被誉为“神州第一开发区”的大连开发区与大连市最大的行政区金州区合并,成立金州新区。金州是中国主要苹果产区,素有“苹果之乡”的美誉。金州位于辽东半岛南部，大连市中部，东临黄海，西濒渤海。金州新区成立后，成为辽宁沿海经济带的核心产业区，大连新市区的主要功能区。金州新区以全面提升产业高端化、城市国际化、环境现代化、社会和谐化为目标，加快新老市区一体化进程，全力推进新兴产业基地建设，努力建设东北大型石油化工基地、东北亚先进制造业基地、亚洲重要电子信息产业基地等三个千亿级产业集群和生物医药、LED两个百亿级产业集群。全区现拥有品牌152个，拥有中国驰名商标4个，省著名商标38个，市著名商标23个，国家级高新技术企业41家，专利申请总量2720件，已上市企业5家。“金州新区制造”遍及世界100多个国家和地区，外贸出口始终保持东北第一。

站前街道位于金州老城区西南部，属市区交界、城乡接合地区，环境面貌差，新市民入住多，人员构成复杂多样。金州新区成立后，根据新区发展规划，要求街道采取多种措施，迅速提高新市民素质，以适应新区社会经济的发展和精神文明建设的需要。发展社区教育，建设学习型街道，建设和谐宜居新社区，成为站前街道领导和社区居民共同面临的重要任务之一。

站前街道辖区面积16.6平方千米，街道辖4个行政村、8个社区，现有户籍人口1.7万户，4.1万人，另有流动人口4.5万人。辖区有大连市124中学、大连市122中学、区职业教育中心、金重技工学校等千余家企事业单位，为开展学习型街道建设提供了充足的社会文化教育资源。

多年来，站前街道党工委、办事处高度重视学习型街道的创建工作，制定了《站前街道2010—2015年创建学习型街道发展规划》。在创建学习型街道活动中，以开展丰富多彩社区教育活动和技能技术培训为载体，以提高社区居民思想、道德、文化素质，建设和谐社会为重点，取得了显著的成就。2008年，站前街道被辽宁省教育厅评为“辽宁省首批社区教育示范街道”，2010年，被中国成人教育协会社区教育专业委员会评为“全国第二批社区教育示范街道”。

一、学习型街道创建历程

第一阶段（2004—2006年）：起步及典型培育阶段

2004年8月，街道办事处印发了《关于加快构建学习型社会的若干意见》，同时，站前街道学习型社会领导小组办公室印发了《关于开展学习型社区、学习型家庭和学习型组织评估工作的通知》，并制定了相应的评估指标体系。创建之初，采取“基础起步”和“细胞激活”两种策略，把工作重点放在宣传普及理论知识、激发领导干部当好表率和典型引路带动上，推进站前街道的学习型社会创建工作由表及里、由浅入深，逐步走上良性发展的轨道，为学习型站前街道建设奠定了坚实的基础。

在具体工作实践中，街道依托社区学校组织社区干部、志愿者通过入户调查、个别访谈、查阅资料等形式，了解居民学习需求状况，面向社区居民下发《居民学习需求调查表》。街道和各社区积极营造学习型街道的氛围，利用黑板报、墙报、宣传窗等多种媒体进行宣传。三年间，书写创建活动橱窗板报72期，宣传条幅120条，发放宣传手册及资料5万余份，发倡议书5万份。站前街道围绕终身教育和学习型社会建设目标，每年确定一个主题，开展学习型社区宣传教育活动，共计200余次。

第二阶段（2007—2010年）：稳步推进和全面开展阶段

站前街道学习型社会创建领导小组按照新区社区学院工作部署，开展了学习型组织创建工作。在反复调研与实践探索中，综合运用“领导讲、专家授、典型引、自己述、大家议、老师促”等方式，开展各类教育培训，举办理论讲座，组织“全民学习活动周”等活动，使学习型组织理论得到宣传和普及，使终身学习的观念日益深入人心，全民学习的氛围日益浓厚，形成了逐层推进、重点指导、各负其责的创建思路，着重解决工作中遇到的难点问题，稳步推进和全面开展创建工作。

第三阶段（2011年至今）：质量提升和内涵发展阶段

2011年以来，站前街道逐步完善了社区教育、创建学习型站前街道的各项工作制度，建立了教育需求调研、教育计划编制、教育成果统计、教育理论研讨、经费投入、表彰奖励等制度。通过加强制度建设，形成了党政主导、部门联动、全民参与、共建共享的工作机制，创建学习型组织活动蓬勃开展。在《站前街道社区教育发展规划（2011—2015年）》中进一步提出“推进具有时代特色的学习型组织创建工作”的目标。全街各部门、各社区、各单位大力开展社区教育活动，学习型机关、学习型企业、学习型街道、学习型楼院、学习型社区、学习型家庭等各级各类学习型组织创建工作深入推进，创建质量和水平明显提升。

二、推动学习型街道管理变革

站前街道不断规范组织管理、完善创建制度、加大经费投入、健全师资队伍，激发创建工作的内在活力，为学习型街道建设提供强有力的保障。

（一）规范组织管理

站前街道成立了以党工委书记、办事处主任为组长，党工委副书记、办事处副主任为副组长，街道机关科室的党办、群团、社会事务、劳动保障、城管卫生、人口计生等部门负责人为成员的学习型社会领导小组办公室。各社区成立了书记或主任为校长，分管领导为常务副校长，党政、群团及相关部门共同参与的校务委员会，并确定专职人员负责创建学习型街道的组织协调。街道党工委、办事处始终把创建学习型街道工作摆到突出的位置来抓，采取召开专题会、工作推进会、经验交流会、调研视察、跟踪检查等一系列措施，确保创建工作的落实。街道党工委每半年听取一次工作汇报，领导小组每季度研究一次创建工作进展情况，把学习型社区建设作为目标考核内容列入对社区的考核项目中，并制订了相应的奖励措施。在学习型街道创建过程中，实行领导督查、人大（政协）委员视察、志愿者评查的“三查监督法”，务求工作部署到位、跟踪指导有效、创建工作成果明显。街道在各个社区建立“社区教育中心”和“社区学校”，充分挖掘、拓展和开发社区内的各类资源，开展形式多样的学习创建活动，不断提高辖区居民的整体素质和生活质量，促进站前文明的建设，发挥示范性作用。

（二）完善创建制度

站前街道社区教育中心、社区学校建立健全“工作例会制度、教育培训制度、考核评比制度、协调联席会制度、成果交流制度”，并根据创建工作的要求，制订创建学习型示范街道五年规划、年度工作计划。创建工作基本实现“五有、五落实”的工作要求，即创建工作有计划、有检查、有评比、有总结、有表彰和基地校舍落实、师资队伍落实、经费投入落实、活动场所落实、教育成果落实。

（三）加大经费投入

站前街道加大对社区教育的经费投入，充分发挥政府扶持和市场机制的双重作用，采取“政府拨一点，社会筹一点，单位出一点，个人拿一点”的办法，建立以政府投入为主，多渠道投入的社区教育经费保障机制，保障必要的社区教育经费，并列入经常性财政开支，落实社区教育专项培训经费，实现了常住人口人均不少于1元的标准。鼓励企事业单位和其他社会组织支持社区教育事业，鼓励家庭及个人增加学习投入。积极动员社会各界力量筹措社区教育经费，确保经费渠道畅通，为社区教育提供良好的办学条件和办学环境。

（四）健全师资队伍

优秀的师资队伍是创建学习型街道实施过程的强有力人员保障。站前街道整合现有资源优势，充分调动各方积极性，共同参与创建学习型示范街道，建立了一支高素质的社区教育管理者队伍、专兼职教师队伍和志愿者队伍。在辖区院校、驻地部队、中小学校、驻街单位中聘请离退休老干部、老红军、公安干警、中小学教师为专兼职教员。全街共聘请各类教师136名，社区志愿者2456名。同时，还聘请辖区内6所学校领导为社区学校名誉校长。空军大连通信士官学校领导、大连天合研究所教授、市委区委党校教授、区社区学院的教师，多次进社区、到广场、入楼院，进行法律法规、伦理道德、健康卫生、科普知识、艺术娱乐及就业技能等方面的辅导讲座，教育面达到年均1万人次以上。

三、夯实学习型街道基础保障

多年来，站前街道本着自有设施不断完善、共享资源不断拓宽的原则，逐步夯实创建学习型街道的基础。

（一）完善硬件设施，搭建社区服务的公共平台

近年来，站前街道投入社区建设和社区教育资金2000多万元，新建建筑面积3356平方米的社区养老服务中心和社区卫生服务中心；增设人口文化一条街、青教实践培训基地、再就业培训中心6个；改善了4个社区办公及居民活动用房1996平方米；为8个社区4个行政村安装了电子大屏幕，开通了政务信息网站，搭建了数字化教育平台，配备电脑等教学设施120台（件）；增设居民健康路径48套，新建居民小区活动广场4处；社区办公和教育活动经费年平均达到8万元以上，街道每年投入社区建设及社区教育资金平均1000万元左右。

社区教育传统模式需要继承发扬，现代信息技术更需要应用推广。2009年年初，街道在空军大连通信士官学校的支持下，投入资金10多万元，新建覆盖全街的“站前信息网站”，开通了公众交流服务平台，设定了新闻动态、政策法规、办事指南、政务公开和咨询服务等6个栏目。2012年，又搭建了覆盖全街的数字化教育平台，举办了“网学活动月”为居民提供了十大类20门学习课程。基本实现了信息共享、教育联网、服务快捷的功效。近年来，已发布各类宣传教育信息1491条，受理群众咨询服务883件。

（二）培育各类学习型组织与团队，打好组织基础

各类学习型组织是学习型街道的细胞。多年来，站前街道把建设各类学习型组织当作建设学习型街道的重要抓手。以机关、企事业单位、社区、家庭、社团为主要载体，分别推进学习型组织创建工作。

1. 发挥引领作用，创建学习型党组织。学习型党组织建设突出组织优势，发挥示范作用，机关、社区党组织率先垂范，制定和完善了中心组学习、机关干部理论培训、社区党员调查研究等一系列制度；建立了机关干部讲堂和社区道德讲堂；开展了专题讲座、举办社区服务研讨会等活动。主动学习、勤奋学习已成为街道、社区工作人员的自觉行动。学习型党组织引领了全街学习型组织建设。

2. 扩大覆盖范围，创建学习型社区。街道积极调动社区老党员、积极分子、志愿者参与到创建工作中，通过“牵手文明，共建美丽家园”等各类主题活动，扩大参与人群覆盖面，广泛开展学习型社区创建工作。多年来，学习型社区建设稳步推进，全街道8个社区全部开展学习型社区的创建工作。

3. 突出以点带面，创建学习型家庭。学习型家庭创建，以提升家长科学育子能力和孩子综合素养为重点，以健康文明的家风促进和谐社会建设。在创建学习型家庭过程中，街道始终把“以家庭带楼栋、以楼栋带社区”作为创建的有效途径。多年来，学习型家庭建设星罗棋布，涌现出学习型家庭831户，占家庭总数的5%，夯实了全街学习型组织创建的基础。

4. 延伸工作触角，创建学习型社团。为提升社团成员素质，增强他们终身学习的意识，社团的团员们走进市民学校，由团员变成了学员。多年来，全街道86个文体社团，已有26个转变为学习型社团，提高了社团的整体素质水平。

5. 激发竞争活力，创建学习型企业。把创建学习型企业作为为企业服务的重要内容来抓，并使驻街企业逐步形成了“在工作中学习，在学习中工作”以及“把学习力转化为竞争力”的创建思路和理念，增强了文化软实力和企业竞争力。多年来，学习型企业建设成效显著，涌现出20个学习效果显著的学

习型企业。

（三）统筹资源，优化全民终身学习的网络建设

社区是社会组织的细胞，离不开社会这个大环境，社区教育涉及的人群广泛、内容丰富，单纯依靠自身的力量难以完成，需要借助社会力量延伸触角，相互融合，形成网络，共筑共建。根据建成“人人皆学、时时能学、处处可学”的学习型社区的愿景，站前街道逐步构建了创建学习型街道的网络。即：以街道社区教育中心为实现全民终身学习的大本营；以社区文化活动中心为展示学习成果的大舞台；以社区学校学习点为便民利民就近学习的大基地；以资源整合为支撑学习型社区创建的大后盾。这四大支柱，编织成了街道创建学习型社区的大网络。

1. 以社区教育中心为实现终身学习的大本营。街道的社区教育中心基本做到了“六个有”，即：有稳定的教育活动场所，有能提供教学、培训的教室，有图书、信息阅览室，有专兼职教师队伍，有热心为社区教育服务的志愿者队伍，有一套教育管理制度和台账。在实践中，坚持以街道社区教育中心为依托，以辖区学校、院校、单位为辅助，以社区学校为纽带，以行家、专家、专兼职教师为骨干，力求社区教育横向到边，落实到每个单位、每个居民组；纵向到底，落实到小区楼院、社区居民。同时，坚持从实际出发，不断拓宽教育领域，创新运行机制，现已形成“村社联手、社校联合、企建社管、企社联办、军地共建”的社区教育运行机制。街道8个社区常年与辖区单位开展联谊活动、支教活动、互助活动，为学习型示范街道创建工作注入了生机和活力。

2. 以社区文化活动中心为展示学习成果的大舞台。社区文化活动中心既为居民提供多层次多渠道多角度的文化教育服务，又积极鼓励群众发挥民间社团作用，自主培育和发展社区文化、艺术、体育健身团队。街道以真情艺术团为抓手，对辖区文艺团队实行星级管理，通过以奖代补等多种形式强化骨干培养，鼓励精品创作。目前，街道辖区活跃着20多支文艺团队，各类文化演艺人员近千人，文化志愿者近千人。每年举办各类文化活动和影视展播近百场，参与者达数万人。如元宵节百花会活动已成功举办了七届，热闹非凡，极具特色，充分展示了金州的民俗文化、历史文化；邻里（家庭）学习节，大力倡导“与邻为善、互助友爱、明礼诚信、和睦相处”的新型邻里（家庭）关系，激发了邻里（家庭）间的亲情、友情、真情；街巷运动会紧扣古街老巷风貌，设计赛项别具一格，趣味横生，吸引了男女老少踊跃参与；“全民终身学习活动周”系列活动连续七年举办，成为站前街道学习型社区创建的特色品牌。

3. 以社区学习点为便民利民就近学习的大基地。站前街道共有8个社区，按地域划分建立了不同功能的学习点。这些学习点有的建在社区学校，有的依托中小学，有的依托社区文化活动中心。这些学习点，就建在老百姓身边，形成了“10分钟社区教育服务圈”，使社区居民步行几分钟就能在附近社区教育服务场所享受全免费的社区教育。

4. 以资源整合为支撑学习型社区的大后盾。为整合资源，优化利用，使学习教育立足点扎实，触角延伸广泛，资源成果共享，街道采取统筹规划和政策引导的方式，将社区内的教育资源面向社区全面开放。辖区内中小学的体育场所、图书室、微机室等定期免费向社区居民开放，同时积极协调区博物馆、市民文化活动中心、民间文化艺术馆、图书馆等文化资源对市民实行免费开放。社区教育资源向居民的开放率达到95%以上。

（四）强力打造地方文化，营造终身学习氛围

1. 开展“全民终身学习周”活动。按照金州新区部署，站前街道自2006年开始组织开展“全民终身学习周”活动。在“全民终身学习活动周”中，集中开展适应群众需求的教育培训、活动体验、读书演讲、网络学习、成果展示等丰富多彩、形式多样的主题学习活动，每年参与全民学习周的居民、中小学生总人数达2.5万人次。2013年，站前街道在“全民终身学习周”活动中，建起17个培训点，发放图书4000余册，开展了数字化学习、演练太虚拳等活动。

2. 开展广场讲座、社区讲坛和网上交流活动。站前街道以社团为依托，常年坚持举办各种形式的科普知识、健康保健、食品卫生、文明举止、法律法规等方面的教育活动，通过多种形式，营造遵纪守法、弘扬美德、文明和谐的良好氛围。

3. 开展丰富多彩的文体活动。近年来，站前街道连续举办两届“站前地区文化艺术节”，组织五个专场文艺演出和广场讲座、书法美术作品联展、红色电影巡放周、健身舞比赛、送戏下乡等十大项系列活动。秧歌队、腰鼓队、舞蹈队、老年合唱团、真情艺术团等各种类型的社团常年活跃在社区教育舞台。各种形式的迎春演唱会、节日联欢会、夏季乘凉晚会、居民健康运动会、文化艺术节等大型活动，贯穿于社区教育活动之中。

四、创建学习型街道的特色和成效

一是建立“一把手”责任制。街道和社区的“一把手”负总责，亲自抓，拿出足够的精力，深入研究创建学习型街道的内在规律。二是建立领导机构。

成立了创建工作领导小组，负责创建工作的规划、协调、组织、指导、督促、考核等。三是建立管理协调机构。定期召开联席会议，各社区设有专干，把责任落实到具体部门与人员。四是建立健全了领导干部带头学习的制度。街道、社区和各单位建立和落实了领导干部学习制度，加强了党委（党支部）中心组学习制度，健全了领导干部述学、评学、督学制度，把领导干部的学习情况作为干部考核重要依据。五是建立健全了激励约束机制。站前街道对学习优良的社区居民给予表彰奖励，对于企事业职工的学习优秀者，把学习的业绩与评先评优、晋升提拔、工资职务调整挂钩。六是建设和开发了多种实施载体。街道把各类学习型组织的建设和自发的群众性活动有机结合，因势利导，充分发挥社区居民的创造性。七是中小学资源面向社会开放。辖区内各级各类教育资源在创建学习型街道活动中，都有明确的坐标点和定位。学校的教学设备、教学场地、图书、操场等不仅服务于学校，还服务于社会，为所有社会成员服务。普通中小学已不仅仅是向青少年传授知识的场所，同时也是社区居民学习的场所和家长学习的学校。辖区内职业教育和成人教育机构在建设学习型街道中，面向新增劳动力、技术工人、失业人员、外来人口开展各类成人培训活动。

（一）社会教育资源得到有效整合

在创建学习型街道的过程中，辖区内从幼儿教育到老年教育的各级各类教育都有了新的进展，85%的居民、80%的驻街单位、100%的中小学和幼儿园参与到了学习型街道的建设中来，各类教育在学习型街道的框架下互相支持，和谐发展，为全区构建终身教育体系做出了积极贡献。

（二）社区教育品质得到有效提升

通过创建学习型街道，有力地促进了社区教育向更深层次发展，在学习型社会的理念引导下，站前街道社区教育由自发为主到自觉为主，得到更为广泛和健康的发展。目前，学习在站前街道蔚然成风，辖区形成了人人讲学习，处处有学习，时时在学习的全民终身学习风气。终身学习成为建设和谐社区不可替代的有效载体。

（三）社区居民素养得到有效提高

通过开展创建学习型街道活动,有效地提高了广大居民的文明素质。目前，全辖区基本形成绿地花草有人认养、公益活动有人参与、孤寡老人有人照料、弱势群体有人帮扶、不文明行为有人制止的良好局面。涌现出一批文明小区、和谐楼院、五好家庭和好邻居、好公婆、好媳妇、好丈夫、好少年等各类典型，并多次在《辽宁日报》《大连日报》《大连晚报》《金州先导报》以及金州新区电视台等多家媒体宣传报道。

撰稿：潘士君　辽宁省教育研究院终身教育研究所
王玉宝　大连市金州新区社区学院
李　淼　大连市金州新区站前街道办事处

创建学习型街道，市民教育大有可为

——太原市杏花岭区三桥街道案例

杏花岭区三桥街道位于山西省太原市中心地段，是太原市委、市政府所在地。面积9平方千米，辖15个社区居委会，总人口12万人。辖区内有大中小学9所、幼儿园4所、各类民办教育机构40所，还有青年宫、科技城、演艺中心、龙潭公园、饮马河公园、汾河公园等文化活动场所。丰富的文化教育资源为创建学习型街道提供了有利的条件。

三桥街道建设学习型街道始于创办文明市民学校。1996年建校之初，正值社会转型的关键时期，全球化背景下东西文化的冲突，以及各种价值观的相互撞击，使得社会上一些人价值取向异化、心理状态失衡、社会行为失范，拜金主义、享乐主义、极端个人主义有所抬头，一度销声匿迹的封建迷信和伪科学沉渣泛起，市民思想观念呈现多元化迹象。三桥街道党工委、办事处坚持把文明市民学校建设作为坚守和巩固思想文化阵地的重要载体，摆到街道工作的突出位置，率先在三桥街道成立了太原市首家文明市民总校，先后办起121所分校，其中，以社区为主体的居民分校55所，以驻地单位为主体的职工分校66所。在辖区内形成两级（街道、社区）管理体制，"三级"（街道、社区居委、驻地单位）办学网络。经过18年的实践探索，市民学校从松散办学到制度完善，从单一设点到网络覆盖，逐步探索出了一条独具特色的办学途径，并形成了"抓阵地、抓载体、抓队伍、树典型"的办学经验，得到了上级文明委和教育部门的充分肯定。2000年，杏花岭区开展社区教育实验工作以来，三桥街道发挥市民学校的载体优势，不断推进社区教育深入开展，市民学校扎根于社区文化的沃土，服务于社区居民的实际需求，显现出旺盛的生命力。2010年，三桥街道的"市民教育特色课程"申报了国家社区教育特色课程，先后接受了太原市和山西省创建学习型街道的验收，荣获"山西省创建学习型组织示范街道"。2011年，三桥街道被评为"全国社区教育示范街道"。全街道经济和社会各项事业均取得了较好成绩，2013年，五大行业总产值完成502.7亿元，占全区总产值的52.3%。社会管理不断完善，社区建设不断加强，文明城市创建水平不断提高。

一、虚功实做，坚守文明阵地

长期以来，三桥街道社区居民思想政治工作存在“有水流不到头”的现象，使社区居民的思想道德教育显得疲软无力。三桥街道党工委以班子建设统揽街道各项工作，以创建和谐街道、打造精品社区为切入点，提升社区教育功能；以制度建设为抓手，制定出台了《三桥街道2008—2010年创建学习型街道发展规划》《关于创建学习型街道的实施意见》《关于进一步推进学习型街道的实施意见》等一系列政策文件，成立了由街道党工委书记、办事处主任挂帅，各部门和社区负责人为成员的创建学习型街道工作机构，街道和各社区均成立创建学习型组织领导小组，设立专门办公室，由专人负责。教育、文化、科协、宣传、民政等职能部门有明确分工，并进行目标分解，形成了齐抓共管的高效工作机制。各社区也成立相应的机构，层层签订目标责任书，坚持年初订计划，年末组织检查，逐步建立健全相关制度，规范相关档案，做到了任务明确，责任落实，制度规范。

文明市民学校作为一种新的市民教育形式，是实施全民素质教育的有效载体之一。为了强化文明市民学校的管理，三桥街道成立了由街道和驻地单位领导组成的文明市民总校领导组，设立了办事机构，定期召开领导组会议，对办学工作的组织领导、办学经费、教学场地和设施设备等问题进行了专题研究，并拿出切实可行的方案。10多年来，街道每年投入的教学经费均在数万元。为了改善文明市民总校的物质条件和教学活动环境，街道办事处专门腾出大会议室作为文明市民总校讲课的教室，拨专款进行装修改造，购置了桌椅，添置了录像机、投影仪、照相机，安装了空调，确保了上课有教室，办公有场所，活动有场地。

百年大计，教育为本，教育大计，教师为本。10多年来，三桥街道文明市民学校缘何能长期坚持，历久弥新，关键是选好“领头雁”，培育三支队伍。首先，建校初期，街道党工委经多方考察，聘请市优秀党务工作者、从事教育工作40余年、刚从中学书记岗位上退下来的高级教师卫中奇同志任总校常务副校长。卫校长以一名老教育工作者高度的责任感和强烈的事业心，全身心地投入到文明市民总校的筹备和教育教学工作之中，认真学习调研、制订工作方案、协调驻地单位、争取经费支持、安排教学活动、聘请专家学者、进家入户了解居民需求，经过努力，使文明市民学校走上了健康发展的良性轨道。其次，整合资源，打造三支队伍。一是讲师团队伍。文明市民总校在全市范围内精心选聘了56位既有较高政治理论素养，又有丰富教学和实践经验的领导、专家、学者组建了三桥市民学校讲师团，定期举办大讲堂、报告会，进行巡回演讲，与百姓面对面、心贴心，讲政治、讲理论、讲时事。二是专兼职教师队伍。挖掘教育人才，整合教师资源，打造高素质、高层次专职教师队伍；根据教学的需要和教师的特长，将社区内有专业技能的教师、医生、法律工作者以及各行各业的能工巧匠组织起来，担任市民学校的兼职教师，开展教学活动。课堂设在家门口，深入浅出讲法律、讲道德、讲国学、讲育人、讲养生。三是志愿者服务队伍。将社区内组织协调能力强、热心公益事业的积极分子组织起来，服务市民教育。志愿者队伍以“五老”人员和文体爱好者为主，主要针对青少年开展校外教育，协助社区组织开展各类文体活动。目前，三桥市民学校已组建起了500余名包括讲师团、兼职教师、志愿者在内的工作人员队伍。这三方面资源和队伍各有优势，分工合作，取长补短，紧紧围绕学习传播中国特色社会主义理论体系这个主题，围绕培育和践行社会主义核心价值观的主题，针对社区居民的不同需求，开展形式多样、内容丰富的学习活动。

二、切入“需求”，拓展教育服务

10多年来，三桥街道文明市民学校没有流于形式，并且越办越有声有色，最主要的原因就是在办学过程中始终突出了一个“实”字，坚持“贴近实际，贴近生活，贴近群众”的原则，针对社区居民的思想实际和具体需求，拓展教育服务功能,并做到“三化”。一是办学服务体系规模化。辖区不仅形成了“三级”办学网络，而且办学机构体系成规模。在街道一级建有三桥地区文明市民总校、社区教育中心和老年大学，各社区办有市民学校分校，驻地单位办有职工分校，形成了全覆盖的市民教育网络。二是办学经费投入常态化。街道领导高度重视文明市民学校建设,每年投入3万元以上作为教学经费支持办学。同时，加强学校环境硬件投入，拨出专款对文明市民学校进行装修改造，完善教学设施。三是办学导向宗旨化。深入调查研究，广泛征求社区居民意见，大胆改革传统的教学模式，根据社区居民的思想实际，根据群众的需求确定教学内容和教学方式方法，有效地激发出社区居民的参与热情和积极性。

结合居民实际办学，引导群众爱学习、知荣辱、明是非。每到岁末年初，文明市民总校都要在认真总结办学经验教训的基础上，仔细分析本地区特点，结合居民群众的思想实际制订总体教育计划，确定工作重点，并认真扎实地组织实施。为增强教育的针对性和指导性，市民学校特别注意抓住精神文明建设中反映出来的带有倾向性的问题，以及居民关注的国际、国内重大事件，有的放矢地开展教育活动，帮助群众答疑解惑，明辨是非，引导社区居民关心国家大事，树立正确的人生观、价值观。发挥讲师团的作用，通过举办大讲堂、报告会、巡回演讲，加强对市民的思想道德教育，始终以思想道德、时事政策、人文精神、民主法制为重点，将社会主义核心价值体系作为工作主线，突出市民教育的思想性、知识性。驻地单位分校将干部教育与职工教育，理论学习与业务学习紧密结合起来安排课程；社区分校将理论学习与传统文化、生活常识、休闲娱乐结合起来开展各类学习活动。

按居民的需求办学，提升群众参与的吸引力。根据社区居民的需要，选择最受群众欢迎的教学内容，促进社区居民身心健康不断得到发展，是三桥市民学校办学的又一特色。三桥街道在注重对社区居民群众进行党的路线方针政策、党的创新理论教育和以社会公德、职业道德、家庭美德、个人品德为主的思想道德教育的同时，有意识地强化素质教育，丰富居民群众精神生活。每年年初，总校都要广泛征求群众意见，根据群众的精神需求确定教学内容，安排课程计划，并将教学内容、地点、授课人以菜单的形式，通过张贴通知、网上公告、QQ群、志愿者送教上门，以及学生向家长、社区向居民群众传递信息等多种形式广为宣传，社区居民根据自己的兴趣爱好自愿就近参加。先后采取多种形式举办国学、普法、保健养生、书法绘画、烹调编织、科学育儿、英语、电脑操作、文艺表演等讲座和活动，满足了不同层次居民的精神生活需求，受到了普遍欢迎。市民总校、分校通过小手拉大手、邻里互助互学、星级学员、学习型家庭评比、文明和谐家庭评选等多种形式，鼓励市民参与学习。在教学形式上，采取了“墙内”办学和“墙外”办学相结合，现场讲座和空中课堂相结合，现身说法和互动交流相结合，线上学习和线下体验式学习相结合等方式，使学习活动形式多样，异彩纷呈。

三、组织协调，创新活动载体

创建工作需要辖区内多方力量的共同参与，才能形成社会合力。为此，三桥街道积极发动，组织协调，多方动员，激发驻地单位、企事业单位参与的热情，目前，街道辖区内建立起学校与社区互动、驻地单位与社区联动的机制，使各方面的资源和力量形成合力，成为助推学习型街镇建设的发动机。发展社区教育，突出“三关”：一是关心青少年，针对未成年人的特点，利用假期组织雏鹰小队、青年志愿者服务队，加强社区和学校的互动沟通，完善学校、社会、家庭“三位一体”的未成年人思想道德建设网络。“雏鹰小队”负责人由社区党支部书记、学校大队辅导员共同担任，成员由社区民警、社区志愿者、学生家长代表等组成。通过举办家庭教育公益报告会、开办“四点半学校”、开展“快乐星期三、读书一小时”“家校互动、八方共建”“感恩母亲回报母爱”等联谊活动、“小手拉大手”等保护环境清洁行动、“老少唱红歌”等教育活动，实现社会教育与学校教育、课外教育与课堂教育的整合，营造了未成年人健康成长的良好环境。二是关爱老年人，以丰富老年人精神文化生活，提高老年人身心健康为重点。市民学校开设了知识型、保健型、康乐型课程。在教学内容上，强调学政治、学文化、学养生、学保健。对社区老年人开展心理疏导，组织实施“老年健康教育社区行”试点实验，组建了“老年健康教育志愿者”队伍服务社区老年人，使老有所学、老有所乐、老有所为更加具体生动。三是关注困难群体，通过对残疾人、失业者和外来务工人员等困难群体提供心理扶助和心理救助，开展职业指导、职业技能培训等，提高困难群体的就业能力和生活质量。

四、激发活力，收获累累硕果

创建工作带来了明显的社会效益，由于文明市民学校的教育内容和教学方法适应了社区居民的思想和生活需求，激发起社区居民的学习热情和参与积极性，强大的精神力量转化为巨大的物质力量，使社区建设工作落到实处，收到了实效。

（一）社区居民精神面貌发生深刻变化

持之以恒、潜移默化的思想教育提高了居民群众的文明素质，推动了文明家庭、文明楼院、文明小区的创建活动，关爱他人、奉献社会蔚然成风，形成了讲文明、讲团结、讲奉献的良好社会氛围。“做文明人”成为共同的价值追求，内在的文明素养化为外在的自觉行为。今天的三桥街道无所事事的人少了，喜欢读书学习的人多了；闹矛盾纠纷的家庭少了，互助和睦的邻里多了；随地吐痰乱丢垃圾的现象少了，自觉维护社区环境的人多了，每一个人都主动自觉参与到营造文明祥和环境的行动中来，共同建设绿色、平安、和谐的社区家园。

（二）社区居民思想观念出现新的飞跃

广泛开展市民教育，社区居民的眼界更加开阔，观念不断转变。社区居民运用学到的科学理论自觉抵御封建迷信和伪科学的侵扰，重新审视自己的价值，寻找自己在社会中的定位，终身学习、自立自强、自主创业的意识进一步增强。公民意识是文明社会稳定的基石，市民教育以公民意识、公民文化、公民行为方式为主要内容，引导社区居民在公共生活中培育公民文化，激发社区居民参与公共生活的自觉性，由动员参与发展为自主参与，由利益性参与变为责任性参与。社区定期举办“读书会”“议事沙龙”，社区居民齐聚一堂，解读国际国内大事，交流心得体会，畅谈城市的变化，感受社区的新鲜事，为社区建设出谋划策。部分离退休的老干部、老工人主动组成社会治安综合治理联防队，昼夜值班巡察，保一方平安。

（三）社区居民生活质量得到明显提升

丰富精神文化生活，提升社区居民文化品位。三桥街道活跃着老年秧歌队、门球队、歌咏队、空竹队、棋牌队、骑友队等50余支社团，每年举办“龙潭放歌”“体育比赛”“艺术节”等，丰富多彩的文娱活动凝心聚力，吸引了越来越多的社区居民参加。尤其是社区广大老年朋友，通过积极参与文明市民学校组织的文娱活动，老有所学、老有所乐、老有所为，在活动中受教育，在教育中体会生活的快乐和幸福。在三桥地区，社区居民学习有学校，活动有场所，处处洋溢着欢声笑语，时时感受着温暖与和谐，群众以“三桥”为家，以“三桥”为荣，增强邻里的亲情和友情，增强了社区的认同感和凝聚力，社区居民的生活质量得到明显提升。

三桥街道开展市民教育有热情，有创意。经过多年的探索，积累了丰富的创建经验，打造了一个个教育精品社区，做到了在全国有影响，在全省有引领，在全市有示范。市民学校成为学习、提高、交流、服务的平台，是传播优秀文化和普及科技知识的场所，是社区居民的和谐家园，是深受百姓青睐的没有围墙的学校。

撰稿：太原市杏花岭区三桥街道办事处
桑宁霞、丁红玲　山西大学

以文化人，打造特色学习型街道

——青岛市市南区江苏路街道案例

江苏路街道位于青岛市市南区中西部，东临八大关街道，西与中山路街道相接，南面大海，北与市北区交界，总面积1.2平方千米，常住人口3.7万人，常住户数1.6万户，划分为6个社区居委会。作为青岛市的老城区，社区文化底蕴深厚，呈现“三多”特点：一是山多——有信号山、观象山、伏龙山；二是知名学校多——如青岛市实验初级中学、青岛六中、青岛市实验小学等多所百年名校；三是旅游景点多——如青岛迎宾馆、天后宫、信号山公园、老舍故居等。

近年来，江苏路街道办事处按照区委、区政府的要求，以建设“百年江苏路，人文新社区”为总体目标，以“人文江苏，素质提升”作为学习型街道创建工作理念，按照让社区居民“有其学、乐其学、终身学”的可持续发展原则，充分挖掘、整合和利用社区教育学习资源，大力开展各类教育培训、群众性读书学习和文体活动，丰富了居民的精神文化生活，有效提升了社区居民的综合文化素质以及幸福感，有力推动了学习型街道建设，促进了社区精神文明建设的快速发展。江苏路街道先后荣获“全国安全社区”“国家级社区教育示范街道”“山东省档案管理一级先进单位”“青岛市创城先进单位”“第二批基层文化建设示范点”“青岛市首批基层应急管理工作示范单位”“2011年青岛市群众体育工作先进单位”“2012年青岛市建设学习型党组织工作先进基层党组织”等多项荣誉称号。

江苏路街道在创建学习型街道的过程中，紧紧围绕着“追寻什么”“为何追寻”与“如何追寻”三个问题开展实践探索。

一、“追寻什么”——创建学习型街道的目标

“追寻什么”即追寻愿景，也就是追寻一个大家希望共同创造的未来景象。彼得·圣吉在《第五项修炼》中所提出的第三项修炼是“建立共同愿景”，就是一个组织确定学习的目标，这个目标建立在每一个人的个人愿景基础之上，

同个人的前途紧密相关。

近年来，江苏路街道积极响应创建学习型社会的号召，认真摸索学习型街道建设经验，大力挖掘和整合社会教育资源，构筑终身教育体系，提出“百年江苏路，人文新社区”的奋斗目标，这一目标所蕴涵的内容，是社区居民都深深关切的事情，也是社区成员真心追求的愿景，它极大地激发居民的学习热情，凝聚民心，对推动江苏路街道的发展与创新具有重要影响。

二、“为何追寻”——学习型街道的创建理念

“百年江苏路，人文新社区”并不是一句简单的口号，它的深刻内容是将学习、工作和生活融为一体，在学习中提高生存技能，在学习中提高生存品质，在学习中提高人的素质，从而推动社会的进步。其参与的主体也不仅仅是社区居民，而是包括家庭、机关、学校、企业等辖区内所有组织与个人。江苏路街道是充满文化底蕴的百年老城，街道以创建学习型街道为核心，通过树立新的学习观念、建立多元化的学习平台，构筑终身教育体系，力求打造“百年江苏路，人文新社区”的文化氛围。以文化人，以德润身，带动街道软环境的提速增质，让江苏路街道因为文化而更富魅力，让居民因为文化而更加幸福。

三、“如何追寻”——关于学习型街道的创建模式

（一）提升理念，形成机制，保障发展

一个街道是否文明与和谐，取决于人们的整体素质。文化必须以广泛的民众为基础，其衡量标准就是社区居民都能够喜爱自己生活地方的文化，都能够积极参与社区建设，也都能够从中受益。这是街道文化发展的基本条件，也是根本价值。而社区居民的文化素质，包括思想道德和科学文化素质，是街道发展更新的推动力，它对街道的和谐稳定、环境品质、民主自治、持续发展，对市民个人的文明素养、劳动技能以及家庭和睦、生活品质等诸多方面，具有重要作用和积极意义。

近年来，街道党工委十分重视学习型社区建设工作，把实现教育社会化和社会教育化的目标作为建设和谐社区的一项重要内容，制定了《江苏路街道办事处社区教育五年发展规划》《江苏路街道办事处关于学习型社区建设工作五年规划（2009—2013年）》，成立了由街道党工委书记任组长、办事处主任及分管主任任副组长，党群工作科、文化站、科协、计生、司法、关工委、工

青妇等部门和辖区中小学、社区医院、居委会为成员的学习型社区建设工作领导小组。分管领导亲自抓日常工作，专人负责具体实施和落实。领导小组定期召开专门会议，制订年度工作计划，研究工作内容，及时总结、推广各类经验。社区也成立了相应的学习型社区建设工作领导小组，由居委会主任负总责，分管主任具体抓落实。目前，街道及各社区有社区教育专兼职管理人员12人，组建了10人的社区教育讲师团和100余人的社区教育工作志愿者队伍。经过多年努力，社区教育组织网络完善，为学习型社区建设工作的有效实施提供了有力的组织保障。江苏路街道全民学习和终身教育活动已经转入正常轨道并加速发展，各类社会教育机构以及民间自发的学习团体纷纷涌现。

（二）加大投入，改善条件，促进发展

开展以社区教育为基础的学习型街道建设，必须要有一定的资金和与之相适应的教育教学设备、设施。为发挥街道社区教育主阵地作用，2009年区政府把社区中心建设作为政府为民办实事工程，加大财力物力人力投入，街道6个社区中心全部建成并于2011年投入使用。在每个社区中心设立了市民学校、道德讲堂、图书室、电子阅览室、手工艺培训室等学习培训场所，配备了电视、音响、大屏幕投影、微机、健身设施等，为居民提供了求知、求乐、求健康的场所。为加大对科普知识的推广，办事处先后共投资近50万元在龙江路社区中心、齐东路社区中心分别设置了青岛市首家社区天文科普室及首家社区环保教育馆，室内安装设置了各种互动设备及各类知识展板。通过打造特色活动室，使社区成为宣传、教育、普及科普知识，提高居民科学文化素养的有力阵地。此外，为演出队伍购置了演出器材、服装等，为开展高质量的文化活动提供了物质保障。2011年5月，办事处在6个社区设立了街道老年大学分校教学点。截止到目前，先后开设了声乐、书法、山水画、工笔画、写意画、油画、交谊舞、民族舞、时装模特、太极拳、电子琴，葫芦丝等12个专业15个班次。结合开展党的群众路线教育实践活动，为满足辖区老年朋友的需求，又开设了电脑班和国学班，其中，按规定交费的班次有12个，免费班有3个，全年有学员近600余人。

（三）整合资源，搭建平台，全员学习

街道从加强队伍建设入手，着力整合社区教育资源，立足社区居民的学习需求，优化课程设置，吸引居民积极参与。

1. 注重加强队伍建设。街道建立起三支学习型社区教育队伍：一是成立学习型社区教育管理队伍。吸纳辖区文体骨干，组成12人的专兼职学习型社

区教育管理队伍，不断深化和完善社区联动工作机制，经常开展各类培训活动，在打造好社区居民物质家园的基础上，建设好社区居民的精神家园，不断提升社区居民的归属感和信任感。二是成立学习型社区讲师团队伍。整合辖区资源，聘请教育、环保、医疗、法律、心理、食品质量监督及天文科普等各领域专家，成立了街道宣讲团，服务社区居民。三是成立学习型社区教育志愿者队伍。挖掘辖区专业技术人才、民间艺人、离退休教师和大学生等资源，组成100余人的学习型社区教育志愿者队伍，指导社区居民参与文体教育活动。三支队伍一体化运作，发挥出教育的合力，加强学习型社区教育管理者、讲师团成员、社区教育志愿者自身能力建设，使他们在提高自身工作能力的同时，将学到的业务知识用于学习型社区建设工作实践。注重对讲师团成员和志愿者的管理和激励，制定了《江苏路街道优秀社区教育志愿者评选标准》等管理激励制度。街道每年都对优秀社区教育志愿者、兼职教师进行表彰，激励他们参与社区教育、鼓励和帮助社区居民的学习。

2. 注重加强资源整合。街道以提高社区居民的整体素质和生活质量，提高辖区的文明程度为目标，最大限度地满足辖区居民多层次的文化需求，不仅提倡终身学习的理念，更注重利用各种资源为社区居民创造学习的机会和条件。为了进一步扩大管区社区教育活动的覆盖面和参与率，不断提高辖区居民终身学习的认知度、认同度、参与度、满意度，街道充分挖掘社区教育资源，构建起了多样化的教育、学习载体，满足了社区居民的学习需求。一是整合学校资源，为社区居民提供活动场所。街道分别与辖区内的中小学签订了《资源共享协议》，使地区学校教育资源向社区居民开放，为开展社区教育活动提供便利。二是整合人才资源，为社区居民提供学习服务。为深入学习十八大精神，在机关及各社区开展“学讲话，提素质，促和谐”主题巡讲教育活动，不断提高机关干部及居民素质，促进家庭、社会和谐。邀请社区有手工艺特长的家庭开展“家庭纸塑交流会”，让社区家庭相互交流学习，提高技艺，开阔视野。大力发挥社区讲师团的作用，按照“一季一主题，月月有活动”的原则，围绕“美德润心”“名师塑心”“党建聚心”“科普养心”四个主题，利用社区道德大讲堂，全年不间断地开展“人文江苏，素质提升”宣讲教育活动。定期组织开展“文明江苏”“文明在我身边”“名师进社区”以及环保、科普、交响乐等各类知识讲座，把新理念、新知识送到社区，全力提高居民文明素养和辖区文明程度。三是整合网络资源，拓展学习方式，构建起社区居民终身学习的平台。街道借助数字化学习信息港平台，组织广大居民及青少年广泛开展网络读书交流、网上畅游等学习活动。鼓励辖区居民积极参与远程教育和网络学习。与市气象局、天文台、迎宾馆等单位联合定期开展活动，通过举办基础天文观测、气象知识学习、名师网上答疑、安全知识普及等学习教育活动，达到居民对学习型社区广参与、广受益的目的。全年共开展各类学习活动80余次，参与群众1万余人。通过“网上网下、网来网去”等多种模式，丰富了现代化的共享学习模式，实现了足不出户在家学习。

3. 注重加强课程设置。通过发放调查问卷了解社区居民的学习需求，结合街道特色，开展了科普教育月、环保教育月、名师义教月等多门学习培训课程；各学习点也根据自己的特色开发出剪纸、绘画、丝网花、十字绣、厨艺、花卉种植、老年民族舞蹈、锣鼓、秧歌、健身球、柔力球、太极扇等多门课程。同时，通过社区宣传栏张贴、发放课程表等形式，及时向社区居民公布街道及社区开展的社区教育培训活动信息，让社区居民随时随地了解活动内容，参与到各项学习活动之中。丰富多彩的社区教育课程设置为社区居民终身学习提供了有力保障。

（四）拓展内涵，做强品牌，稳步推进

1. 调动各方面的积极性，开展丰富多彩的文体活动，是创建学习型街道的主要举措。学习的基础依托是教育，教育的根本任务是育人，学习型社区建设的重要任务就是为构建和谐社会培育文明市民。社区教育工作在推进精神文明建设和构建和谐社区中发挥着不可替代的积极作用，为此，街道开展了丰富多彩的社区教育活动。

一是以重大传统节日为载体，开展丰富多彩的社区文化活动。街道以民族传统节日为载体，举办形式多样的文化艺术活动。如，春节期间举办迎新春社区文艺联欢会，端午节期间举办“粽香飘社区、温暖邻里情”活动，“七一”举办“感党恩、颂党情”红歌演唱会，中秋节举办中秋纳凉茶话会，“十一”举办社区大舞台演出等。此外，每年社区教育节都要开展读书、音乐、书法、绘画、剪纸、厨艺、插花等各类居民喜闻乐见的文化活动。此外，街道在6个社区建立了“道德讲堂”，每月至少开展一次活动，通过开展诵读中华传统经典道德语录、道德书籍和百姓家训的经典诵读活动，以“身边的人讲述身边的事”为主要方式，宣扬道德模范感人事迹，引导社区居民自我教育、自我修德、自我完善、自我提升。

二是以打造品牌文化活动为抓手，扩大社区文化活动影响力。为挖掘青岛百年老城区的文化底蕴，借助辖区优美的自然风光及人文历史故居，自2010年起，已连续举办了三届“青岛源·百年老城艺术原创油画展”。每次画展的启动仪式都邀请岛城数十位知名画家进行现场写生，用不同的艺术表现手法描绘青岛老城区的变化。随后，在社区进行为期一个月的画展。此项活动极大地

调动了画家参与社区文化活动的热情，同时，大大提升了社区居民的艺术欣赏力，丰富了社区居民的文化生活，提高了社区居民的文化艺术素养。此外，办事处还连续四年成功举办了“牵手文明，乐在社区”综艺大舞台活动。

三是以社区文体业余骨干为主力，打造社区特色文体队伍。学习型社区建设是全员、全程、全方位的教育活动。除了拥有一支素质较高、组成较稳定的社区教育专兼职教师队伍和志愿者队伍外，还组建了一批门类较齐、较专业的演出团队，为开展社区教育活动、建设学习型社区打下了坚实的群众基础。例如：办事处着力组建了百人手杖操队、百人柔力球队、百人健身球队、时装表演队等特色文体队伍。同时，发挥骨干人才作用，开展社区老年舞蹈、保健、琴棋、书画、艺术和心理健康、时事形势等系列学习教育活动，自2009年至今，辖区各文体团队在各级各类比赛活动中均取得了优异的成绩，如荣获“青岛市抖空竹比赛优秀组织奖”“中老年健身成果展演最佳组织奖”“老年人千人柔力球大赛二等奖”等。

四是以开展体育活动为载体，增强社区居民身体素质。提高社区居民的综合素质是学习型社区的根本任务之一，也是社区教育根本之所在，而人的身体素质是各项素质赖以存在的基础。为此，街道每年都要组织居民开展爬山、跑步、健步行等群众喜闻乐见的体育活动，深受社区居民的喜爱。办事处以打造社区体育品牌为主线，已连续三年举办了“老少乐家庭趣味运动会”。每个社区都组织相应的体育活动，并积极参与上级部门组织的各类群众体育活动，如先后组织体育队伍参加了青岛市全民健身日——万人畅游汇泉湾、第十届社区健身节、市南区国民体质监测、“欢迎来航海”全民帆船体验，丰富了居民的体育生活。

五是以社区活动为途径，促进青少年校外学习向社区延伸。利用中小学寒暑假积极组织学生参加街道举办的各类学习、教育、文体活动，通过学生向家长和社会发放市民手册及有关健康、法制、环保、科技等宣传资料，积极让中小学学生融入到学习型社区的各项教育活动中去。开设暑期社区青少年公益课专场，主要围绕天文知识、科普知识、环保知识、交通安全等内容进行讲座，丰富了青少年的校外知识。弘扬中华民族优良传统，组织少先队员慰问孤寡老人，为他们打扫卫生。通过活动，让小学生深刻理解了敬老尊老的含义。特别是社区道德讲堂的设立，通过丰富多彩的道德讲座使学生对祖国传统的伦理道德有了进一步的了解，有利于他们树立爱国爱家、尊老爱幼的优良品德。

六是以社区早教中心为平台，普及0~3岁婴幼儿早期教育。江苏路街道办事处联合辖区湖南路幼儿园在齐东路社区开办了早教工作站，定期对社区婴幼儿及家庭开放，为参加活动的婴幼儿及家长建立个人档案，制订适宜的教育方案，提供早教咨询、亲子游戏、家长沙龙等服务，让社区每个0~3岁婴幼儿都能获得早期教育的机会。确保社区内有需求的0~3岁散居婴幼儿及家长每年接受4次以上科学育儿、家庭教育指导和服务，参与率为100%。早教工作站设立了2个专门的早教活动教室，配备了幼儿桌椅、图书、感统训练教具、活动设备等，面向辖区1~3岁婴幼儿及家长开设早教亲子公益课。目前，早教公益课已招收6个班，每个班学员10余人，共有近90名学员。早教公益课上课时间为3~5个月，每月最后一周的周二至周四全天，授课教师是湖南路幼儿园的专业教师。此外，每学期组织两次家长课堂，单独面向家长进行科学育儿知识的培训。

2. 发挥社区学习网络和学习型团队作用，开展学习型社区创建工作。为加大学习型社区建设工作力度，街道领导小组成员深入到社区家庭和企事业单位进行调查、宣传，听取群众对学习型社区建设工作的意见，力争把更优质的学习型社区奉献给社区居民。通过发放宣传材料、撰写调研报告等方式宣传学习型社区建设工作动态。每年组织社区教育的骨干力量走出去学习，在寻标、对标、达标活动中，开拓工作思路。积极参与上级有关部门组织的社区教育课题研究，多次向上级有关刊物、学会提供各项社区教育活动的调研信息及理论文章。

（五）以文化人，营造氛围，共创和谐

社区教育是实现终身教育的重要形式，是构建全民终身教育体系必不可少的平台。几年来，江苏路街道立足于实际，依托老城区丰富的文化资源，不断加强社区教育体系建设，拓宽社区教育形式，为市民享受生活、享受人生提供了很好的平台，提升了居民整体素质，满足了居民终身学习的精神需求，尤其是在推进“人文新社区”建设中起到了一定的积极作用。

1. 社区教育活动不仅满足了全员学习需求，而且为构建全民终身教育体系、建设学习型社会打下了良好的人文基础。建设和谐社会需要必不可少的物质基础、人文基础与政治基础。这三者相辅相成组成一个有机整体。在这个有机整体中，人文基础又具体表现为社区成员的整体素质和社区的文明程度。倘若没有良好的社区教育，没有社区成员整体素质和社区文明程度的保障，那么和谐社会的人文基础就无从谈起，建设和谐社会就会出现断层，真正意义上的和谐社会就不可能建立起来。社区教育正是通过“全员、全程、全方位”的发展理念，使全社会的所有成员终身都享有受教育的权利，这样就奠定了全民终身教育体系的基本框架。例如，街道更新教育观念，着力构建“没有围墙的学校”，满足社区内不同年龄、不同人群的学习需求，教育对象具有全员性，教育内容丰富多样。依托社区教育点积极开展面向社区全体成员的多主题、多形

式的教育培训活动，向社区居民提供了其他教育类型不能实现的教育内容。一是面向孕产妇、婴幼儿开展的以优生优育为主要内容的教育培训活动。二是面向青少年开展以爱国主义、社会公德、文明礼仪、社会实践为主要内容的校外素质教育培训活动。三是面向进城务工人员、下岗失业人员、残障人士开展的以市民道德规范、职业技能为主要内容的教育培训活动，帮助他们融入城市生活和实现就业。四是面向社区居民开展社区公德、家庭美德、科技文化、文明生活、环保低碳、休闲医疗保健、家庭理财等为主要内容的培训活动，提高其生活品质。五是面向老年人开展以健康生活、保健养生为主要内容的教育活动。通过社区教育这个平台，真正使广大居民“学有所教、学有所用”。

2. 社区教育活动有利于促进家庭和睦，邻里和谐，从而推进社区可持续发展。教育是社会可持续发展的重要推动力量，1994年开罗国际人口与发展大会明确指出“教育是可持续发展的一个关键因素”，1995年曼谷国际社区教育大会进一步明确，社区发展是“最终实现国家进步和社会发展的教育过程”。社区教育可以为社区发展提供精神动力和技术支持。个人、家庭、企业和政府共同参与到社区教育中，共同关心社区的各种问题，加强对话、理解和沟通，有利于共同推进社区的进步和发展。一是促进了家庭和睦。家庭是社区的基本单元，家庭和睦是构建和谐社会的重要基础，同时也是居民幸福指数的重要标志。街道在开展社区教育工作中，将和睦家庭建设纳入其中，各社区通过开展“学习进万家”“婆媳双夸会”“亲子会”等活动，激发家庭成员的学习兴趣，增进婆媳感情，拉近子女与父母的距离，促进夫妻互敬互爱、尊老爱幼、家庭和顺美满。社区教育起到了提高居民生活质量和幸福指数的作用。二是促进了社区和谐。社区是社会的基本构成单元，和谐社会的培育离不开和谐社区建设。依托社区教育点开展法律咨询会、健康咨询会、文体活动，举办“邻里节”、居民联欢会，推选“最美居民”“社区热心人”，记录好人好事等多种形式，增进了邻里和顺、区域和谐，使各类健康向上、乐观积极的群众性文化活动成为社区文化的主流。三是促进了社区人口的再就业。把人口包袱转化为人力资源优势，是社区教育的重要任务之一。对社区困难群体、进城务工人员、下岗失业人员、残疾人士等进行教育培训活动，满足他们就业及转岗需求。

3. 社区教育活动有助于发展社会文化，增进居民文化认同。作为居民生活空间，社区应当有适宜的环境构成，也应当有丰富的文化构成，文化底蕴深厚的社区，必将赋予居民的精神世界以更多的色彩。社区教育一方面通过文化影响人，另一方面又在居民的对话、沟通和交流中发展起新的文化氛围，创设出激发人上进的“学习型文化”，无形之中提高了对社区的“乡土情感”和彼此的认同意识，有助于社区居民“学会共同生活”，提高人们对社区的归属感和凝聚力。通过优秀文化传承，形成既富有传统文明、又融汇时代精神的社区文化，社区便具有了凝聚的精神力量。如，龙江路社区每年端午节都举办“粽香飘社区，温暖邻里情”主题活动，将端午节与道德讲堂结合起来，组织居民学习传统文化。80多岁的张淑华老人发挥余热，组建了京剧票友队，为了给老年人带去欢乐，他们从社区小广场到敬老院，义务参加了上百场演出，通过京剧表演弘扬了传统文化精髓。海外华文教师青岛实践基地在社区志愿者的共同努力下，将丝网花制作、剪纸等中华民族优秀传统文化传播给世界各地的青少年。此外，每逢春节、中秋节、学雷锋日等传统节日和纪念日，街道各社区都要结合各自实际开展多种多样的活动。这一方面推动了社会发展，形成了有自己特色的文化，另一方面改进了人与人、人与社区、人与社会的关系。

从根本上说，学习是人的个人行为，是内需动力所致而不是外力所能强加的，只能予以倡导和影响。街道运用交流、展示、研讨、树典型等方法来营造文化氛围，倡导学习理念，由内而外激发居民的学习热情，引导市民“生活学习化，学习生活化”，形成自我提升、自我完善和自我发展的内在动力，使市民不断提高自身素质和生活质量。各社区在街道学习型社区建设工作领导小组的领导下，积极开展创建学习型组织、学习型家庭、学习型企业、学习型单位等活动，学习型组织的数量逐年增加，社区学习气氛日趋浓厚，取得了可喜的进展和成效。每年办事处都组织开展学习型社区、学习型家庭的评比，另外还进行了社区教育工作者先进个人的评选。通过一系列的评优创先活动，逐步形成了讲学习、讲文明的正气。江苏路街道学习型街道建设工作虽然取得了较明显的成效，但还存在着一定的差距。今后的工作中，街道将充分发挥全国社区教育示范街道的示范引领作用，与时俱进，开拓创新，进一步挖掘、传承辖区优秀传统文化资源，通过形式多样的宣传、教育、学习、培训活动不断提升学习型街道创建水平，为打造百年江苏路，为建设“宜业宜居幸福市南”做出应有的贡献。

撰稿：青岛市市南区江苏路街道办事处
孙培东　山东省职业教育与成人教育研究所

整合资源，创新载体，全面提升学习型街道建设水平

——青岛市市南区湛山街道案例

湛山街道位于青岛市市南区中部，面积约3.7平方千米，辖4个社区居委会，居民1.7万户，人口4.2万。街道紧靠著名的八大关景区，南临浮山湾畔，东毗青岛市市政府，北倚青岛植物园和岛城名刹湛山寺，地属市南区六大经济功能板块“国际金融商务核心”和青岛市CBD核心地带，政府机关和企业总部集中于此。近年来，街道办事处牢固树立“教育优先发展”的理念，整合资源、创新载体，不断推进学习型社区建设，促进了街道工作的全面发展。街道多次获得国家、山东省表彰，先后获得“全国和谐社区建设示范街道”“全国社区教育示范街道”“国家家庭教育工作示范社区”等称号，2013年街道被评为“全国学习型社区示范街道”。

一、立足学习需求，完善工作体制

学习型街道建设是一项责任重大、意义深远的事业，目标规划的制定又是其中非常关键、特别重要的环节。街道通过深入调研，立足居民需求，确定了高起点谋划、高标准实施的目标定位，充分整合辖区教育资源，推动居民终身教育体系的建立，不断提升居民素质，满足不同年龄居民的学习需求，促进和谐社区建设与发展。街道制订了社区教育中长期发展规划和年度工作计划，并以一定的形式予以公布，得到了居民的广泛认可和参与。街道明确制订年度工作实施方案，建立了每月督查通报、季度检查考核、半年总结讲评、年度表彰奖励的工作机制，促进了学习型街道建设工作的有效落实。

（一）组织管理实施高标准

湛山街道成立了由党工委书记任组长，司法、公安、综治、教育、工青妇、关工委、社区、学校、家庭和驻街单位共同参与的学习型街道建设工作领导小组，负责指导学习型街道建设工作，督促抓好工作落实。领导小组下设办公室，

建立例会制度，每季度召开一次例会，委员会成员分工明确，各科室、各社区中都有专人负责，保证了学习型街道建设工作的全面落实。从制度入手，制订了“三定一考核”的激励机制，对各社区居民教学点定职责、定任务、定奖惩，加大工作考核力度，全面落实学习型街道建设目标。同时还制订了教育培训、工作条例、队伍建设、督导检查、表彰奖励等10余项制度，形成以制度管人、以制度管事的良性机制，营造用制度落实、用制度促进工作的良好氛围。

（二）保障条件全方位落实

街道每年年初制订学习型街道建设经费预算，确保常住人口每人不低于1元的专项经费投入。通过建立学习型街道建设工作经费使用管理制度，确保教学管理、教育培训、特色活动开展等各项经费的落实。建立学习型街道建设经费多渠道筹措机制，推行“街道统筹安排、相关部门配合、社会各界支持、社区自主发展、群众广泛参与”的学习型街道建设新模式，得到了青岛科技大学政法学院、青岛市老年大学、区人力资源和社会保障局以及相关部门的大力支持和帮助。在四个社区选任工作责任心强、服务水平高的大学生担任社区教育专职工作人员，定期组织开展社区教育培训活动，发挥了很好的工作骨干、桥梁纽带作用。组建了100余人的社区教育志愿者队伍，专家讲师团80余人，涵盖了20多个专业，满足了社区学校对不同专业教师的需求。

（三）载体建设着力平台创新

加强硬件设施投入，不断提升学习型街道服务发展、服务民生、服务群众的能力。在街道建立了社区学校，在4个社区建立了1000平方米以上的社区教学点，在12个片区、15个家庭打造了社区教育活动点，吸引居民广泛参与；与周边学校、科普场馆、文化馆、图书室等建立了社区教育共建机制，促进了社区教育资源的有效整合；打造“名牌社区学校”，按照“资源共享、设施共建、事务共管、活动共办”的思路，定期组织开展内容丰富的知识讲座、科普普及活动，满足了不同层次、不同年龄居民的学习需求；打造居民素质提升“百姓大课堂”，按照“政府主导、社会参与、居民需求、分类施教”的原则，联合青岛市老年大学、青岛科技大学、区人力资源和社会保障局在社区开设了思想道德、修身养性、技能培训3大类和插画、育婴师、计算机等26项无偿或低偿培训课程，得到了居民群众的普遍欢迎和高度评价；打造“湛山街道科普大讲堂”，每月举办一期，把与居民生活息息相关的科学知识、创造发明、生活小窍门等以表演、展示、实物讲解、知识竞赛、问卷答题、宣传展牌，以及楼院巡展等多种形式，在居民中广泛传播和普及；开设远程教育网络课堂，利用远程教育网站信息量大、内容丰富、传播速度快的特点，每月5日、15日、20日、25日四次组织居民观看远程教育课程，使之成为党员群众学习和了解新政策、新理论的重要窗口；开设“银龄课堂”，购买学习软件，针对社区老年人群体开展社区教育，满足他们的学习需求；利用街道门户网站，把上级精神、政策法规、惠民实事、政策解读等内容以党务政务公开的形式告知居民，使之成为居民了解政府工作、促进社区和谐的重要窗口。

（四）社区教育活动丰富多彩

街道注重发挥科室职能教育、社区普及推广教育、辖区单位共享教育优势，利用学校、幼儿园、市民学校、人口学校、老年大学、科普学校、文化站、图书室、教育基地等资源优势，实施分层、分类、分人群的社区教育，开展了丰富多彩的主题实践活动，保证了社区教育实效。根据居民需求，开办居民素质提升“百姓大课堂”，为居民提供道德修养、文化艺术、技能技艺3大类26种培训课程。在课程设置上围绕居民素质提升巧做文章，实施“文化润素”，设立了计算机、书法、国画、声乐、舞蹈、摄影等培训课程；实施“健康养素”，开展了“健康知识”“营养保健”“慢性病防治”等系列讲座；实施“技能强素”，针对下岗失业人员及生活困难群体开设了插花、育婴师等技能培训班；实施“文明提素”，开设“法律常识”“父母课堂”“和谐邻里”等研讨课堂。同时在培训形式上，根据不同课制的要求采取短期轮训与学年制班相结合的形式，使居民足不出区就能享受到高水平、专业化、多层面的教育培训，切实提高了社区教育的吸引力、参与度、满意率。

二、夯实工作基础，加大创建力度

（一）明确学习型街道建设的重要性

近年来，街道党工委结合迎奥运、创建文明城市、科学发展观学习等工作，明确了创建学习型街道的重要性，只有居民整体素质的提升，才能营造辖区宜居、宜业的幸福环境。素质的提高不是一蹴而就的事情，街道把学习型组织建设摆在重要位置，并与街道区域发展紧密结合，使学习型社区建设成为街道构建和谐社区、发展区域经济、改造地域环境的重要支撑，依托辖区充沛的教育资源，围绕“我的湛山我的家”品牌创建，努力打造“产业高地、民生福地、人文萃地、平安稳地、组织阵地”。其中，以提升居民素质为重点，聚各方之智打造“人文萃地”，按照“居民自愿、引入中介、双向选择、分类施教”原则，开展“百千万——凝心聚力惠民生强基工程”“百姓大讲堂——全民动员快乐培训工程”“自治家园——全员参与自我教育工程”等系列活动，以满足社区居民的培训指导需求。从建团队、抓骨干、搭平台、推品牌入手，积极构建学习网络，大力普及全民学习、终身学习、主动学习、全面学习的新理念，深化学习型组织、学习型家庭、学习型单位创建活动，努力提高社区成员综合素质，不断满足居民的生活需要。

（二）搭建科学的学习网络

街道积极搭建学习网络，形成了以街道为引领，以社区为基础，以各社区课堂、地区学校为依托，以社会团体为细胞的建设格局，初步形成了较为全面的社区学习网络。通过党建联席会、物业联盟、企业发展联盟等组织合理配置驻区单位教育资源。通过单位、企业、学校和社区结对，让年轻人为老年人传授计算机、英语等知识，让老红军、老战士为年轻人讲革命传统和英雄故事。街道通过基层老年学校、科普大学、社区教育公益课堂等一系列固定课堂，为社区居民提供了稳定的求知场所。随着市南区社区建设的发展,社区学习教室、舞蹈室、才艺室等学习场所日渐增多，多媒体、钢琴、书画等设施设备逐日完善。街道的各种团体组织也逐渐多了起来，湛山社区“邻里协会”在整合社区资源、建设社区、服务社区中发挥了积极作用，社团经常性组织文化、教育活动，处理居民纠纷，关爱空巢老人和开展未成年人教育活动。盐城路社区“国学经典诵读”“小白桦”社团为社区居民传扬国学经典，弘扬国粹文化，提升了居民的文化素养。湛山社区“兰亭笔会”吸收离退休人员入会,传授书画知识,举办积极向上的书画笔会,陶冶了老年人的情操。街道充分发挥“五老”作用，挖掘社区教育人才，有效整合辖区教育资源，努力传承传统文化，积极弘扬民俗文化，大力践行现代文化，不断丰富学习型社区的内涵。

通过学习型家庭、学习型团队、学习型单位建设，拓宽社区学习的覆盖面，使学习型社区各项工作扎实、有效，富有生命力，进而打牢学习型街道建设基石，促进学习型街道建设的不断深化。街道立足于提高居民生活品质，以“爱家庭、爱生活、爱社区”为主题，举办家庭健康、生活常识、衣食住行百问等知识讲座、交流活动和“科学布家”推广活动，进一步提高居民健康水平和生活质量；在社区开展“科普楼院、和谐邻里、互助小组、文明家庭”评选活动，适时进行挂牌表彰，使和谐文明之风香飘四邻；开展“百千万——凝心聚力惠民生强基工程”系列活动，以“创百个和谐楼院强根基、育千个特色家庭提素质、引万名志愿者惠民生”为主要内容，调动社区居民群众和辖区各单位参与社区教育的主动性和积极性。湛山社区杨桂芝把自家作为“党员之家”，召集居民在自己家里开展党员教育学习，通过读报、观影等形式进行党的群众路线教育。盐城路社区居民金平安在自家成立了“平安书屋”，购书近千册，免费供楼组居民学习阅读。

（三）营造终身学习的良好氛围

街道将社区教育环境建设优先考虑，做到了“合理配置、注重实效”，牵手老年大学，为社区退休老人提供无偿的教育培训，完善社区教室设施设备，老年大学在街道4个社区开设英语、计算机、声乐等6门课程，固定学员1000余人，有专职教师8人，兼职教师50余人。街道在4个社区投资50万元，建成了拥有3000册以上藏书的社区图书馆。为了最大限度地满足居民学习生活的需要，街道整合辖区资源，注重加强与驻区单位、学校的联系沟通，每所学校都与社区结对子，签订共建协议，学校教育设施对社区居民开放，实现了区域教育资源共驻、共建、共享，互动、互促、互补的要求，实现“教育与社会一体化”的管理机制。街道从加大社会宣传力度入手，利用宣传橱窗、板报、宣传横幅等媒介，通过广场活动、市民学校、座谈会、入户宣传、调查问卷等多种形式在社区单位、居民中广泛开展学习型社区建设宣传活动，扩大知晓率，赢得支持率，提升参与率，积极营造社区浓厚的学习氛围。街道还进一步加大学习型社区宣传阵地建设，统一设立了宣传栏。宣传栏内容坚持三贴近：贴近实际、贴近生活、贴近百姓，广泛宣传人们喜闻乐见的知识。

三、创新学习载体，提升居民素质

（一）启动“社区嘉年华”，让文化贴近生活

2011年湛山街道启动了首届“社区嘉年华”，让居民在家门口欣赏到自编自演的文艺节目。“社区嘉年华”活动搭建了“文化强街”的互动平台，通过整合辖区文化资源，开展集思想性与艺术性、知识性与趣味性、教育性与娱乐性为一体的系列文化推广活动，充分发挥公益性文化吸引人、培育人、引导人、凝聚人的作用，进一步畅通了党和政府与群众的互动渠道、加强了居民邻里之间的和谐沟通、满足了居民群众的精神文化需求。“社区嘉年华”每年从7月初到9月底，包括“军民共建歌剧专场”“少儿文艺演出专场”“戏曲专场”“红歌汇专场”“摄影作品巡回展”“书画笔会”“茶艺文化交流”“电影周周放”等八大板块，很多岛城艺术家和社区文化队伍参与进来，为居民献上丰富多彩的文化活动和才艺表演，是民俗文化、现代艺术、文化大集、活动展演的一次集

中展示。“月月有精彩、周周有亮点、天天有活动”的“社区嘉年华”文化品牌，其艺术性、专业性和针对性不断提高，真正成为了提升居民素质的教育平台、满足居民文化需求的近水楼台、展示公益性文化的社区舞台，使广大居民的文化需求在社区层面得到充分满足，让各类文化资源在社区层面得到充分展示，真正实现了“文化惠民”。

（二）加强未成年人社区教育，形成多方齐抓共管合力

把社区教育纳入未成年人成长的“必修课”，作为衔接学校、家庭教育的有效途径和有益补充，积极构建“学校、社区、家庭”三位一体教育体系，形成长效管理机制，营造了未成年人健康成长的温馨和谐社区环境。

1. 创新未成年人教育平台，丰富社区教育活动形式。街道立足未成年人思想现状、家庭社会关注热点，充分整合资源，创新平台机制，拓展教育空间，确保辖区青少年健康成长。一是建立美德教育实践阵地。在4个社区开辟了小公民美德实践阵地，开设美德教育课，邀请辖区“感动青岛十佳人物”金平安、王天飞等道德模范为青少年讲述美德故事，使青少年在先进事迹熏陶中感受道德的力量。通过开展“快乐阅读”活动，培养青少年读好书、读有益书、快乐读书的良好习惯。组织200余名青少年参与社区文明劝诫、卫生清扫、帮扶老人等道德实践活动，切身体验助人为乐、奉献社会的成就感和自豪感。二是搭建法律教育社区平台。成立了全市首家社区律师志愿者服务站，辖区8家律师事务所30多名专家律师组成了“法律公益联盟”，围绕法律基本知识、青少年违法犯罪预防等专题，面向青少年及其家长举办系列专题法制讲座。采用社区“道德法庭”这种法律层面之外的新型监督方式，让学生和家长重新审视自己的言行举止。组织青少年观看《关爱明天，普法先行》教育片，将法律知识与实际案例有机结合,提升他们的维权意识和守法意识。三是搭建亲子沟通桥梁。街道与市南区“开心果俱乐部”联合启动了“关爱心灵成长——搭建亲子沟通桥梁”活动，邀请教育专家、心理学专家与青少年及其家长进行互动交流，指导家长如何营造有利于孩子成长的家庭环境，帮助青少年培养健康的心态和良好的思维方式。针对单亲家庭孩子普遍缺失关爱的问题，专门设计了循序渐进的亲子沟通方案，先后有18名单亲家庭青少年及其家长参与到活动中，均收到了良好效果。

2. 社区开展未成年人教育，弥补学校和家庭教育不足。街道以社区管理中心、文化中心、医疗中心“三个中心”为平台，着力搭建“一校、一行、一屋、一站、一卡、一吧”的教育模式，拓展青少年法制教育平台。

“一校”即青少年法律学校。街道聘请专业法律工作者担任授课教师，科

学设置课程，广泛开展形式多样、内容丰富的法律宣传和实践活动，增强普法教育的针对性和有效性。青少年法律学校同时又是青少年自护学校，帮助青少年掌握正当防卫、紧急避险等自护知识。

“一行”即青少年道德银行。制作道德银行储蓄卡，制定相应管理制度和评分标准，按照在社区服务累计时间标准评定分值，填写相应的道德储值，每半年评选一次道德储蓄标兵和美德少年，在辖区内通报表彰，使青少年切身体验助人为乐、奉献社会的成就感和自豪感。

“一屋”即青少年关爱屋。开设了关爱热线，为有需求的青少年提供学习生活等方面的帮助。与“开心果俱乐部”联合启动了“关爱心灵成长——搭建亲子沟通桥梁”活动，帮助未成年人培养健康的心态和良好的思维方式。街道还设立了专项资金，引导、鼓励低保家庭及低保边缘家庭的学生参加社区活动，根据活动时间发放相应的生活物品。

“一站”即青少年维权服务站。与市南区人民法院、山东德衡律师事务所、山东诚功律师事务所等十余家法律机构结对，在街道成立了青少年维权服务站，开通了法律援助绿色通道，维护和保障青少年的合法权益。先后有28名未成年人在维权服务站得到援助。

“一卡”即社区青少年关爱卡。通过定期家访和开展经常性的调查摸底等方式掌握社区青少年的基本情况，为青少年建立关爱卡，记录他们在社区的活动、成长、发挥作用情况，记入档案。根据青少年的学习生活需求和思想动态，及时进行帮扶关爱，便于工作有的放矢，突出重点。

“一吧”即“放学后·来吧”。由于中小学放学时间较早，与家长下班时间不一致，下午4—6点容易成为学生的“管理真空”，为网吧等娱乐场所和不良文化的入侵提供了可乘之机。针对此类现象，街道联合青岛大学师范学院在湛山社区建立了“放学后·来吧”，为孩子放学后、回家前提供了温馨快乐的社区乐园。通过在社区设计开展一系列富有实效性和吸引力的活动，把孩子们吸引到一个健康成长的环境中，形成了有专业律师顾问护航、有专项志愿者团队轮班运转、有成熟舒适社区场地保障、有社区学生自愿参加的放学后社区志愿服务新模式。

3. 建立法制教育公益联盟。街道组织法官、社区律师、教育专家及热心人士组成了60余人的法制教育公益联盟，建立了工作例会制度，实现“互通、互助、互补”。每逢寒暑假、放学后，举办专题法律知识讲座，组织青少年观看法制教育图片巡展、影像资料，多渠道、全方位进行普法教育。积极推进“关爱明天，普法先行”为主题的普法教育活动，邀请区法院少年庭法官为未成年人开设了“未成年人模拟法庭”，将法律知识与实际案例有机结合，强化了未成年人的维权意识和守法意识。

（三）开创新媒体教育服务平台

首先，建立了“我的湛山我的家”门户网站，及时上传更新教育信息，开设了网络在线学习，学习内容涵盖了科普、法律、卫生知识等内容，通过门户网站及时发布政策法规、公告通知、便民服务等信息，为居民了解街道工作动态、查阅政策信息、反映民情民意，开展网上办事提供平台。开设书记信箱、百姓论坛、热点解答等栏目，与居民实现良性互动。让居民在网络浏览中学到知识，了解政策，引导居民树立正确的价值观、世界观。其次，依托微信这一新媒体手段在街道和4个社区建立了“微湛山”微信工作服务平台，及时更新各类教育信息，定期上传各类生活讯息，即时发布各类活动信息，方便居民及时了解社区教育课程和活动安排，为居民提供“手心上”的服务。再次，建立了“楼宇信息化综合便民服务中心”，着力培育楼宇各类社会组织，建立“楼宇员工书屋”“白领QQ群”楼宇义工联”“书画笔会”“员工论坛”等群众组织，针对员工需求，依托物业公司，开展了楼宇员工消防逃生演练、健康知识讲座等分层、分类的文体联谊活动，丰富了楼宇员工的文化生活，拉近了政府与企业员工之间的距离，扩大了社区教育资源，丰富了社区教育形式。

学习型街道建设是一项综合性很强的社会系统工程，街道办事处通过科学整合社会资源，创新教育载体，构筑了良好的社区教育网络，扩大了优质教育资源供给量，满足了社区居民多样化的学习需求，社区居民的整体素质得到了进一步提高，居民生活幸福指数不断提升。

撰稿：青岛市市南区湛山街道办事处
孙培东　山东省职业教育与成人教育研究所

以博学理念引领梅园学习型街道建设

——南京市玄武区梅园新村街道案例

梅园新村街道地处南京市玄武区中心城区，区域面积约6.3平方千米，下辖梅园新村、大行宫、东南大学、大影壁、兰园、富贵山、太平门、明故宫、北安门共9个社区，人口11.5万。梅园人依托深厚的历史文化积淀，铸就了梅园人独特的学习理念——博学。

早在2002年，梅园新村街道就成立了全区第一家“社区学习中心”，提出了“学习生活化，生活学习化”的学习理念，并向社区居民发出创建学习型社区的倡议。近年来，梅园新村街道从优化学习环境，培育居民博学理念出发，以建设学习型社区，构建全民终身学习体系为目标，在课程建设、数字化学习、培育学习组织，整合区域资源，创新学习载体等方面进行了有益的探索和实践，推进学习型社区建设稳步发展。梅园新村街道2009年被评为“全国社区教育示范街道”，2010年被评为“全国数字化学习实验街道”，2013年被评为“全国创建学习型社区示范街道”。近年来，梅园新村街道共接待了30多个来自北京、上海、浙江、天津、新疆等省、市、自治区单位的观摩交流。

一、以改革为动力，构筑学习型街道建设的持续推进机制

学习型街道建设是一项惠及民生的基础性社会建设，是一项创新性社会系统工程，是提高社区居民素质，推动地区“三个文明”建设的重要举措。梅园新村街道通过学习，强化了“三个意识”，即站在创建学习型社会的高度，不断树立创新社会管理和坚持可持续发展的辨证意识；站在具有历史和文化底蕴街道的高度，不断增强组织学习力的率先意识；站在建设现代化文明街区的高度，不断强化提升全民素质的超前意识。

（一）切实加强领导，确保责任到人

梅园新村街道领导班子把创建学习型社区摆在优先发展位置，把学习型社区建设纳入党建、精神文明建设的目标以及和谐社区建设的总体规划，根据创

建学习型社区发展的新格局和社区建设的新要求，制订了《学习型社区创建实施意见》，进一步明确学习型社区建设与发展的目标、任务、阶段和措施，从形态和内涵上提升学习型社区建设的品质。成立了由街道党工委书记任主任，办事处主任及街道各副职领导任副主任，各科室长和社区、场馆、企业单位、驻区中小学校及各社委会主要负责人为成员的学习型社区建设工作领导小组。由文明办和社区教育办公室负责日常的学习型社区创建工作。坚持齐抓共管，明确职责，分层负责，落实到人。这些有力的举措，为学习型社区的建设和发展，提供了良好的前提条件和扎实的组织保证。

（二）融合人力资源，加强队伍建设

创建学习型街道，关键在人。梅园新村街道把社区专兼职管理队伍、教师以及志愿者队伍建设放在重要位置，建立了一支能适应社区教育和学习型社区建设的骨干队伍。街道社区学校聘请了3位专职教师和64位兼职教师参与办学、教学、培训工作，利用自身特长和优势为学习型社区建设服务。发挥“五老”在学习型街道创建工作中的生力军作用，聘请了一批思想品质好、组织能力强、善于联系群众、热心社区工作的离退休老干部、老党员、老战士、老教师、老科技工作者加盟社区教育义务辅导员队伍，充分发挥居住在本辖区的11位两院院士、20位大学教授和博士的智力优势，定期向社区居民宣传党和国家的方针政策，普及科学生活常识、医疗保健知识和法律知识。建立了文化指导员和文体辅导员队伍，借助辖区内高校、中小学师资力量较强的优势，按照社区居民的精神文化需求，聘请有一定文体特长的人为社区文体辅导员，常年为居民开办各类培训、讲座，指导社区开展文体活动。目前，已建立了1500多人组成的70多支志愿者队伍，常年义务为社区居民提供政策咨询、法律服务、科普、义诊、健康指导等15类100多项服务，发挥了其参与学习型社区建设的人才优势，为学习型社区创建工作奠定了组织和人力资源基础。

（三）加强硬件建设，加大教育投入

不断加大学习型社区创建经费的投入，完善学习型社区的硬件设施，是改善学习型社区创建的基本保证。梅园新村街道采取“政府拨一点、社会筹一点、单位掏一点、个人出一点”的办法，建立多渠道多元化的学习型社区创建投入机制。除区财政支出外，将学习型社区创建经费纳入经常性开支，并力争做到逐年递增；2011年学习型社区建设年经费投入总额45万元；2012年学习型社区建设年经费投入65万元；2013年学习型社区建设年经费投入约为80万元，达到人均8元。中科集团等知名企业积极进行项目赞助，如：出资支持出版了南京市街道层面最大的平面宣传教育媒体《梅园报》。通过积极开展公益性创投项目的申报，争取了40万公益基金的资助。

二、以先进的文化理念，创新学习型社区工作思路

文化是发展之魂。梅园新村街道把培育学习理念，作为学习型社区创建工作的重要举措，通过培育先进的学习理念、文明理念，使学习型社区建设成为社区“三个文明”建设的助推器。

（一）以建设学习型社区为契机，培育终身学习的理念

营造浓郁的终身学习氛围，是学习型社区建设的原动力。梅园新村街道利用社区学习中心、社区讲坛、梅园先锋论坛、社区教育基地等学习载体，组织居民群众开展科普知识、计划生育、健康教育、法律常识、书法绘画等学习活动。在玄武区第九届社区学习节上，全区共评选出22个精品学堂（讲坛），梅园新村街道“书记论坛”“院士讲坛”“养生学堂”“学习365网络视频课堂”等7个精品学堂，作为学习型载体，受到表彰。各社区精心设计楼道文化，让书香飘满楼道，走进千家万户，引导市民自觉学习、主动学习。每年举办社区学习节,开展评选“学习型家庭”“学习型企业（单位）”和“学习之星”活动，创建率达50%以上。还推出了“学习型家庭示范工程”，评选出20个学习型家庭示范户，让“人人学习、时时学习、处处学习、全民学习、终身学习”的理念在社区不断深入人心，成为广大社区居民的精神支柱和动力源泉。

（二）以创建学习型社区为动力，培育文明共建的理念

为争创文明城区，梅园新村街道开展了一系列文明创建学习教育活动，营造社区的文明新风。聘请了全国社区教育专家陈乃林给社区居民做了“社区教育与学习型社区”的专题讲座，组织居民开辟“社区公民道德点评台”，让社区居民运用自己学到的知识，对社区发生的正反两方面典型事例进行点评；由社区居民组成的“文明劝导队”，走上街头开展“文明从细微处做起，做文明南京人”的宣传活动；街道制作了社区宣传栏，推广普及低碳、环保的生活方式，积极参与环境保护、交通法规等社会公益宣传活动；参与国家文明城市创建活动，以主人公的姿态，主动清理拆除违章搭建，植绿护绿，让精神文明之花在梅园地区随处可见。各社区普遍建立了社区志愿者服务联系网，对楼院有一技之长的居民进行统计，建立互助网络，为社区居民开展互助服务。这种互

助服务的方式既方便了居民，也增进居民之间的交流与了解，建立起新型的人际关系，使文明理念深入人心，大大提升了社区的文明程度。

三、以“融合、创新、发展”的运行模式，推进学习型社区建设

开展学习型社区创建活动，仅仅依靠街道的力量是不够的，必须凝聚各方的力量，融合各类学习资源，构建多种学习平台，共同推进学习型社区建设。

（一）重视社区课程开发，提高学习型社区建设质量

课程建设和课程改革是学习型社区发展的核心。因此，能否开发适合社区生活特点，适应社区发展需要和社区居民需求的学习课程，是决定学习型社区建设质量的一个基础性因素。

重视社区课程的开发与研究是梅园新村街道社区教育内涵建设的主要特色。课程的内容既重视综合性课程，也重视分类专题性课程；既抓显性课程，也有隐性课程。还以网络课程推进了教学行为方式的变革。如2009年度全国社区教育特色课程“健康人生”系列课程，以健康人生为整体架构的主线，包含道德、文化、技能、健康、心理等7大类课程内容。课程采用专题课的教学形式，每一部分独立形成专题，各专题联系起来，构成对社区成员个性化、多样化的学习课程。课程教材并不一味追求学科体系的完整性，而强调教学内容的实用性，便于社区居民学以致用。在课程开发的过程中，注重把优质的课程资源及时转化为学习课程，如聘请东南大学社会科学院教授讲“中国周边形势”，请环境科学院教授讲“低碳经济与低碳生活”，请社区医生讲“老年人健康保健”，请社区个体艺人讲“丝网花制作”和“十字绣”。他们自编了《育儿中的科学》《创业十日谈》《走向深蓝》等课程读本，借用共享课程教材40多册，开发网络课程7大类，100多学时。按照“你想学什么，我就教什么”的学习理念，努力开发新的课程，并形成系列，以满足社区居民不断增长的学习需求。

（二）推进数字化学习，优化社区学习环境

街道着力从现实学习形态转向虚拟的数字化学习形态，超越了时空的限制，使全体社会成员不离家不离岗就能享受丰富的学习资源，实现便捷的教育资源共享，开辟了多元化知识获取的模式。

努力搭建数字化学习平台，发挥群组功能作用。梅园新村街道以转变学习理念和发展思路为突破口，于2006年提出了构建数字化学习平台的构想。梅园街道社区教育网络媒体群由“社区教育在线”“家长学校”“学习365”等多

个站点组成，每个站点功能有所侧重，“社区教育在线”重点是信息交流，“家长学校”重点是网络学习、竞赛、考试，“学习365”重点是15分钟视频微课程。社区数字化学习网络平台与时俱进，不断升级、改版。

学习的本质在于提高人的学习力。如何学会学习是提升社区居民学习有效性的关键。梅园新村街道采取了分层分类推进的运作策略，提高数字化学习能力。

对婴幼儿的教育，重点关注孩子父母的学习，让年轻的父母知道如何根据婴幼儿的特点培养教育孩子。他们将自编教材发到婴幼儿父母手中，让家长自学,然后在“家长学校”网上公布试题,让家长参与考试,进行学习效果的检测。

对青少年的教育，除了走进校园开办讲座，举办展览，请进社区参与培训、活动外，还举办了“同一个爱”“我与低碳生活”等网络知识竞赛，要求注册博客并在自己的博客中发表文章，既发动学生，又带动家长参与网络学习竞赛活动。

中老年人参与网络学习是工作的难点，根据老年人的特点，有计划地开展“老年ɑoe”拼音学习班,学习用拼音打字。开办了“e动夕阳”电脑技能培训班，从开机、上网、到建立个人QQ逐步教学，受到了中老年人的欢迎。针对缺乏学习条件的外来人口，开办了外来人口的电脑技能培训。

强力推进居家上网参与网络学习。在新改版的“学习365”网页上写有这样一句口号：我要学知识，我要当老师。强调人人来学习，人人当老师，变被动学习为主动学习。在网络学习平台上进行注册，发布课程，解答问题，在线讨论，调研考试等，实现跨时空的学习交流。通过多种载体和学习平台，使博学理念深入人心，成为社区居民精神文化支柱和动力源泉。

（三）引导社会组织，培育学习团队

把学习组织的培育作为学习型社区建设的重要抓手，发展壮大了一批以传授技能、传播知识为主要内容，以服务群众、奉献社会为追求的社会组织。南京润君园人力资源有限公司是全市唯一一家街道层面的以就业见习和创业技能培训为主要业务的中介机构。常年举办创业和就业见习培训，3000多名大中专毕业生及下岗失业人员参加过该公司的就业技能学习，70%的学员实现了就业和再就业，其中，有200多人成功创业，并带动更多人就业。街道与国际劳工组织合作，开设了SYB（创办你的企业）、IYB（改善你的企业）创业培训课程,其中“创业意识培训”课程2011年被评为“全国社区教育特色课程”。此外，与扬子晚报创业大讲堂合作举办了“创业，让女性美、让梦想飞”女性创业专场学习交流活动，用学习改变命运的生动实践，点燃了学员学习和创业的热情。

院士专家服务站创建于东南大学社区，由吕志涛、钟训正两位院士和7位专家教授组成，开设了“院士讲坛”“院士信箱”“娃娃院士小课堂”“企业发展顾问”等免费服务项目，以贴近群众、贴近企业、贴近生活的形式，为不同层次人群的发展和学习需求提供指导和帮助，被居民誉为“家门口的社区大学”。以南京义工网为代表的NGO（非政府组织）积极参与学习型社区建设，他们不仅带来了爱心，还搭建了公教一村社区爱心辅导站、梅园新村社区“梅苑”爱心课堂等常态化的学习平台。目前，共有7家专业NGO（非政府组织）常年活跃在街道社区，大量志愿师资力量参与教学，受到居民的广泛好评。

（四）整合区域资源，实现共驻共享

以南京图书馆、南京博物院、江苏省美术馆为代表的当代一流文化场馆和以总统府、梅园新村纪念馆为代表的近现代历史文化景区，是梅园独有的学习教育资源。街道与各场馆和景区建立了长期良性合作机制，共同服务社区各类人群。与南京图书馆先后合作举办了家庭教育、经典诵读等讲座20余次，开办了多场针对老年人和新市民的电脑学堂，举办了5所学校百余名学生参加的“绿色青奥”网络知识竞赛，组织到省美术馆参观10余次，受众逾6000人次。与南京图书馆、江苏省美术馆、梅园新村纪念馆、江苏省禁毒展览馆、中国近代史遗址博物馆、南京地质博物馆、江宁织造博物馆合作成立了“梅园地区文化场馆亲子游学专线”，在节假日为孩子和家长提供优质学习资源，惠及广大社区居民。街道集聚东南大学、南京外国语学校、玄武外国语学校、成贤街小学等一批名校资源，成为开展学习型社区建设的又一富矿。“社区与学校”合作更是梅园的传统特色，已经形成了德育教育进校园和社会实践进社区的双向互动机制，每年相关活动的参与人数达数千人次，2009年，面向中小学生的《我的祖国我的家》《我与低碳生活》博客征文大赛共收到5000多篇作品，编撰成作品集《同一个爱》产生了较大的社会影响力。2011年和2013年在南京图书馆和江苏省美术馆举办了“博学梅园”社区教育发展论坛，对区域学习共同体和社区教育共同体进行了探讨，编撰了《融合创新发展——社区教育共同体的实践研究》文集，取得圆满成功。

（五）创新学习载体，打造强势品牌

“南京梅园”网站和《梅园报》是博学梅园传播和实践的两大强势载体。“南京梅园”网站创建于2006年，目前，网站访问量已达68万余人次，学习博客的注册用户达4500多人，以门户网站为基础的“博学梅园”社区教育网络媒体群初步形成，以数字化学习为特色的学习培训活动取得良好效果。相继在全国、全省、全市刊物发表论文20余篇；“健康人生”系列网络视频教程被评为“全国社区教育特色课程”；“学习365综合平台的研究与实验”被评为2011年“全国社区教育优秀项目”；“青年创业见习的研究与实验”被立项成为全国社区教育重点课题;《推进社区数字化学习形态的发展》论文参与了第七届长三角社区教育发展论坛、南京–苏州社会教育发展论坛等学术交流活动。2008年的《梅园报》在创刊时定位为区域文化传播媒介，设“博学”专版，内容涵盖文明创建、学习型组织建设、科普、心理、创业就业指导等，每份小报受众覆盖1.4万个社区常住户和2000余家企业,已累计发行60.4万份。梅园街道的“一报一网”，不仅是街道与社区居民群众沟通交流的信息平台，更是居民提升素质的学习平台。

“博学、博雅、博爱”的人文精神是梅园人的文化名片，梅园街道将以传播博学理念、陶冶博雅气质、培育博爱胸怀为育人目标，努力打造数字化学习平台，推进梅园人终身学习，提升梅园人综合素质，不断把学习型社区建设提高到一个崭新的水平。

撰稿：南京市玄武区梅园新村街道办事处

凝神聚力抓创建，携手共圆学习梦

——南京市建邺区南苑街道案例

南京市建邺区南苑街道成立于2002年1月，总面积约7.8平方千米，常住人口12万。先后获得“全国社区教育示范街道”和“全国创建学习型社区示范街道”。在全国创建学习型社区工作中，着重在“实”字上下功夫，在“新”字上做文章，积极探索深化社区教育工作的新思路、新内容、新途径。

一、加强领导，夯实基础，着力推动学习型社区建设

南苑街道工委、办事处高度重视社区教育工作，始终把社区教育工作摆在重要位置，着力做好两项工作。

（一）突出社区教育作用，同步社区教育管理

南苑街道深刻认识到社区作为社会的一个次级单位，整合社区资源，创建学习型社区，对于提高居民整体素质，维护社会稳定，促进经济发展和社会进步有着重要作用。2009年3月，街道通过调研，做出了“创建学习型组织，推进学习型社区建设”的决定，突出社区教育作用，同步社区教育管理，对社区教育工作做到“四纳入”，一是纳入街道精神文明建设目标，二是纳入街道经济和社会发展事业建设、文化建设、党的建设考核内容，三是纳入街道工委会议事日程，四是纳入到街道财政预算。对社区教育工作实行同步检查，同步考核，同步奖惩。同时把争创“学习型组织”列入街道各社区（村）、机关各科室工作目标，做到创建工作有计划、有部署、有检查、有总结、有经费、有奖惩。

（二）强化社区教育队伍专业化建设，完善社区教育学习制度

南苑街道社区教育工作实行党政一把手负总责，分管领导具体抓，相关职能部门负责落实的制度，加强对社区教育工作的组织领导。但教育专业化的特点需要有专业化的社区教育队伍。街道在创建学习型社区过程中，采用多种措

施，促进社区教育队伍专业化建设，提高社区教育队伍专业化水平。

首先，创新建立了“社区学校共建双向服务”机制，深化志愿者队伍专业化建设。开展社区教育不仅要有社区教育工作网络，还要有一支能文能武的社区教育专业化队伍。南苑街道精心挑选了一批具有一技之长且热心于社区教育的“五老”作为社区教育工作的志愿者，还创新发展社区教育内涵，建立了“社区学校共建双向服务”机制。所谓“社区学校共建双向服务”就是学校为社区服务，社区为学校服务。学校为社区服务，主要内容是“五进”，即校长进社区，教师进社区，学生进社区，教育资源进社区，教育活动进社区。社区为学校服务，主要内容是“三进”，即社区活动进学校，社区服务进学校，社会评价进学校。建立“社区学校共建双向服务”机制后，街道聘请辖区学校的校长或书记担任社区学校的校长，对社区学校进行专业化的指导和管理，聘请学校的老师为社区学校教师，为居民开展专业化的教育，满足居民各类学习需求。“社区学校共建双向服务”机制的建立，大大提高了社区教育队伍专业化水平。

其次，实施教育专干继续教育“40学时”计划，强化教育专干队伍专业教育。为提高社区教育专干的业务能力，街道将社区教育专干的专业能力纳入到社工考核体系，强化社区教育队伍管理。通过定期培训和自我学习相结合，理论学习和工作实践学习相结合，经验总结和理论研究相结合等手段，提高社区教育专干的专业水平和理论素养。要求每个社区教育专干一年必须完成40学时的继续教育。同时将他们的进修考试与岗位待遇挂钩，激发专业学习的动力。街道对社区教育专干岗位的条件、工作年限、经历都有相应规定，以此提高社区教育队伍专业化水准，稳定社区教育队伍，促进社区教育专业化发展。

最后，完善学习制度，规范社区教育制度。采取用制度约束人、激励人的方式，调动社区内广大群众为做好社区教育工作献计献策，先后制定了《社区教育工作制度汇编》《关于加强干部学习培训工作意见》《社区成员终身教育学习卡》《关于鼓励第二学历学习教育的若干规定》《党员远程教育在线学习》等一系列规章制度。街道在每年年度计划中对各类学习、教育、培训均做出统一部署，确保时间、人员、内容三落实。将社区教育工作纳入制度化、规范化的轨道。

二、系统思考，整体设计，全面推进学习型社区创建工作

创建学习型社区是一项长期性、系统性、全面性工作，需要各个部门、各

类组织、各项工作、各方资源与力量的系统配置与统筹融合。街道以“多方参与、整合资源、齐抓共管，长期坚持”为创建理念，在创建学习型社区中，以创建学习型党组织为龙头，以创建学习型组织为骨干，以创建学习型居（村）委会为重点，以创建学习型家庭为基础，逐步强化各类学习型组织建设，制定了《南苑街道创建学习型社区五年工作规划》，落实创建任务。

（一）强化学习组织建设，提高创建参与面

为提高学习型社区创建参与面，街道成立创建学习型社区领导小组，强化组织管理。主要采取以下三种方式：

1. 发挥龙头作用，强化各类学习型组织内涵建设。以创建学习型党组织为龙头，开展“四学、四比”活动，发挥党组织和党员的示范作用，推动各类学习型组织建设。2009年，街道下发了《向优秀党员代表王文宁和马维珍学习通知》，提高党员的学习意识。2010年，街道提出加强《学习型居委会建设和学习型楼栋建设意见》，强化各类学习型组织建设，创建各类学习社团40多个。如妇联的“半边天”、劳动保障所的“民工之家”、国泰民安社区的“快乐驿站”、爱达社区的“放学来吧”等。学习社团的建立，大大提高了创建学习型社区的参与面。

2. 建立示范点，培育社区学习氛围。在学习型社区创建中，社区按照“一区一重点，一社一特色”要求，即一个社区重点培育一个学习组织，一个社团创建一个特色活动，培育社区学习氛围。例如爱达社区成立“孝德社”作为社区的学习组织，依托这个社团，以学习中华传统为重点内容，开展学习活动，成为社区一支重要的学习型组织。怡康社区成立“怡康学堂”，重点组织社区青少年参加学习，开展青少年心理健康教育。学习示范点的建设，为培育社区学习氛围起到良好的示范作用，大大推动社区参与学习型社区创建的热情。

3. 把握结合点，推动学习型社区创建持续发展。找准社区建设与学习型社区建设的结合点，使创建工作成为社区建设的自觉行动，街道将创建学习型社区和党建工作相结合，将社区文化建设和学习社团工作相结合，将社区教育培训与学习需求相结合，建立学习型社区。有效的结合推动了学习型社区创建可持续发展。

（二）夯实基础，深入推动学习型家庭创建

社区靠大家，学习在我家。要将创建学习型社区真正深入开展下去，创建学习型家庭是最基础、最艰巨的工作。在创建过程中，南苑街道坚持以“人人

皆学，时时能学，处处可学”为目标，开展学习型家庭创建。

1. 加大宣传活动力度，营造氛围，激发家庭学习兴趣。主要利用社区宣传栏、发放宣传品和调查问卷、设社区讲坛和网上社区论坛、与辖区内学校联谊等形式，多角度全方位的宣传创建学习型社区的理念，让居民了解、认知进而参与、支持社区教育工作。建立社区信息短信平台，对居民发布相关短信，提高居民参与意识。

2. 加强教育活动策划，吸引社区家庭参与。加强对学习需求和兴趣的调研，采取社区论坛、分发问卷等形式了解和掌握居民的教育需求，加强教育活动策划，吸引家庭参与。开展“五好家庭”“社区学习之星”评选活动，营造社区学习氛围，吸引居民参与学习型家庭创建。

3. 广泛开展电脑培训，提高家庭学习能力。目前，辖区内所有社区都建立了社区电子阅览室，针对社区老年人的需求，开设电脑培训班，不仅提高个人学习能力，还提高家庭学习能力。例如由爱达社区工作人员组成的志愿者开设了“夕阳红电脑培训班”，举办“老少携手学电脑”等活动，参加老年电脑培训人数达到了1.6万人次。电脑培训大大提高家庭学习能力，提高了居民数字化学习能力。

4. 培育学习典型，形成学习型家庭创建氛围。本着“以点带面、稳步推进”的指导思想，培育学习典型。通过抓创建学习型家庭来促进学习型社区的创建。创建以来，参与创建活动的家庭数逐年提高，涌现了一批学习型家庭先进典型和事例，多个家庭获得省市区“学习型家庭”称号。例如吉庆社区的张志多老人，就是一个善于学习，还乐于助人的人。他为使社区更多的人爱读书，将自己的5000多册家庭藏书拿出来，建立社区图书馆，培育社区学习氛围。他和他的家庭多次被评为“江苏省学习型家庭”“南京市学习之星”“青少年校外教育示范户”。

（三）“幸福宜居南苑”计划，推动学习型社区实践创新

2010年年初，为推动学习型社区内涵发展，街道提出“宜居幸福圈”计划。计划在2~3年内，以社区为基本单元，以空间可达性为标尺，建成“5圈3网”。“5圈”即5分钟社区便民服务圈、10分钟教育服务圈、10分钟文化体育圈、10分钟学习圈、15分钟优质医疗圈；“3网”即10分钟健身网、社区教育网、学习网。提出将南苑街道建成“生活便、环境优、文化厚”的“幸福宜居”示范区的目标，确立社区教育项目40多项，通过完善提升和新建各类教育设施，满足居民求学、求知愿望，实现学有所教，学有优教。整合建设小型图书馆、文化馆、体育馆等文体设施，建成以社区文化广场、健身广场、

社区活动室为基础的社区“10分钟学习圈”，随时随地就近即可找到可供健身和学习的文化活动设施、场馆或场地。经过3年多的建设，每个社区都建成了标准化的电子阅览室，基本建成“5圈3网”。“宜居幸福圈”计划的实施，不仅提高了创建的系统性、计划性，更是创新了学习型社区创建的力度、高度和维度。

三、创新载体，深化内涵，推进学习型社区深入发展

在学习型社区建设中，南苑街道不断创新社区教育载体，遵循社区教育“主题化、项目化、数字化、课程化、基地化”的原则，有的放矢地开展社区教育活动，推进社区教育深入发展。

（一）教育活动主题化

在学习型社区创建中，围绕街道中心工作，将社区教育活动主题化。

1.“邻里节”主题教育活动。围绕“创建文明城市、构建和谐社会、共建美好家园”这个主题，创办了南苑街道“邻里节”系列社区教育活动，积极营造“邻里之间以美好社会公德相处”的氛围。街道连续举办了9届“邻里节”活动，以不同的形式开展丰富多彩、寓教于乐的系列活动120多场，参加人数达13万人次，大大促进了社区文明建设。

2.“迎亚青、迎青奥”新市民素质主题教育。为迎接亚青会、青奥会的召开，开展“迎亚青文明礼仪我先行”主题教育。针对不同群体，开展健康、法制等主题教育，培育自我管理、自我教育、自我服务的意识，提升居民素质。“精彩365、快乐每一天”系列迎青奥活动，宣传科学思想、传播先进文化、弘扬社区正气。

3. 每年一次的青少年暑期主题教育。暑期是开展青少年活动的黄金时期，利用“亚青会”“青奥会”在南京召开的时机，结合青少年思想教育特点，开展“爱祖国，心向党，学雷锋，迎青奥”青少年暑期主题教育活动，吸引了辖区3000多名青少年参加活动。

（二）共建内容项目化

南苑街道辖区拥有很丰富的教育资源，为推动社区教育深度建设，街道以“社区学校共建双向服务”活动为抓手，采用项目化管理方式开展共建，推动学习型社区建设。2013年，开展了首批双向服务学校立项活动，如南京市莫愁中等专业学校和国泰民安社区的共建项目“健康驿站”，建邺高级中学和健园社区、吉庆社区共建项目“夕阳e之旅”等10个项目立项。将共建内容项目

化，既促进了学习型社区创建，又促进社区教育内涵发展。

（三）学习方式数字化

在创建学习型社区中，加强社区居民数字化学习建设。注重利用数字化手段，加强宣传教育，建立社区信息化平台，将社区教育每次培训的内容、时间、地点通过信息平台发给居民，居民也利用这个平台，反映学习需求，社区根据需求,开发和调整相应的培训内容。信息化平台的建立缩短居民与社区的距离，提高社区与居民沟通效率。

建立街道、社区“三位一体”数字学习平台。为促进学习型社区建设，街道组织开展“现代远程教育参与社区教育发展的实验”项目研究，将街道党员远程服务平台、建邺终身教育在线、南苑街道远程教育三个平台整合，建立街道、社区“三位一体”数字学习平台，开展针对不同对象的分类教育，满足居民数字化学习需求，有效促进了学习型社区的建设。

（四）教育资源课程化

在创建学习型社区中，南苑街道将辖区特色教育资源课程化，提高了学习的系统性，专业性，提高了社区教育内涵。南苑街道有着丰富的民间特色艺术，为挖掘和传承这些民间艺术，提高它们的科学性和系统性，街道组织力量对这些资源进行整理、归类、提炼和规范。为提高居民对南京雨花石的认识和鉴赏能力，组织编写了《雨花石收藏与鉴赏》，传播和弘扬南京雨花石文化。为传承和弘扬民间艺术和民族文化，连续9年举办“南苑民间剪纸艺术”培训班。为提高居民文明意识，组织编写了《社区漫画》，促进社区精神文明建设。为提高社区老年朋友数字化学习能力，组织编写了《夕阳红老年大学电脑培训教材》，其中《社区漫画》《夕阳红老年大学电脑培训教材》被评为“全国社区教育特色课程教材”。

（五）特色资源基地化

南苑街道拥有一些特有的社区教育资源，充分利用这些特有资源打造特色社区教育基地。江苏省农机局是一家专门进行农业机械研究和推广的省级单位，街道通过单位共建将省农机局建设为南苑街道青少年校外实践基地，对青少年进行现代农业技术教育。南京市莫愁中等专业学校是国家级的职业教育重点学校，街道与学校合作建立再就业培训基地，开展再就业培训。利用“以石育人第一人”雨花石收藏家张志多的雨花石资源，建立了江苏省第一家南京雨花石科普馆，介绍雨花石的形成、分类、鉴赏以及雨花石开发利用等科学知识，成为极具特色的科普教育基地。社区特色资源的基地化建设，促进了社区教育内容的完善和发展。

创建学习型社区是一个渐进的过程，是让居民树立终身学习意识、培养终身学习习惯的过程，是不断将学习型社区建设推向广度、深度和高度的过程，是“形成全民学习、终身学习的学习型社会，促进人的全面发展”的必由之路。

撰稿：王灏晓　南京市建邺区南苑街道办事处

创新管理，幸福民生，全面推进学习型街道建设

——北京市西城区月坛街道案例

月坛街道是北京市西城区15个行政区域之一，辖区面积4.1平方千米，单位总数3311个，共有社区26个，常住人口11.7万。

月坛地区主要特点：一是中央国家机关办公及家属院集中，副部级以上的中央单位有23个；二是人员素质高，大专以上学历人口占总人口的49.7%；三是人口老龄化程度高，60岁以上的老年人约占居民总数的20.3%；四是社区较为成熟，大部分为20世纪五六十年代建成的社区；五是教育资源丰厚，教育体系比较完善，拥有大学1所、中学6所、小学6所、幼儿园3所，博物馆1个、科普教育基地3个；六是学习型社区创建工作开展早、覆盖面广，80%以上的社区为市区级学习型先进社区。

一、四型月坛建设，引领十年学习型街道发展

2003年年底，街道确立了建设“人文型、数字型、学习型、服务型”的“四型月坛”发展目标、“携手超越每一天”的月坛精神以及“和谐、融合、领跑、人文”的区域发展理念。其中“学习型”街道建设是围绕学习型机关、学习型社区、学习型家庭三个层面，建立终身教育、终身学习服务、引导推进、持续保障四大体系，完善以月坛社区教育学校为龙头的学习基地体系建设，促进校内、校外、社区教育资源融合、协调发展。

10多年来，月坛街道坚持开展联合国教科文组织国家可持续发展教育综合试验项目研究，把可持续发展理念融入社区，引导人们关注社会、资源、环境和人的发展。2007年，街道经过国际专家实地考察和专题论证，被评为联合国教科文组织“国家安全教育示范区”；同年，荣膺北京市第一批“创建学习型街道先进街道”；2010年，获“全国社区教育示范街道”“全国社区教育特色课程”“全国数字化教育示范街道”等荣誉；2009年和2012年，街道代表西城区接受北京市全面实施素质教育工作和建设学习型城市的督导检查；2013年，接受西城区政府教育督导检查，均获得较高评价。

2012年，街道按照党的十八大报告中提出的“努力办好人民满意的教育”的要求，以实践“四型月坛”为目标，大力倡导终身学习、全民学习新理念，进一步修订了具有月坛特色的学习型社区实施方案和配套政策，全力打造学习和服务平台，整合社区教育资源，搭建终身学习、全民学习的“立交桥”，满足人们多层次、多元化学习和发展需要，形成了人人皆学、处处可学、时时能学的学习型社会。

二、统筹规划管理，保障学习型社区建设稳步前行

（一）统筹规划，职责明确

街道领导高度重视学习型街道建设工作，成立了街道党工委书记、办事处主任为组长的领导小组，主管主任牵头落实具体工作。办公室设在文化建设与社会组织科，成员由街道办公室、组织部、人事科、宣传部等20多个相关科室负责人组成，全面开展学习型街道建设工作。

2003年，街道制定《西城区月坛街道学习型月坛建设实施意见》，动员街道各部室及26个社区积极投入到学习型社区建设工作中，制订长期发展计划，并按要求实施，取得了显著效果。

2007年，召开“月坛地区创建学习型街道工作会议暨启动仪式”，出台《关于在月坛地区进一步推进学习型街道创建工作的意见》，26个社区居委会主任、35个地区单位代表、12所学校校长参加。会议明确，学习型街道的创建包括学习型社区、学习型机关、学习型单位、学习型家庭等各级各类学习型组织的建设。

（二）规范管理，注重落实

按照《关于在月坛地区进一步推进学习型街道创建工作的意见》要求，街道制定相关制度，做到了五个落实，为创建全国学习型示范街道奠定了坚实基础。

一是组织落实。领导小组带头深入学习研究，各部门分工合作，各负其责，形成了“领导重视，制度健全，载体多样，活动丰富，常抓不懈”的领导机制。

二是规划落实。街道发布《西城区月坛街道创建学习型组织工作实施意见》，制定街道“十一五”“十二五”发展规划，定期开展专题培训，统筹协调各方力量，把学习型街道、学习型党组织、学习型社区、学习型团队创建工作纳入地区整体发展之中。

三是制度落实。街道把学习型街道建设工作作为“一把手”工程认真落实。建立了领导小组学习制度、单位负责人会议制度、创建工作负责人例会制度、地区单位学习交流与专题研讨制度、调研与考察等工作制度。结合创建文明单位、文明行业、学习型社区、学习型家庭等活动，建立激励机制。

四是经费落实。街道财政每年按计划安排创建工作和教育项目建设经费，保证专款专用并逐年递增。每年通过租赁、改扩建、购买等形式改造扩大社区市民学校；建成两座图书馆，增加社区电子阅览室和街面LED屏幕；投入130万元装修社区服务中心教室；在“学习服务型社区建设”项目中，市区街共投入750万元。

五是场地落实。2006年，街道将1600平方米原办公楼进行改造，作为社会组织楼对学习型组织、团队免费服务；利用社区服务中心多功能厅教室、图书馆、电子阅览室等场所免费为社区居民提供学习服务；利用辖区内首都博物馆、教育基地、科技馆、部委老干部大学和活动中心、中小学校等教学场所，开展学习活动。建立了包括中科院、电科院、国家地震台网中心、自然博物馆、国家大剧院、七彩云南、月坛公园等53家教育基地组成的多层次、多渠道、多方位的教育基地群，极大地丰富了社区教育内容。

（三）把握全局，广开思路

街道认真落实党的十八大提出的建设学习型、服务型、创新型马克思主义执政党的要求，积极倡导“教育社会化、社会教育化”“全民学习、终身学习”的理念；提倡学习、工作一体化和自主学习、团队学习、系统学习。做到三坚持、三结合：坚持把“发展”作为创建学习型街道的主题、坚持“以人为本”的城市管理理念、坚持积极推进社会体制改革与创新；把学习型街道建设与日常宣传教育相结合、与创建学习型党组织工作相结合、与创建文明城区工作相结合；重点抓住三个环节，一是提高人的素质，二是提升管理水平，三是推进改革与创新。

三、多领域探索，做好学习型街道基础建设

（一）建设学习型社会组织，创新社会管理

近年来，街道积极扶植社会组织，发挥月坛社区建设协会（以下简称月坛建协）“枢纽型”社会组织孵化的作用，培育和发展各类社会组织服务社区教育工作，借助专业机构教育项目和人才经验，实现多方共赢。目前，已建立月

坛社区教育协会、月坛文联、百姓宣讲团、悦群事务所、久玖缘文化养老中心等社会组织270多个。以“政府主导、社团运作、社区居民广泛参与”的模式全面推动学习型街道建设工作。

1.“枢纽型”社会组织构建学习型街道资源平台。到目前为止，月坛建协已培育地区各类社会组织100多个，建立了月坛文化联合会、星月艺术团、民间工艺及书画等专业分会和分支机构。积极开展辖区单位间互动交流，定期举办社区居民学习培训，并在引入高校教育、科研优质资源上积极探索，丰富社区教育内容，提升社区教育专业水平。

2. 学习型社会组织为学习型街道建设提供基础。充分发挥专业社会组织优势，2011年，成立月坛社区教育协会，以专业团队力量指导学习型社区、学习型家庭创建工作；不断密切与辖区中小学校、幼儿园的联系，定期组织社区青少年寒暑假“阳光少年”社会实践活动，培养社区青少年社会公德和小公民意识；牵头全国和市区社区教育课题研究，进一步深化创建工作理论研究，提升社区教育工作水平。

3. 典型社会组织带动月坛学习型街道创建发展。第一，宣传百姓典型。2003年由月坛文化人、专家学者、优秀社工组成的百姓宣讲团，常年坚持下社区、去学校、进军营、到单位巡回宣讲，将党的政策法规、老北京民俗、月坛地区的历史变迁、“身边雷锋”故事、“月坛典范”事迹广为传播。第二，创编优秀节目。2005年一批热爱文学，热心公益的退离休老同志组成月坛文联，根据社区文化团队的学习需求和不同人群的学习特点，撰写文稿，编写文艺节目，组织文化培训，深入驻区中央国家机关、部队、企事业单位、社区、学校、敬老院，开展文化服务。第三，突出文化养老。久玖缘文化养老中心针对月坛高龄老人、空巢老人多的特点，开设社区“夕阳茶座”，举办“科学养生”大讲堂，开展敬老孝亲“心结疏导”、个人学习展示、才艺展演等文化活动，为社区高龄老人、空巢老人搭建沟通和交流的平台。第四，开办校园心理工作室。2010年以来，街道为悦群社会工作事务所的驻校社工服务项目每年投入6万元，在8所中小学开展社工课堂、社工个案辅导、主题小组、团体拓展、心理讲座等工作，建立“开心小屋”“班主任工作室”。几年来，针对地区5000名青少年和200位班主任分别开展近百场心理慰藉活动，该项目作为北京市首创进驻中小学校园的常态社工组织服务受到市团委嘉奖。第五，关爱特殊人群。街道秉承平等、融合、共享、阳光的理念，以7家温馨家园为基地，引入专业社会组织，以“分享爱，超越碍”为主题开展残疾人关爱项目，帮助残疾人克服身心障碍，建立生活信心，接受自食其力爱心接力培训。

（二）构建终身教育体系，搭建多元化学习网络

以精心、精致、精细的管理理念，做好街道学习网络体系建设，形成“1234567”工作模式，即建设1个数字化网络学习平台，提高素质教育的科技服务手段；建立2个协会，即月坛社区建设协会和月坛社区教育协会，形成政府与地区教育资源的有效对接；建设区级文明市民总校、街道市民中心校、社区市民分校联动的三级学习基地；依托社区学院教师、科技馆教师、首都博物馆专家和社区志愿者组成的4支专业师资队伍，实现对市民、青少年和外来务工人员全方位、多途径的教育服务；组建社区名人、老干部、社工、大学生和街道干部等五位一体的志愿者队伍，开展多元化、多层次教育培训；出版《人文月坛》社区周报、《穿过幸福时差》系列丛书，以及《春花秋月》《月文化教材》《月坛老人诗集》《月坛街道社区志》等6种书刊，展示地区素质教育的丰硕成果；引进月坛社区建设协会、久玖缘文化养老中心、月坛老龄协会、悦群社会工作事务所、月坛调查队、汽南社区建设协会、汽南无围墙敬老院等7个社会组织，通过政府购买社会组织服务项目拓展社区教育渠道，提升社区教育的专业水平。

1. “部长进社区”开辟学习新途径。近年来，街道开展“部长进社区”的学习活动，邀请国家机关3位部级领导深入社区，宣讲国家的政策法规、改革新政，与社区居民进行互动学习交流，拉近政府与百姓间距离，拓展了社区教育工作。

2. 社区教育学校搭建居民追逐梦想的舞台。坚持公益服务，探索“学园、田园、乐园、家园”式教育模式，坚持常年免费为社区居民提供培训，注重全员、全程、全面的教育实践，突显教育的人性化，社会化和现代化，打造学习型街道品牌。

3. 文明市民学校领跑社区学习行列。按照“德智兼修，因材施教，学以致用”的原则，开展多层次、多元化社区教育培训和学习活动。开办文学赏析、计算机、踢踏舞、形体模特、琴棋书画等课程培训，培育合唱、舞蹈、服装模特、乒乓球等优秀团队，代表街道参加市区级比赛取得荣誉。

4. 各类特色学习班成为社区大课堂。三里河一区的市民英语班、银发诗社，三里河二区的红叶诗社、国色天香绘画班，三里河社区的民族团结教育活动，汽南社区学习团队，社会路社区心语书苑，西便门社区的夕阳茶座，月坛社区的月影诗书苑等已经形成社区学习亮点，分别获得市区“学习品牌项目奖”。26所市民分校作为三级教育链条中的最后一环，实现居民教学点全覆盖。

（三）举办文化活动，营造学习型街道氛围

以人的发展为根本的特色活动精彩不断、色彩纷呈。春季科普讲座、文体擂台赛，夏日社区文化广场、太极拳邀请赛、中小学和幼儿园文艺汇演、寒暑假“阳光少年”活动，中秋“赏月祭月”活动、“月文化”讲座、重阳节敬老爱老活动，冬季科学养生、家庭环保活动已经形成常态；读书会、赛诗会、夕阳茶座、摄影大赛、市民学习周、学习成果展示等活动成为社区居民学习的加油站；周末道德讲堂、法之月坛讲座、公益律师进社区咨询、市民讲外语、计算机基础课程等项目，得到社区居民的认可和积极参与。

鼓励青少年寒暑假回社区报到，参加“阳光少年”社会实践活动，通过家庭亲子活动、为老助残活动培养青少年感恩与爱心，通过小手拉大手影响带动身边的人，通过评选社区好少年，传递核心价值观正能量。

四、挖掘地域特色，打造街道文化品牌

（一）“社区文博学苑”，拓展学习新领域

首都博物馆是面向社会公众开放的学习基地，在创建学习型城市，推进终身教育中承担着重要责任，为月坛人提供了得天独厚的学习资源。

街道充分利用这一优质资源，与首都博物馆牵手，共同创办了月坛—首博“社区文博学苑”，旨在拓展社区教育新领域。在社区文博学苑里，首博的专家学者成为社区居民的良师益友，通过回忆老北京民俗文化，讲中国人的孝道文化、节令文化、礼仪文化、考古文化等，使学员了解中华古老优秀的传统文化；通过学习书法、绘画、文物鉴赏、彩绘脸谱、模拟文物修复等30门课程，使学员感受独有的中华特色文化。自2011年开办以来，社区文博学苑经历了诞生、成长、壮大的过程，得到广大居民的普遍认可，并概括出学习心语：社区文博学苑是我的最爱！

（二）科技领航，搭建“互助式学习服务平台”

2009年，街道与清华大学网络行为研究所合作开发“互助式学习服务平台”（以下简称学习平台）项目。该项目以“互动式学习支持与管理系统”为依托，以用户实名制作为网站信息承载和信息管理方式，集成了社区服务、新闻、个人博客、地区活动、网络课程以及用户交互信息等功能，使月坛居民的学习方

式更便捷、渠道更畅通、学习空间更广阔；学习平台提供清华大学电子学习课件100余套,使社区居民实现了“足不出户上清华”的愿望；通过与首都博物馆、西城社区学院、西城区科技馆、铁二中、中古友谊小学等教育机构网络平台对接，实现了教育资源共享；街道为社区建立博客，增加社区间的相互了解，并向居民提供开放式的学习交流空间。

2007年，街道创办了《人文月坛》社区报，2009年开始通过学习平台发布电子版，至今累计发布《人文月坛》电子刊物329期，覆盖辖区单位和社区居民20万受众。

在辖区10座写字楼大厅安装了电子触摸屏，供白领青年和外地进京工作人员在线学习，查阅政府信息，了解区情、街情，电子触摸屏成为人们终身学习的助手，被亲切地称为“学习驿站”。

（三）打造“月文化”品牌，形成地区创建特色

几年来，月坛街道着力打造一系列文化产品、文化活动以及文化团队，形成独具特色的“月文化”教育品牌——“月文化，悦生活”，并获得“全国社区教育品牌项目奖”。

月坛街道连续4年在月坛公园举办“中秋赏月、祭月、颂月”晚会，已经发展为市、区中秋特色文化保留节目，成为月坛街道独具特色的文化产品。通过编写“月文化”乡土教材，举办“白云杯”太极拳邀请赛，打造高素质、高水平的文化团队，评选地区“金辉老人”，编写出版《穿过幸福时差》系列丛书等工作，推动月坛地区文化发展，丰富了“月文化”内容。

五、面对荣誉，再接再厉

近年来，在市、区各级领导的关心和相关部门的大力支持下，街道取得了众多骄人的成绩。

（一）荣誉载入史册

2007年荣获首批“北京市学习型街道”称号。2010年获得“全国数字化教育街道先进单位”，通过市科委“北京市社区科技服务项目”验收；获“全国社区教育示范街道”“全国社区教育特色课程”“西城区社区科普活动优秀组织奖”。2011年承接“全国数字化学习型社区”实验项目，申报全国“数字化素质教育学习平台”项目，《数字化网络学习平台建设的研究》课题报告通过全国社区教育委员会验收。2012年通过全国安全社区复检，区级科研课题结题，

代表西城区接受北京市学习型城市督导检查验收。2011年和2012年被评为“西城区素质教育先进街道”。2013年接受国际安全社区复检，受到专家好评；同年获得“全国创建学习型社区示范街道”称号。

（二）团队再创佳绩

街道文化团队参加全国和市、区各种演出比赛，丰富了社区居民的文化生活，扩大了街道知名度。2010年街道各文化团队共参加市、区级比赛和表演158场次，荣获“第五届北京市中老年合唱大赛一等奖”等30个奖项，其中月坛银帆团代表北京市参加全国音乐节目展播、北京市市民讲外语展示。2011年参加比赛和表演153场次，获“2011年全国社区春晚金奖”等38个奖项，其中星月艺术团登上中央电视台《星光大道》舞台，参加全国大型歌舞《盛世欢歌》表演。2012年参加比赛和表演181场次，获全国全民健身操大赛总决赛民族舞、健身操两个第一名等29个奖项，木樨地社区的民族舞《再唱山歌给党听》登上维也纳金色大厅舞台，展现社区老年人风采，为祖国争光。2012—2014年，举办三届西城区月坛街道“白云杯”太极拳（剑）邀请赛，共有67支区县街道代表队参加。2010—2013年举办了四届中秋赏月祭月活动，约有2万余人参加游园活动。

（三）先进引领风尚

街道工委书记李红兵、百姓讲师团颜秉新先后被评为“首都学习之星”。铁三社区张靖，汽南社区周玉兰，三里河二区方晓辉、姚翠芝被评为“西城区学习之星”。社区教育协会会长李亚芬获修实公益基金“社区教育专项奖励”。三区一社区刘青一家获“北京市‘垃圾减量垃圾分类’低碳环保知识竞赛第二名”。街道表彰了10个家庭博物馆、500多个学习型家庭、300多个优秀学员和近百名社区优秀教师。

六、思考与目标

学习型街道建设是一个持续不断的学习过程，是一项长期艰苦的工作，是只有起点没有终点的学习过程。几年来，创建学习型街道工作，不仅推进了地区文化建设、宜居城市建设，增强了社区居民的归属感和认同感，满足了人们日益增长的精神文化追求，同时，创建工作产生多重作用，即学习机会的广延性，学习机会时时存在、处处存在；学习场所的普遍性，学习型家庭、学习型楼组、学习型单位等学习型组织普遍存在；学习资源的共享性，教育资源为社区居民同享共用；学习对象的主动性，终身学习是社会成员的权利、义务和责任；学习渠道的多元性，为社区居民提供广泛的开放的学习系统。

习近平在《关于建设马克思主义学习型政党的几点学习体会和认识》中提出："要重学好学，真正把学习当成一种生活态度、一种工作责任、一种精神追求，坚持在学习中感悟人生、提升境界，在学习中开阔视野、丰富知识，在学习中把握规律、探求真理，使自己变得更加充实、更加睿智。"月坛街道将不断丰富创建工作的内涵，准确把握其实质，深化理论学习，提高认识水平，积极探索具有月坛自身特色的创建模式，真正使学习成为一种风气和习惯，并影响辖区的每一个人。实现"四型"月坛目标，增强为民服务意识，让人民群众在创建学习型街道实践中看到实效，尝到甜头，得到更多实惠。

撰稿：北京市西城区月坛街道办事处

强化学习理念，繁荣社区教育，创建学习型街道

——天津市河西区友谊路街道案例

友谊路街道位于天津市河西区西南部，辖区面积2.9平方千米，有15个社区居委会，社区居民2.4万户、9.8万人，常住人口7.4万。辖区内有天津市委、市政府、市纪检委等党政机关和上千个企事业单位，有8个部队单位，5所学校、3所幼儿园和多家医院。辖区还与市文化中心、博物馆、中华大剧院等毗邻，地理位置十分重要。因此，需要良好的居民素质、高度的社区文明、优美的辖区环境以及和谐的社区氛围作为基础和保障。同时，充分利用这些资源，积极推进各类学习型组织建设，大力发展和繁荣社区教育，成为构建和谐社区不可或缺的重要内容。

一、创新活动载体，实现社区教育全覆盖

为适应社区教育终身化的发展趋势，努力办好人民满意的教育，友谊路街道党工委、办事处从2007年开始连续7年实施了以“唱响和谐友谊，争做和谐使者”为主题的“和谐友谊全民行动”。该行动以“全民终身学习”为主要内容，以改善民计民生为重点，以构建和谐社区为目的，广泛动员社会各方面力量，参与到和谐社区的创建中来，形成一个街道引领创建、单位主动参建、居民踊跃自建，人人讲学习，处处有学习，时时在学习的浓郁活动氛围。通过“和谐友谊全民学习行动”的机制创新，每年涌现出百名学习之星、百个学习型家庭、百个学习型楼栋、两个学习型科室、两个学习型示范社区、50个共建学习型社区先进单位。先进榜样像种子播撒在社区的沃土上，生根、开花、结果。先进的学习理念和追求引领着社区居民，榜样力量激励着社区居民，使友谊街道形成了积极进取、奋发争先的学习氛围。

（一）打造六大学习板块

打造学习型亲民友谊——倡导和谐。“和谐友谊全民终身学习行动”是友谊路街道“一把手”工程，与构建终身教育体系相结合，与为群众办实事、解

难题相结合，不断健全民主参与制度，完善为民学习教育网络。区直驻街服务部门、街道劳动保障大厅、机关窗口科室和社区居民，深入开展了“学习快乐每一天”的活动，采取理论宣传，政策培训，技能讲座等措施，向居民提供知识、技术服务。领导班子想方设法挖掘潜力，加大社区学习载体的硬件投入，及时解决好群众渴求知识的愿望。

打造学习型文化友谊——引领和谐。发展社区教育，发挥市民学校、社区学堂、终身学习服务中心、青少年快乐营地等载体作用，开展丰富多彩，喜闻乐见的学习培训、文化娱乐等活动，提高了居民素质和街道社区的文明程度。发挥家庭文化、楼宇文化、校园文化、军营文化、企业文化的作用，繁荣地区文化，实现地区文化的融合发展。

打造学习型关爱友谊——促进和谐。充分发挥友谊路街社区教育委员会和社区教育志愿者的作用，为辖区困难群体提供物质帮扶和精神帮助。开展为弱势群体送知识、送健康、送温暖活动，逐步形成了辖区教育帮扶的长效机制。

打造学习型宜居友谊——彰显和谐。以改善和提高居民的居住环境为目的，以“创建国家卫生城区”“天津市市容整顿大干300天”为契机，大力开展社区居民科学生活知识的普及和传播，以良好的科学生活理念美化、亮化、净化社区环境，教育广大社区居民，巩固创卫成果，维护大干300天的效果。展现了人居环境的和谐。

打造学习型平安友谊——确保和谐。以驻街公安派出所为核心，以社区治安综合治理为抓手，形成社区居民、驻街单位共同参与的司法、帮教、消防、治安等辖区安全防范教育体系，展示了辖区治安的和谐。

打造学习型健康友谊——营造和谐。整合辖区医疗医药、防疫人员，积极组织健康教育、健康咨询进社区活动，强化居民的健康意识，广泛开展健康有益的体育活动。通过各种不同类型的健康知识普及，营造了合理保健、科学健身的良好氛围。

（二）建立六种学习助力组织

“和谐友谊全民终身学习行动”在友谊路街道社区教育委员会指导下具体实施，有六种助力组织发挥作用。

一是党建协调指导委员会。统领辖区学习型社区创建工作。

二是文化、体育联合会。组织整合辖区机关单位、部队、学校、社区等开展丰富多彩的学习型活动，繁荣辖区文化生活。

三是关爱协会。由辖区成员单位组成，该协会每年为辖区家庭困难的学生募捐救济款达20余万元。

四是环境督导协会。为维护市容环境起到了教育、管理、监督的作用，居民享受到了普及科学知识后的高质量的生活。

五是治安联防协会。通过治安宣传教育，使街道形成了社区帮教、技防、自防三位一体的治安防范理念，大力推进了平安社区创建的步伐。

六是社区居民健康服务协会。该协会以驻街医疗、医药、防疫部门的人员为主体，以普及健康知识为重点，以塑造和展示健康形象为己任，使社区居民的健康状况逐年提高。

二、健全组织领导，社区教育队伍专业化

（一）组织健全

街道成立了由党工委书记、办事处主任任组长的创建学习型社区领导小组，吸纳有关领导和科室负责人，社区党委书记、居委会主任，辖区内学校、单位领导任领导小组成员，在工委办设立了办公室，办公室主任由工委办主任兼任，专门负责统筹协调工作。明确分工，责任到位，领导小组按创建工作方案进行了目标和任务分解。领导小组以召开例会、学习培训等形式，检查创建工作计划的落实情况，及时解决创建过程中遇到的问题。街道定期召开领导小组工作会，就指标体系进行专题研究和分解，进一步明确各级各部门的职责。各社区按照街道的要求，分别成立了社区党委书记和居委会主任挂帅的创建学习型社区领导小组，负责本社区创建的全面工作，对全街学习型社区起到了积极的指导作用。

（二）队伍专业

社区教育队伍内外结合、专兼结合，一方面注重发挥社区人才的优势，挖掘、调动社区内的科教人员、专家学者、离退休老同志以及有一技之长的人参与到社区教育中；同时积极引进学校教育、职业教育、成人教育等社会师资力量，通过聘请学习顾问、社区辅导员等形式，壮大社区教师队伍，组织社会力量、驻街单位及社区居民三方共同参与的社区教育骨干队伍和志愿者队伍。街道和社区整合辖区内的人才资源，组建一支专职教师为骨干、兼职教师为主体、专兼结合的高素质社区教育工作者队伍和社区教育志愿者队伍。社区教育管理者采取集中上课和进社区轮流讲解相结合的办法，定期对兼职老师和社区教育志愿者进行培训。各社区建立了党员学习小组、理论学习小组、英语学习小组、书法绘画小组、文体活动队等学习组织，培养各种骨干队伍，并发挥他们在组

织广大居民学习中的作用。

三、开展多彩活动，确保社区教育硕果累累

（一）年度主题活动异彩纷呈

以“相聚友谊，唱响和谐”为主题举办了“歌咏擂台比赛”；以“健康友谊，唱响和谐”为主题举办趣味运动会，展示了空竹、柔力球、太极系列、推铁环、花毽等传统趣味体育的魅力；以“温馨友谊，唱响和谐”为主题的美食大赛，市民学校烹饪班展出多种保健菜肴；以“美在友谊，唱响和谐”为主题的健身舞大赛；以“多彩友谊，唱响和谐”为主题的家庭生活才艺展；以市民学校分校为阵地展示了特色家庭的家庭养殖、宠物看护、家庭理财、珍藏窍门、小药箱的使用、低碳生活等内容；以“文明友谊，唱响和谐”为主题开展社区文明礼仪大讲堂活动，开展道德讲堂活动，引领居民文明行为的养成。

（二）市民学校发挥主阵地作用

充分发挥市民学校主阵地的作用，为社区培育社团带头人、楼栋长、社区建设志愿者等社区建设的骨干力量。驻街教育部门以高度的责任感，超前的意识，克服困难，利用有限资源，进行合理规划，开放了全部的教学教室以及电教室和练功房，从硬件上保障学员接受各种教育的愿望。目前，市民学校开设21门课程，拥有学员1500余人，下设成长俱乐部、人口学校、青少年法律学校、大学生志愿者教育基地等。针对社区居民的特点、爱好和需求，组建了适合不同年龄、不同层次的活动小组，沙龙和联谊会等，采用多渠道、多模式、多元化的教学手段，将定点授课和网上学习相结合，取得了较好的成绩。电脑班已有500人次参加学习，部分学员成为了友谊路街道其他社区电脑班的指导教师。辖区有模拟道德小法庭、四点半课堂、七彩虹艺术培训班等校外教育课堂，从市重点学校聘请老师授课，各社区利用寒暑假开展特色冬夏令营和托管班，还建有青少年科普基地，丰富学生们的课外生活。街道社保所、劳动科和综治办联手对下岗失业人员和流动人员进行各种职能培训，深入工地对来津务工人员进行健康知识和文明礼仪等的普及推广。

（三）“七彩虹”品牌活动连年夺冠

友谊路街道在推进区域社区教育中，充分运用社区内丰富的教育资源，与市少儿图书馆、科技馆、青少年活动中心、周邓纪念馆、天津烈士陵园、

国学馆等单位，共建共赢，一体化运作，以终身教育理念为指导，加强未成年人思想道德教育，连续11年获得了“河西区素质教育示范街”称号，并连续11年开展了“七彩虹”社区青少年冬、夏令营活动。通过丰富多彩的青少年教育和活动，给青少年打造了一个激发活力、开发智力、锻炼体力、提高能力的有爱、有梦的温馨社区，已形成了友谊路街七彩虹青少年教育品牌。红色是传统教育——牢记光荣历史；橙色是科普教育——提高综合素质；黄色是健康教育——培养良好行为；绿色是国防教育——强化责任意识；青色是法制教育——塑造完美形象；蓝色是环保教育——培养高尚美德；紫色是关爱教育——学会奉献爱心。

四、壮大学习规模，学习型组织星罗棋布

（一）以街道带社区

街道机关率先垂范，制订了中心组学习、机关干部理论学习、干部教育培训、调查研究等一系列学习制度和方案，并列入绩效考评，逐个抓落实。建立了每半月一次的机关干部大讲堂。聘请南开大学教授举办灾难心理学专题讲座，观看中国社科院法学所所长关于物权法讲课的光盘，组织机关干部到外地参观，到部队感受军营廉政文化等。在创建学习型组织活动中起到了带头作用。经常学习、主动学习已成为街道机关干部的自觉行动。干部素质的提高促进了工作落实，街道工作年年有进步，连续6年名列区效能考核评比的前列。各居委会注重自身学习，街居结合分层培训，社区专职工作者99%通过了职业资格考试。大力开展学习型家庭创建活动，已有5个家庭被河西区评为学习型家庭。以地研院为主的地区单位，充分发挥自身科技资源和特点，通过与百姓互动，有力地配合了友谊路地区学习型组织创建活动的开展。以创建学习型社区为牵引，推进其他学习型组织创建活动的广泛开展。创建学习型机关、学习型居委会、学习型家庭、学习型企业、学习型院所、学习型学校等创建工作在友谊路地区蔚然成风。为确保各类学习型组织的健康发展，友谊路街道制定了学习之星、学习型家庭、学习型楼栋、学习型示范社区、学习型科室、学习型党组织、共建学习型社区先进单位等创建标准，在认真调研的基础上，成功举办了“深化社区党建四个双重，创建学习型示范社区”专题研讨会，研究制定了《进一步深化党建四个双重，为构建和谐示范社区提供坚强保证的工作意见》。整理50个典型个案和10名典型人物事例，以及各级有关制度规章，编撰了20余

万字的《播撒和谐的有心人》一书。

（二）以个人带组织

年逾古稀的学习之星刘次淑老人，是一位退休老校长、纯正里社区党员，10年来，坚持在家中成立健康聊天室，宣传、交流健康知识，同时还将报纸、杂志刊登的关于身心健康方面的材料摘录下来，印制后送给大家。她在社区建起社区学堂，学堂采用随见随谈随聊的心理调适方式，为百姓的身心健康问题答疑解惑，化解心理上的疙瘩，使部分老年朋友放下心理包袱，快乐生活。学习之星教师曾昭兰组织的模特班是一个优秀的学习型团队。模特班已从最初的十几人发展到现在由60多名中老年人组成的市民学校模特队，成为天津市对外文化交流的主要团队之一，活跃在市民学校和T型服装展示舞台上。8年间，他们走遍了祖国的大江南北，先后赴亚、欧及港澳台等地进行民间文化交流演出，展示中外民族服装服饰文化，国内、外媒体相继报道，得到高度评价。曾昭兰老师也被评为“2009年天津市感动社区教育人物”。模特队队员在市民学校里焕发了青春，提高了素质，找到了新的追求，实现了“一人上学，全家受益，多人上学，社会受益”的办学目标。

（三）以党建促创建

在学习型街道创建过程中，充分发挥友谊路街道党建协调委员会的统领作用，广泛开展争当“学习之星”，争创“学习型家庭、学习型楼栋、学习型示范社区、学习型科室、学习型党组织、学习型企业”，争做“共建学习型社区先进单位”等活动，使社区教育得到了“长足、长效、长期”发展。街道工委本着共建共享的原则，以共同目标为纽带，街道社区党组织与驻区单位党组织建立了对党员实施双重管理、双重教育、双重监督、双重服务的“四个双重”的工作机制。初步形成了条块结合、资源共享、优势互补、共驻共建的社区党建新格局，取得了净化地区政治环境、促进居民终身学习、活跃地区文化生活、提升社区服务水平等10个方面的成果。

经过多年发展，友谊路街道社区教育推动了地区政治文明、精神文明、物质文明和社会文明建设，促进了和谐社区的构建，营造了浓厚的学习氛围，使友谊路街道各项工作取得了可喜的成绩。先后获得了“全国共建共享先进街道”“全国和谐邻里建设示范街道”“‘宜城杯’全国社区工作自主创新成果百花奖”“国家级充分就业示范社区”，以及市区奖励300余项。作为河西区“首善之区”“文明城区”“美丽社区”和天津市“美丽天津”建设的一个品牌，友谊路街道已连续多年举办“和谐友谊全民行动”活动，先后荣获“全国学习型街道示范单位”“全国社区共建共享先进街道”“全国和谐社区自主创新先进街道”等15个国家级和20个市级荣誉称号。

撰稿：李玉杰　天津市河西区友谊路街道办事处

以人为本，持之以恒，扎实推进学习型街镇建设

——上海市徐汇区田林街道案例

田林街道位于上海市西南部徐汇区，始建于1985年。街道所辖面积4.2平方千米，现有居民4.3万余户，常住人口近10万，60岁以上老年人占户籍人数27.7%，是一个交通便捷、商贸繁荣、环境整洁、基础设施完备、以生活居住为主的城市社区。

田林街道社区教育资源丰富，有市社会科学院分院、市第六人民医院、市环境科学研究院、市群众艺术馆、上海应用技术学院、上海立信会计高等学校，以及20所中小学、幼儿园和2343家各类企事业单位。社区中干部多、科技人员多，居民文化层次高，曾被称为上海的中关村。

田林社区（街道）党工委和街道办事处历来重视学习型社区建设，坚持以人为本，教育优先，以提高居民素质和社区文明程度为目标，扎实推进创建工作。

一、学习型社区建设的历程

（一）实验探索阶段：1999—2005年

1999年9月，上海市教育工作会议提出构建“学习型城市”的发展目标。10月，田林街道提出创建学习型社区，制订《创建学习化社区规划》，建立由街道党工委书记牵头的田林社区学院，一名正科级街道干部负责日常工作，开展以提高社区成员素质、改善社区成员生活质量、满足社区成员自我发展需求为目标的社区教育。这标志着田林街道学习型社区创建的起步。2000年3月，市教委确定了田林等14个街道（镇）为“上海市学习化社区实验基地”。2002年又成为“全国教育科学‘十五’规划重点课题——学习型社区建设研究实验基地”。

街道整合市民学校、老年学校、妇女学校等8所学校，实行“统一招生、统一调配资源、统一教学管理”的模式。老年教育从2000年开办初期的64名学员发展到5年后的1000余人。每月培训200名外来人员并由市劳动与社会保

障局发结业证书。在田林一小建立培训基地；在田林二中建立活动基地；在社区群文活动室建立群文团队展示基地；在浩清图书馆建立共建基地。通过有效的社区教育凝聚人，丰富的社区文化娱乐吸引人，生动的社区科普活动、普法活动提高人，优美的社区环境净化人。

（二）推进发展阶段：2006年至今

2006年，上海市委下发《关于推进学习型社会建设的指导意见》。徐汇区文化艺术中心整建制划转到田林街道，成为1.5万平方米的田林社区文化活动中心。田林街道拿出800平方米作为社区学校独立使用的教学场所，并配备各种教学设施设备。徐汇区教育局委派出1名资深中学校长和若干名教师成为田林街道社区学校的专职管理人员。这些举措推进社区学校向实体化、规范化、标准化、特色化的方向发展。这是田林街道社区教育工作的转折点，标志着学习型社区建设进入新的发展阶段。2006年，街道被定为首批上海市社区教育实验街道。2008年，被确定为上海市学习型组织创建的首批试点单位。之后，连续多年荣获全国、市级“学习型社区示范街道”和“社区教育示范街道”称号。

田林街道在培育学习型组织，不断提高学习覆盖率的同时，充分挖掘地区的人文资源，坚持开展以中华传统文化为核心的社区教育。“弘扬中华传统文化，提升社区文化品位”被设立为2007年上海市社区教育优秀实验项目。之后，街道在弘扬传统优秀文化的基础上，提出积极培育田林社区精神。社区教育以社会主义核心价值观为引领，教育人、凝聚人，增强社区居民归属感，推进学习型社区和文明社区的建设。

二、学习型社区建设的条件保障

在学习型社区建设的过程中，田林街道做到“三个坚持”，抓好“三个点”，使学习型社区建设理念不断深化落实。

（一）坚持以人为本服务群众，找准社区建设与学习型社区结合点

田林街道在服务群众的过程中坚持以人为本的理念，从提供有效的公共服务角度抓学习型社区建设，并在推进中形成工作合力，使学习型社区建设真正成为推进社区建设的抓手，发挥出“满足居民需求、增强社区意识、激发社区活力、提高市民素质”的作用。成立由党工委书记挂帅的推进学习型社区建设领导小组，指导、协调辖区的学习型社区创建工作。学习办、宣传科、机关党总支、工会、妇联等相关职能部门分别负责学习型社区、学习型团队、学习型

机关、学习型企事业单位、学习型家庭的具体创建。街道办事处主任挂帅社区教育委员会和社区学校校长，分管主任具体负责，社发科、社保科、市政科、综治办、人口计生等科室、辖区单位和社区学校组成管理团队，定期召开联席会议，推进工作。由1所社区学校总校、8所分校、21个居委教学点、20家中小幼学校等形成覆盖社区的教育网络，设专人负责。

（二）坚持教育为媒引领群众，把握学习型社区建设的关键点

田林街道着力构建社区大教育格局，培育和形成“在学习中完善自我”的学习型文化，发挥对群众思想生活的引领作用，促使社区教育在满足群众学习需求方面发挥积极作用，为学习型社区建设营造氛围、奠定基础。街道每年投入200万元（人均20元）以上，用于改善社区教育的软硬件条件。2011年，为社区学校更新计算机、钢琴、照相机等设备。2012年，投入260万元新建“田林馨家园”党员分校。2013年，投入240万增加摄影、数码钢琴、新媒体体验区等功能教室，进一步优化学习环境，提升办学能力。居委活动室面积均超过100平方米，并增配1～2台电脑，电视、音响、活动器材等及时更新维护。每年下拨团队活动经费20余万元，重点扶持红枫合唱队、腰鼓队等特色学习团队。2012年设立20万元专项基金，由居委学习团队积极申报，形成“自我服务”“自我管理”“自我教育”型的“自治家园”实事项目。

（三）坚持机制创新促进发展，寻找学习型社区建设的增长点

田林街道制订《推进学习型社区建设三年发展规划》，每年都结合社区建设实际，明确社区教育年度重点、难点和突破点，努力构建“领导有力、共建有方、活动有效”的学习型社区建设格局，做到围绕社区发展抓社区教育，不断展示出社区教育活力和生命力，赢得群众认可，得到社会支持。建立健全管理人员激励评价机制，提升社区教育管理人员和专兼职教师的工作能力和服务水平。建立健全特色项目培育机制，“经典课程”“特色课程”“特色项目”成果丰硕。建立健全志愿者队伍的规范化管理机制，形成了以志愿者总队为统领，以健康医疗、法律维权、心理疏导、文明创建、社区教育、科普环保等10余支分队为主体，共2600余名注册人员组成的志愿者骨干队伍。建立健全区域联动共建机制，实现学习资源联享联用，学习活动联创联办，学习团队联手联建。

三、学习型社区的基础建设

在试点推进学习型社区建设的基础上，田林街道着力提高引领者的管理水

平，着力深化三级网络的建设内涵，在依托区域化党建平台的基础上，不断巩固和拓展学习型社区建设的成果。

（一）加强学习，不断提高引领者的管理水平

田林街道以学习型党组织和学习型机关建设为引领，以“学习力”带动“凝聚力”和“发展力”。建立“民情五会”等长效学习机制，街道机关民情晨会、大党课、中心组联组学习等机制有效推动学习型社区建设。党工委书记荣获2007—2011年度上海市“学习型社会建设与终身教育工作先进个人”，并代表上海市参加中组部关于学习型党组织和社区党建的交流。2012年，街道党工委被评为“上海市创先争优先进基层党组织”。街道每年“七一”评选表彰先进学习型组织和个人，推进学习型社区建设。

街道现有185支学习团队，成员稳定、组织健全、学习内容丰富。为发挥骨干引领作用，街道组织“培育学习团队领袖”市级课题研究，引导学习团队配备思想指导员，选拔团队骨干和指导员组建成学习团队建设推进员队伍，使之发展为支持型社会组织，为学习团队搭建资源和沟通平台。

（二）夯实基础，不断深化三级网络的建设内涵

田林街道依据居民的生活需求，着力打造社区学习的三级网络，并提出“5分钟学习圈”，即让社区内居民能在5分钟内就近便捷地找到学习点。“学习圈”分为社区居民足不出户进行家庭式学习的小圈；出了家门不出居委，在居委学习点进行互助式学习的中圈；出了居委不出社区，在社区学校或社区内进行团队式学习与活动的大圈。

作为学习的主阵地，社区学校已开设基础类、技能类和特色类三大板块公益性课程，建立了传统文化、养生保健、家庭建设、高雅艺术、信息技术等6大系列90多个品种的课程体系。折纸花艺术、沪剧学唱、手诊保健等教材已正式出版。学校承办“上海市社区教育英语教学观摩研讨”“徐汇区社区教育（沪剧）教研基地”和区级老年教育“艺术折纸”“经络养生”工作室。学校通过优秀课程、优秀教师评选以及教学成果展示等渠道推进教师队伍稳定发展和能力提升。通过“终身学习记录卡”鼓励居民学习，评选优秀学员（班长）和“学习标兵”，激励学员发挥带头作用。依托高校师资力量，邀请名师名家进社区开展时事、司法、科普等讲座。市六医院专家连续6年为居民开设讲座215场，2万多人次参加。“学林春秋——周周讲”开办6年，共145场，8460人受益；“季季有——主任谈民生”特色讲坛举办26次，1820人参与互动，成为居民与街道领导之间共议热点、沟通信息的平台。学校成为徐汇区学员人数最多的街道

社区（老年）学校，2013年学员达到4000人次。

21个居委学习点分别开设实验课程、讲座和团队沙龙等丰富多彩的学习活动，吸引小区居民就近学习。自2008年开展田林居委学习点规范化建设至今，居委学习点合格率100%，示范优秀率达50%，并形成“一居一特色”。街道还鼓励居民积极参与远程教育和网络学习，实现足不出户在家自主学习。每年，远程教育集中和分散收视人数近2000人。为200多名老党员举办“网上学习入门”培训。2011年以来，有200多人在徐汇区终身学习网学分银行成功兑换学分。2013年起，街道结合精神文明建设开展楼组学习和文化进楼道活动，以组团方式凝聚更多身边人参与学习和小区建设。

（三）全员覆盖，不断拓展终身教育的学习成效

田林街道通过各类学习活动，覆盖社区不同群体，从而实现学习的全员化。组织开展育儿经验交流、宝宝运动会等，为居住在本社区的0~3岁婴幼儿家庭提供免费咨询服务。开设青年博学讲坛，实施“学习进楼宇”，增进白领青年对社区的了解、支持和参与。向青少年延伸，每年寒暑假组织开展未成年人实践活动60余项，参与学生和家长近万人。向外来人员延伸，组建“新上海人”俱乐部，举办技能培训等各类学习活动，使“新上海人”在社区有学习的场所、展示的舞台。办好“阳光之家”学校，让60余名智障学员走出家庭，融入社区。2007年夏季世界“特奥”会期间，田林“阳光之家”学员获得9个奖项。街道“残联”被授予“上海市残疾人之家”称号。对失业人员、残智障人员、心理亚健康、大重病人员等弱势群体开展技能、心理健康等不同内容的培训，帮助他们树立自信，正确面对人生。

街道依托区域化党建联建平台，通过“学林春秋”“学习节”“读书节”“文明礼仪大家学”等主题活动，将辖区各级党组织、企事业单位等纳入学习型社区建设范畴，实现“同步发展，互惠互利”。80多家企事业单位成为街道学习型社区共建的核心成员。每年举办大型主题教育活动近百场，参与居民可达4万人次。特别是田林社区文化广场的携手打造，是区域覆盖、区域联动的生动展现。全年12个月，设12个主题，由12家社区单位分期牵头，形成多家社区单位共同参与的格局。在2013年为期一个月的田林街道学习节中，举办活动43场，10余家辖区单位参与主办，1.3万人次参与学习活动。

街道大力整合社区各类文化教育资源，加强社区文化硬件设施和软环境建设。社区文化活动中心形成了广场活动、大厅展示、图书阅览、剧场演出、体育健身和社区教育七大功能区域，发挥其“活动阵地、教育平台和服务窗口”的功能，365天开放，为学习型社区的建设提供了优越的条件。社区图书馆与

上海图书馆和其他区县图书馆的“一卡通”联网，大大方便了社区居民学习，年接待读者数量达22万余人次，借阅量近18万册次，充分反映了社区居民的学习积极性和浓厚的学习氛围。

四、学习型社区建设的特色和创新

田林街道在多年实践的基础上，形成了“弘扬传统优秀文化、培育现代社区精神”的街道特色学习品牌。2006年起，由社区居民上海大学文学院祝瑞开教授等一批社区讲师团的专家学者结合家庭美德、邻里相处、社交礼仪、社会诚信等现实问题，讲授《论语》等经典儒家文化，引领居民亲近传统文化。田林社区居民读《论语》获第八届上海读书节读书活动优秀项目，“论语导读”获上海市老年教育特色课程，出版《当代新儒学》和徐汇区社区教育首本推荐教材《论语本义新解》。社区先后开设“老、庄导读”“古诗词赏析”“中国画”“中国结”“越剧”“民乐”等系列课程，在街道和居委都有大量爱好者。与中小学第二课堂对接，如田林二中的“绒编”、田林小学的“折纸”、田林三小的“中国结”等，使更多学生学习传承中华传统文化和技艺。“弘扬中华传统文化，提升社区文化品位”获“2007年上海市社区教育优秀实验项目”。“中华传统文化”系列课程获“2010年全国社区教育特色课程”。

街道拓展传统文化教育渠道，搭建“月月演、月月展、月月有”群众文化活动平台，把传统文化融入其中。每年利用读书节、学习节、家庭文化节、文化艺术节以及中国文化遗产日、元宵节、端午节、敬老节等民俗文化传统节日开展“走进经典、走进生活”系列活动。在实践中把传统文化教育和社会主义荣辱观有机结合，和中小学校、企事业单位联手，使优秀传统文化与校园文化、企业文化有效对接。如田林小学的“纸文化”、田林一小的“鼓文化”、田林三小的“兰文化”、田林四小的“竹文化”、吴中路小学的“茶文化”、实验学校的“华仁学堂”、田林二中的“美育传承文化”、田林三中的“弘扬民族精神”等。既深化精神文明建设的文化底蕴，也提高社区教育的针对性。

街道在坚持群众性文化团队向学习型组织发展的同时，重点扶持民乐、京剧、越剧、沪剧、腰鼓、拳操、诗歌、折纸、中国结等传统文化型团队的建立和发展壮大，这些团队成为很多居民学习传统文化、交流创作心得的重要阵地。例如，成立7年的“田林诗歌沙龙”，开展创作研讨，写出上万首群众喜闻乐见、反映社区生活、歌颂新德新风、倡导文明礼仪的歌谣和诗词作品。上海民间文艺家协会秘书长吴祖德对他们创办的诗报给予高度评价，认为《田林诗报》是对优秀传统文化的传承与发扬。社区民乐队每年举办“国乐飘香”社区音乐会，采取台上台下互动的形式进行民族器乐的介绍和演奏，普及传统文化艺术。田林街道还依托社区文体团队的优质资源，打造“老少同乐”系列活动，派出骨干对中小学进行传统项目指导，不仅丰富了课堂内容，还使同学们潜移默化地传承传统文化。田林一小的腰鼓、田林三小的彩球操、田林中学的木兰单扇、田林二中的柔力球等老少表演令人赞叹。

街道在弘扬传统优秀文化，提升社区教育文化品位的基础上，积极探索传统文化与当代社会相适应、与现代文明相协调的途径，进一步拓宽和发展传统文化内涵，把传统文化与现代意识紧密结合起来，在社区居民中倡导具有田林特色的社区精神。近两年，在广大社区居民和社区单位的共同参与下，涌现出了一大批热心公益、服务社区的“领袖”，也初步形成了“大爱为公、热心奉献；宽厚礼让、邻里和谐；勤学创新、永不停步；快乐人生、美好家园”的32字田林社区精神。街道收集了23个感人案例，编撰《弘扬传统优秀文化，培育现代社区精神》居民读本，送进居民小区，送进机关团队，送进企事业单位，让这些身边的真人真事感染激励更多人。街道还通过社区精神引导和加强学习团队领袖的培育，使团队领袖发挥核心和“领头雁”作用。在新时期，传统优秀文化的弘扬和社区精神的培育将继续推进田林学习型社区的发展。

五、学习型社区建设的成效

在创建学习型社区的过程中，田林街道紧紧依托社区教育这个载体，进行了许多探索性的实践，成果显著。

（一）教育培训层层推进

据不完全统计，2013年，田林社区接受教育培训总人数达7.6万人次，占社区常住人口的76%。举办各类课程班354个，共计1.1万人次；社区学校办班207个，学员3845人次；教学点办班270个，7488人次参与学习。举办各类学习培训和知识讲座，共1.9万人次参与；“东方讲坛”74人次，“周周讲”系列讲座1235人次，教学点讲座6921人次，各分校分人群培训1万多人次。街道组织各类学习团队185个，在册学员4333人；举办主题活动108场，4.6万人次参与。社区图书馆全年订阅报纸杂志160余种，年接待读者数量达21.7万人次，图书外借达到17.6万册次。

社区居民对社区学习服务满意度较高。据统计，对社区学校满意度在95%以上，对居委学习点建设满意度在89%以上，对教育“服务社区、服务民生”

活动的满意度近100%。

（二）科研成果件件深化

田林街道先后承担多项市区、国家级实验项目和课题研究。近年来，“打造社区‘五分钟学习圈’”被评为“2011年全国社区教育优秀实验项目”。“培育学习团队领袖”被列为“2012年上海市社区教育重点实验项目”。街道在2011年上海市老年教育工作总结表彰大会上作主题为“拓宽社区教育领域、建设老年人的精神家园”的交流；2013年在上海市老年人学习团队建设推进会上作“构建社会支持系统、培育老年人学习团队”发言；2012年在《中国社区教育》杂志上发表《田林街道创建学习型社区的实践与思考》。“心理健康教育进社区”已成为田林社区思想政治工作的有效抓手，2011年“全国社区管理创新工作会议——心理健康教育研修班”在田林举行。

（三）学习创建硕果累累

街道注重学习型社区创建与社区管理、社区文明建设相结合，在不懈的坚持和努力下，田林社区建设和文明程度不断提高。街道先后荣获“全国首批学习型社区示范街道”（2013年）、“全国首批社区教育示范街道”（2008年）、“全国学习型家庭创建示范社区”、“上海市文明社区”（至今保持）、“上海市首批学习型社区”（连续三轮）、“上海市社区教育示范街道”（连续三轮）、“徐汇区学习型社区”等荣誉称号。

街道积极引导，发挥典型的导向作用，每年对创建学习型社区中的先进个人和组织予以表彰奖励。仅2013年，就评选表彰了10名“学习之星”、60名“精神文明建设优秀志愿者”、30个“学习型组织示范集体”、17个“魅力楼道”，授予180户居民家庭“学习型家庭”荣誉称号，授予2.7万户家庭“五好文明家庭”荣誉称号，评选出“优秀学员”111名、“学习积极分子”542名。

近年来，街道共评选“创建学习型组织优秀团队”139支，占社区群众团队总数的75%；评选“学习型家庭示范户”626户、“学习型家庭”9777户，占常住户的33%。街道获评“上海市老年人优秀学习团队”2个、“上海市老年人学习团队”30个；获评“上海市标准化居委学习点”14个，占居委数67%。社区学校获得“2008年上海市示范性老年学校”“2009年全国先进老年学校”“2012年上海市社区教育先进集体”。2012年田林街道居委学习点作为示范点迎接了教育部全国社区教育督察组检查和督导，获得肯定。

学习型社区创建是一项社会性、综合性、广泛性的系统工作，任重而道远。田林街道紧密结合社区发展实际，坚持以区域联动、创新发展为原则，坚持“谋共识、强力量、健机制、抓保障、拓阵地、常学习、广覆盖、塑品牌”24字工作方针不动摇，不断推动田林学习型社区创建工作上新水平、出新成效。

撰稿：上海市徐汇区田林社区（街道）党工委
上海市徐汇区田林街道办事处

构建区域性党建新格局，促进学习型社区新发展

——上海市长宁区华阳路街道案例

华阳路街道坐落在上海市中山公园地区，面积约2.1平方千米，有21个居民区，实有人口10.7万，商务楼宇36幢，机关单位3080家。

多年来，华阳路街道依靠群众、发动群众，共推学习型社区建设，先后荣获“全国社区教育示范街道”“全国创建学习型社区示范街镇”“上海市社区教育示范街道”“上海市推进学习型社会建设先进单位（集体）”“上海市学习型社区”“2007—2011年度上海市学习型社会建设与终身教育工作先进单位（集体）”等荣誉称号，成为浦东干部学院教学点、领导干部研究性教学基地、上海市公务员示范实习基地等。

作为上海市第一批创建学习型社区试点街道，华阳路街道认真贯彻实施《上海市关于推进学习型社会建设的指导意见》《上海市终身教育促进条例》和《长宁区推进学习型城区建设三年行动计划》，围绕长宁区“三个城区、五个提升”的目标要求，结合华阳“凝聚力工程”发展，以学习贯彻十八大精神为基点、以区域性党建为引领、以全民终身学习为根本、以学习型团队为依托、以数字信息化系统为支撑，实现社区终身教育全覆盖，构建区域化学习型社区新格局。

一、坚持区域性党建引领，完善组织保障

华阳路街道围绕学习型社区创建目标，不断完善区域性党建的整体结构、运作机制，加强社区基层、基础、基本建设，引领、动员和凝聚社区各方共同创建学习型社区。

（一）发挥党工委领导核心作用，统筹推进学习型社区创建

街道党工委发挥领导核心作用，运用“1+3”党组织工作机制统领“一组两委”，行政组织党组进街区、社区综合党委进商区、居民区党委进小区，将党建工作有效覆盖到社区教育各个领域。组织架构上，街道专门成立“创建学

习型社区建设工作领导小组”，由社区（街道）党工委副书记任组长，宣统科、社发科、工青妇、社保科、财政科、文化活动中心、党员服务中心等主要科室和部门负责人为成员，下设领导小组办公室，由社发科负责整体协调并做好日常管理工作，加强对创建工作的统筹协调，从财力、物力上提供保障，华阳街道学习型社区建设年人均经费为20元。依托社会力量，成立顾振乐文化发展基金，致力于社区青少年书法教育培训，目前募集资金50万元。此外，街道成立社区学校校委会，增强学习型社区创建的协同力，以社区学校为载体，落实社区终身教育工作。

（二）发挥基层党组织引领作用，强化社区终身教育载体建设

2013年长宁区“凝聚力工程”建设20周年,华阳路街道提出“新四百”精神，即“问百家需、解百家忧、聚百家力、圆百家梦”，发挥基层党组织功能，全面整合社区资源，以深化社区教育载体建设为抓手、以圆市民学习梦为根本，落实社区终身教育工作。

一是加强基层学习型党组织建设。在新形势下发挥党支部战斗堡垒作用和党员先锋模范作用，着眼于提高管理效能和服务水平，推进基层党组织工作标准化管理，从创新基层组织设置方式、加强党员教育管理、规范创新组织生活“4+3+X”模式等方面，推进学习型党组织创建工作。

二是加强创建工作领导小组建设。建立健全例会制度、日常管理制度及部门联动机制，完善社区教育工作总结考核制度、经费投入及保障制度、档案建设统计制度、工作考核激励制度及科研工作管理制度等，引领社区教育规范化、长效化发展。

三是加强教育服务队伍建设。由各居民区文教主任组成教学点管理服务工作专职队伍，定期研讨工作进度、落实教育任务、探讨工作难点、形成长效机制；进一步强化终身学习推进员队伍建设，配合居民区教学点开展教育活动；注重社区学习团队及品牌建设，发挥党员模范带头作用，拓展政治理论、文化教育等小型多样的社区学习小组或团队，深化群众性学习教育活动。

四是加强社区教育科研工作。华阳路街道结合社区实际，探讨新时代、新背景下社区教育热点、难点、重点问题，成立社区教育实验项目研究小组，积极开展社区教育实验项目，以实验成果指导促进工作。2013年申报全国实验项目“以高工谈心会引领社区学习团队建设的实验”，提倡学习团队“自我培育、自我管理、自我教育、自我服务”的团队运作模式。为进一步拓展社区教育服务功能，2013年又启动市级课题项目“养教结合”试点工作，配送教育资源进敬老院，满足住养老人终身学习需求。

二、结合华阳凝聚力工程深化拓展，激发基层办学活力

华阳路街道认真贯彻党的群众路线教育实践活动的要求，切实解决关系群众切身利益的问题和服务群众的问题，从百姓需求出发，建设“街道–居委会–小区–楼组–家庭”五级文化教育服务网络，营造“人人皆学、时时能学、处处可学”的终身学习环境。

（一）提升服务能级，推进标准化建设

2013年，华阳社区学校获评“长宁区示范性社区学校”及“上海市标准化社区学校”，学校以标准化建设工作为推手，进一步完善社区学校各项管理制度及工作规范，提升学校标准化建设水平；探索建立科研小组，结合文化团队发展拓展多元课程，深化教材质量、提升教学课程水平，每学期开设20余门课程，650名学员参加；强化社区学校管理队伍及师资队伍建设，注重依托志愿者队伍加强教育服务，并通过定期开展相关工作培训，健全工作考核激励机制，不断提高队伍的管理水平及业务水平。社区学校学员对学校课程满意度达90%以上。

（二）加强规范建设，夯实基层办学基础

规范居民区教学点管理，完善居民区教学点硬件设施建设，每个教学点面积基本达到100平方米，并配备电脑、电视机、照相机等教学设备。目前，社区完成14个居民区教学点规范化创建，1个示范教学点创建，另有7个规范化教学点正在创建，年内实现100%全覆盖。为深化居民区文化教育阵地建设，每年依据《华阳街道居民区文化活动室星级考核标准》，从活动条件、组织保障、文化建设及宣传效果等方面对居民区活动室进行评估考核，评定星级活动室，树立典型，争先创优，提升居民区文化教育活动服务能级。

（三）延伸教育资源，打造开放式学习课堂

为延伸教育服务进小区、进楼道、进家门，构建10分钟家门口学习服务圈，吸引更多居民走出家门互动学习。目前已建成文化小广场4个、文化楼组3个，文化家庭2家。“五小文化工程”（小广场、小绿地、小景观、健身点、宣传栏）建设共涉及17个居民区28个小区，占小区总数74%，覆盖面广、内容丰富、受益居民多。一是打造小区“五小文化工程”。街道投入300余万元实施居民

区小广场、小绿地、小景观、健身点及宣传栏改造工程，结合绿化补种、家门口工程等配套设施共同建设。作为惠及百姓的一项实事工程，“五小文化工程”的实施带来了新的变化，硬件设施完善了，人文素养提高了，文化硬件设施和文化软实力“1+1”两者相结合，收效无限，百姓受益良多。不少受益居民深深感受到了家门口文化空间给自己生活带来的巨大变化，邻里关系更和谐了，大家从生人变成了熟人甚至是亲人；精神生活更丰富了，大家扎堆谈论的不再是家长里短，而是对文化艺术的追求；文明素养更高了，居民时刻注意自己的言行举止，要为创建文明家园而共同努力。二是打造文化学习楼组。引领文化学习进楼组，建设公共文化客厅与特色文化楼道。整合党建、学习、交流、便民、宣传等功能，打造百姓自治家园。三是打造社区教育家庭睦邻点。强化社区教育睦邻点在文化凝人中的作用，制订《华阳社区教育睦邻点建设方案》，推进主题社区教育睦邻点建设，做到21个居民区全覆盖，真正为居民在家门口搭建文化娱乐、学习交流的平台。

（四）强化扶持力度，培养学习团队发展

对街道、居民区两级学习型团队进行系统性梳理，目前华阳路街道拥有文化娱乐、教育艺术、体育建设三类学习型团队256支，其中街道层面42支，居民区层面214支，成为推动华阳社区教育发展的主力军。通过社区人才库，挖掘了一批社区文化能人，开设团队课程，提升团队专业艺术品质。依据《华阳社区群众团队管理扶持办法》及《华阳社区群众团队考核标准》，扶持团队自治建设，形成自我管理、自我运作模式。

三、结合社会管理工作，创新多元化终身教育模式

深化社区“大教育”理念，建立机关教育、企业教育及家庭教育“三位一体”教育网络，全面整合资源、健全领导机制、拓展教育项目、扩大服务人群，推动社区教育发展。每年参与社区各类文教活动的市民达50余万人次。

（一）以学习型机关为抓手，注重理论实践互动性

1. 针对领导干部，完善中心组学习制度。围绕“加快转变经济发展方式、提升城区综合功能”发展主线，把党委中心组学习与创建学习型领导班子和学习型党组织紧密结合，加强领导班子思想政治建设和能力建设。每月集中开展一次专项学习，每年联组学习不少于两次。

2. 针对青年干部，实施“晨之星”项目。以“晨之星”为主题，连续三

年开展青年干部培训班，从理论学习、素质训练和个人展示三个方面进行提升。包括：一次主题演讲，一次情景模拟，一次团队素质拓展、一次主题活动、一次互动交流，一篇心得感悟及若干辅导报告等，使青年干部在理论认知与政治素养上有所提高，对社区工作有更加全面深刻的认识。此外，在街道周一晨会上，每月两次由青年机关干部结合工作谈体会、分享工作经验。街道还成立了“凝聚青年读书会”，组织听报告、读好书、写体会、重实践，加快青年干部成长步伐。

3. 针对全体干部，开展自学与集中学。以干部在线学习为平台，组织机关干部进行网上视频学习和在线测试，学习率和合格率均达到100%。街道组织机关干部开展“六五”普法系列讲座，廉政文化作品创作，学习《中共上海市委九届十六次全会精神学习读本》《公务员学法用法读本》《社会主义核心价值体系实施纲要学习读本》等书籍，并组织了考试，让机关干部在学习中加强理论素养，提升工作能力。

（二）以学习型单位为抓手，注重共建共享双赢性

1.“六个便利”深入化。依托“学习便利咨询日”活动、“学习培训便利e学卡”的发放、“e学社网下体验中心”培训项目的开设，为企业职工提供多形式、多方位的学习培训服务。加强社区教育资源向楼宇、园区、企业拓展，满足企业需求、提升职工素养。2014年在多媒体产业园、德必易园创新设立楼宇课堂，依托社区学院专业师资，开设摄影班等，丰富白领学习生活。

2. 社校互动常态化。通过设立华阳社区教育贡献奖，创新项目化运作模式，进一步促进学校与社区互动，整合社区教育资源，完善学校、家庭、社区三位一体工作格局，共创学习型社区。社区内8所中小学校、幼儿园积极响应，认真申报以学生社会实践模式探索、经典文化传承、早教志愿者服务、智障学生动手能力研究等内容的课题，为华阳社区教育工作提供了多方面的理论基础和实践依据，至今已连续举办四期。

3. 公共文化试点工作社会化。成立中山公园地区文化服务联盟，充分利用联盟资源，拓展文化学习阵地，提供学习场地、课程培训、文化展示等服务项目。不断扩大联盟影响力，招贤纳才，如成立华阳收藏艺术协会、华阳插花艺术协会、“芝麻开门”华阳社区家庭阅读俱乐部等文化学习活动载体，定期开展活动。与区文化局合作，开展白领“音乐午茶”项目，将优质教育资源的触角延伸到楼宇园区。在多媒体广场、玫瑰坊、华宁国际广场及龙之梦等商区打造开放式文化舞台，邀请专业音乐艺术家，为白领职工讲授声乐、乐器等方面的知识。注重与政治理论、学术研究单位的联系。作为浦东干部学院教学点、领导干部研究性教学基地以及上海交通大学、复旦大学等基层联系点，在充分展现社区教育资源优势的同时，与专家、学者探索社区建设、党建引领、城市管理等方面的问题。

4. 专业教育培训普及化。加强社区单位职工安全教育培训，定期开展安全演讲、安全知识竞赛、反事故演习等宣传活动，提高单位职工安全生产意识，营造“关注安全、关注生命”的社会氛围。同时组织物业、餐饮等单位开展劳动竞赛、技能比武，形成比、学、赶、超的学习氛围。针对外来务工人员发放《外来务工人员需求征询表》，为企业外来务工人员健身和办理借阅图书等提供方便，还在外来务工人员比较集中的玫瑰坊开展“玫瑰天使”岗位服务能手的评比活动。

（三）以家庭教育为抓手，延伸教育资源、发动群众广泛参与

1. 发挥社区社会组织枢纽功能。运用社区各种阵地，各类组织，动员社区15个党员志愿者工作室、67个社会团体、256个群众团队参与社区群众性教育工作创建活动。通过社区家庭文明建设指导中心、社区妇女学校、文化团队、向阳花益智乐园早教基地等活动载体，组织“百万家庭网上行”及“低碳生活”社区宣讲，开设“学习型家庭教育大课堂”等活动。

2. 打造华阳社区学生实践指导站。作为未成年人成长乐园，精心设计五彩板块的实践内容，打造智慧成长营、小小文化园、七彩阳光坊、少年行剧场、数码漫游馆等活动项目，借助学校、家庭、社区“三位一体”工作模式，不断扩大工作覆盖面和社区未成年人的受益面，注重未成年人的道德养成、品德养成、素质提升，努力构建社区未成年人成长的社会实践大课堂。

3. 深化社区公共道德建设教育实践活动。打造“台–会–堂”制度（即道德评议台、道德评议委员会、道德讲堂），对身边好人好事进行发掘、评议、宣传，加强社区居民群众的社会公德、职业道德、家庭美德和个人品德等“四德”建设。评选社区道德模范，组建道德宣讲员队伍，通过道德模范讲述亲身经历，专家讲解文明礼仪、社会道德、行为品德等方面的知识及规范，将理论和实践相结合，立体诠释道德内涵，提升社区居民道德素质。

四、结合智慧社区建设，开展数字化学习、信息化管理

注重发挥“数字长宁”的先发效应，利用长宁打造“学在数字长宁”体系优势，整合数字化学习资源。2012年更是以智慧社区建设试点项目为契机，积极推进学习型社区智能化。

（一）建立“学在凝聚华阳”网上学习平台

结合“区街一体化”建设，打造具有社区特色的网上学习平台，积极动员社区居民参加“建智慧城市、做智慧市民”专项培训、红色文化进社区培训、中华经典诵读等主题活动，万余人次参与。向社区居民、单位职工发放市民学习卡近5000张，动员鼓励大家在网络开展学习，学习者可在网上自由选择自己喜爱的课程，通过学习和自测提升自身的综合素养。

（二）加强数字化学习阵地建设

为文化中心数字影院等多个活动室配备高清投影机、炫视通和沪杳科技图书馆终端机,让社区居民能在文化中心免费享受到数字化学习带给他们的快乐。创新打造“美丽华阳·智慧生活”体验应用中心，设立智慧学习、智慧医疗、智慧家居、智慧运动等应用区域，供市民应用体验高新科技带来的智慧生活。

（三）拓展智慧教育渠道

以智慧社区建设为契机，促进社区各方资源共享、信息互通、工作联动、服务下沉，并通过“智慧网站”“智慧信息”等多元推送渠道，扩大社区教育影响力及覆盖面，提升广大群众参与率。

（四）打造“六个便利学习店”

街道通过学习指导员将学习卡发给社区企业白领党员，指导他们学习。至今已有559人注册上网，学习时间达6336小时。

五、结合全国文明城区创评工作，打造社区教育品牌

在建设社会主义核心价值体系的基础上，构建华阳社区文化教育服务体系，既注重学习服务的全覆盖、均等化，又注重学习服务的普惠性、差异性。

（一）在社区广泛开展“三乐”服务

1. 开展乐智成长行动，关爱未成年人。与社会组织飞尔教育、少年行，社会专业文化机构少年报社“芝麻开门阅读俱乐部”、上海市舞蹈协会等合作，开设亲子教育、趣味阅读、少儿拉丁舞、少儿跆拳道等专业课程，为社区未成年人健康成长、思想道德教育搭建平台。此外，已建成的科普智趣园、科普体

验中心、科普智慧墙为青少年科普教育、素质成才提供了场所。

2. 开展乐行有为行动，关注社区白领。全面整合社区文化教育服务资源，为社区白领职工提供诚信教育、志愿者服务、心理咨询、国防教育、子女看管等活动和服务内容，并且还联合开展了办公室绿化种植、白领颈椎养生系列课程、元宵情人节专场活动、“凝聚之夜”社区单位文艺展示等项目，增强他们的社区归属感和社会责任感，将爱国、敬业、诚信、友善的社会主义核心价值观内容渗透到白领生活的方方面面。

3. 开展乐龄百韵行动，关心中老年人。根据社区中老年人的文化学习需求，建设“三送”服务模式，即送图书、送影片、送演出。结合社区终身教育建设，在敬老院开设“乐学颐养——老宝贝课堂”，开设编织、面塑、剪纸等课程，定期开展健康养生讲座、乐学交流活动等，为老人营造老有所学、老有所为、老有所乐的社区氛围。

（二）打造“乐学华阳”品牌活动

将“四季四节”学习主线贯穿全年，开展群众喜闻乐见的学习活动。一季度以“我淘宝·我快乐”为主题开展收藏艺术、淘宝节系列活动；二季度以“生活奔小康·身心要健康”为主题开展华阳社区体育健身团队展示及居民区趣味运动会等健康节系列活动；三季度以“悦读书·乐智慧”为主题开展“书香华阳，悦读无限”华阳社区读书节等系列活动；四季度开展以“欢乐在华阳”为主题的文化艺术节系列活动，结合上海市民文化艺术节、长宁区虹桥文化之秋艺术节等活动，举办主题展演，组织“百团大赛”、原创作品创作等活动，圆群众“民星”梦。

创建学习型社区是一项系统工程，也是一项长期任务。华阳街道以更高的标准、更严的要求，积极建设学习型、服务型、创新型基层党组织，努力营造社区、单位、学校、家庭终身学习的良好氛围，不断深化拓展凝聚力工程，推动华阳社区的科学发展、和谐发展。

撰稿：上海市长宁区华阳路街道办事处

创建学习型街镇，建设大宁安居乐业幸福家园

——上海市闸北区大宁路街道案例

大宁路街道位于上海市闸北区中部，面积6.2平方千米，下设18个居民委员会，户籍人口5.5万。街道成立于1985年2月，1999年建成上海市文明社区，时任市长徐匡迪欣然题字“安居乐业在大宁”，2000年，作为“上海市学习型社区实验基地”开始了学习型社区的创建工作。先后被评为“上海市社区教育示范街道（乡镇）”“上海市学习型社区”“上海市学习型社会建设与终身教育工作先进集体”“全国学习型家庭创建示范社区”“全国社区教育示范街道”。2013年被评为“全国学习型社区示范街镇”。

一、持续推进，学习之风在大宁愈吹愈浓

大宁路街道学习型组织创建过程，大体经历三个发展阶段。

第一阶段：20世纪80年代中期至2000年，为学习型组织创建活动的探索初创阶段。大宁路街道学习型组织创建起步较早，可追溯至20世纪80年代中后期，大宁路街道挂牌建立10个学生校外教育基地，探索解决学校德育社会化的新课题。20世纪90年代社区承载的社会功能越来越多，社区教育拓展视野，采取与中小学联合办学模式，探索“借校办学”，开展社区教育服务。

第二阶段：2000年至2010年，为学习型组织创建活动的全面推进阶段。2000年作为“上海市学习型社区实验基地”，创建学习型社区工作开始起步。大宁路街道认真贯彻《中共上海市委、上海市人民政府关于推进学习型社会建设的指导意见》精神，积极推进学习型社区的创建工作，2008年3月被确定为“上海市创建学习型社区试点街道”，2009年被评为“上海市推进学习型社会建设先进单位”，2010年被评为“上海市学习型社区”。

第三阶段：2010年至今，为学习型组织创建活动的深化提高阶段。2010年大宁路街道与时俱进，立足大宁，面向全国，开拓创新，深化提升。努力营造人人皆学、时时能学、处处可学的浓厚氛围，使大宁劲吹“学习之风”，2013

年被评为“全国学习型社区示范街镇”。

二、强化保障，努力形成各方参与的创建合力

加强领导，完善机制，健全组织，形成合力，为学习型街道创建提供有力保障。

（一）组织健全，领导有合力

大宁路街道把学习型街道创建工作列入重要议事日程，成立以党政主要领导挂帅，分管领导具体负责，宣传、文教等有关方面负责人参加的推进学习型街道建设工作领导小组。街道建立社区市民学习中心，居委会成立服务指导站，形成党政统一领导、部门分工负责、社会积极参与的创建工作格局。

（二）规划引领，机制有活力

2004年大宁路街道制订《大宁路街道创建学习型社区三年规划》（2004—2006年）。2006年落实市委、市政府《关于推进学习型社会建设的指导意见》精神，对规划修订完善，并制订年度计划，明确任务，引领创建活动。探索形成五项工作机制：包括党政统一领导，部门分工负责，社会积极参与工作机制；以社区学校为主体，辖区教育资源为社区开放的教育资源整合机制；创建活动目标考核和激励机制；楼组、团队培育提升和评估激励机制；预算拨款为主多方筹措资金保障机制等，增强创建学习型社区的活力。

（三）人才汇集，队伍有能力

由社区教师负责人担任社区学校专职副校长，配备2名社区教师专职教学和管理工作。注重把有教学特长、乐于奉献的教授专家和文化人才吸纳到教师队伍中，街道现有专职教师6人，兼职教师35人。建立社区教育志愿者工作室，志愿者达180余人。通过推进社区教育课题实验项目，开展各类培训，提高志愿者服务能力，发挥社区教育应有作用。

（四）经费到位，保障有实力

2002年街道投资200多万元，建成400平方米的社区学校，2010年建成大宁社区文化活动中心。2013年，市、区有关部门与街道共同出资200万元更新修建社区学校，添置电脑、交换机、电动投影仪、数码钢琴等专用设备，提升社区学校功能。把学习型创建活动经费列入年度预算并逐年增加，同时通过政

府购买服务、争取社区单位资助等形式多渠道筹措经费。2011年以来，投入创建经费每年人均21元，确保创建活动顺利开展。

（五）认识统一，理论有动力

党的十六大提出“形成全民学习、终身学习的学习型社会，促进人的全面发展”。党的十七大强调“发展远程教育和继续教育，建设全民学习、终身学习的学习型社会”。党的十八大再次强调“完善终身教育体系，建设学习型社会”。大宁路街道把建设学习型社会作为全面建设小康社会的文化特征和重要目标，坚持政府主导与社会各方参与相结合，促进学习社会化、社会学习化；努力实现“人人皆学、时时能学、处处可学”的目标，使“学习提升素质、学习促进和谐”成为广大群众的创建理念，进而转变为自觉行动。

三、夯实基础，扎实推进创建活动深入开展

加强学习型组织和学习团队建设，加强终身教育与学习网络建设，营造终身学习文化氛围，扎实推进创建活动深入开展。

（一）加强学习型组织与学习团队的建设

一是示范引领，积极创建学习型机关。制订学习型机关创建计划，坚持党工委中心组学习、机关支部学习等制度。坚持请进来，走出去，拓宽学习渠道，提高学习层次。倡导“工作学习化，学习工作化”理念，开展社区管理与创新发展的工作调研，定期交流展示，开拓思路、提升能力，促进社区发展。

二是互动融合，大力创建学习型企（事）业单位。依托大宁社区创建学习型组织联席会议制度，通过定期开展研讨和交流等形式，激活成员单位自身学习型组织的创建，促进社区各单位互动学习，融合发展。社区单位积极参与“创建学习型组织，争做知识型职工”活动，形成各显所长、个性鲜明、各有特色的创建态势。

三是加强指导，大力培育学习团队。大宁路街道注重学习团队的培育，使社区教育受众群体迅速扩展。老年协会自2005年成立以来，指导覆盖全社区的18个夕阳红学习小组和影评社、书画社等10多个老年群众团队，通过丰富多彩的活动吸引老年居民参与创建活动，每年组织时事讲座、读书沙龙、健康咨询等各类学习活动近百场次，受众近万人次。“百姓TV”摄制组，自2009年7月迎世博期间成立以来，自编自导自演，至今拍摄10多部短片，涉及文明创建、社会治理等，把“大道理”转换成朴实的“百姓语言”，群众爱看爱听，

入眼入耳入心。粤秀“常青树读书小组”10年来坚持定期开展学习活动，2011年被评为“上海市老年人学习团队”。

四是开展创建学习型楼组及家庭活动。以创建学习型楼组为支点，向家庭渗透、向社区延伸。开展学习型家庭之星、学习型楼组之星评选活动，激发社区居民参与创建的热情，涌现出了诸秀娟、何国强等一批学习型家庭之星，《延峰社区报》、“小小音乐会”等成为居民自我教育的学习交流平台，充分调动了居民学习的积极性，学习型家庭创建参与率达80%以上。

（二）积极推进终身教育与学习网络的建设

坚持建设与整合相结合，构建完善的终身教育与学习网络，提供满足群众多样化需求的学习课堂。

一是社区教育设施“多方位”布局。建设覆盖各层次人群、辐射全社区的文化活动“15分钟服务圈”：以“海上文化中心”即大宁社区文化活动中心（与区文化中心一体）为主体，构建东（社区生活服务中心）、南（社区文化分中心）、西（社区学校）、北（社区文化活动中心）辐射全社区的文化活动服务圈，总面积6500平方米。

二是社区教育网络“多形式”构建。坚持以社区学校为主体，设立5个分校和13个教学点，覆盖每个居委会。社区学校及分校、教学点均保持90%以上利用率。社区文化中心、党员活动中心等纳入到社区教育平台，完善社区图书馆功能，积极为居民群众提供服务。推进数字化终身学习平台建设，设立街道网上学校，居民区设立网络分点，引导居民利用“上海职成教育在线”“上海老年人学习网”等网站学习。2012年启动大宁社区“楼组网上行”，社区教育有了新载体，吸引了更多青年人参与。

三是社区教育资源“多渠道”汇聚。采取多种举措，整合区域优质文化教育资源，向社区居民开放，形成社区教育“大课堂”。建立社区单位学习教育资源库，编印《市民学习指南》，与社区有关单位签订开放协议，出资购买社会公众责任保险，调动开放教育资源的积极性。学校成为居民强智健体的场所，部队成为国防教育的课堂，马戏城、大宁剧院成为居民陶冶情操的去处，整个社区俨然一所“没有围墙的学校”，真正做到“时时能学、处处可学、人人皆学”。

（三）大力营造终身学习文化氛围

一是注重宣传，动员广大群众积极参与。通过宣传栏、电子宣传屏、《大宁社区晨报》等广泛宣传，促进市民树立终身学习理念，真正把学习作为一种生活方式，自觉加入到学习队伍之中。

二是以人为本，开展“全方位”培训教育。根据不同人群的基本需求开展教育。早期教育有亮点，与小龙鱼育华幼儿园成立“小龙鱼早教基地”，探索0~3岁散居婴儿家庭指导模式。校外教育有成果，暑假、寒假期间，开展各类主题活动，使学生在校外活动中提高素质。外来人员教育有举措，加强对外来人员法制、健康卫生、安全防范、劳动技能方面的教育，帮助他们真正融入城市生活。老年教育有特色，开办适合老年人需求的各类学习培训，吸收更多老年人参与活动。对残障人员进行健康生活辅导教育和职业技能培训，“阳光之家”满足智障人学习要求。

三是着眼需求，开展“多层次”学习活动。在课程设置上既开设符合大多数居民需求的教学班，又注意开设特殊需要的课程；既有在职人员继续教育，也有再就业培训；既开设医疗保健等常规班，又开设瑜伽等特色课程。大力开展群众喜闻乐见的书画、唱歌、摄影等学习沙龙，举办社区学习节、科普活动周、文化月月演、全民健身节等活动，把教育寓于活动中，吸引广大市民积极参与。

四、创新发展，提升创建活动特色品牌水平

（一）学习型楼组创建活动深得人心

大宁路街道星级文明楼组创建活动发端于20世纪80年代，历经近30年，创建活动深深扎根，一批特色楼组应运而生。上工新村“科普楼”坚持用图文并茂的“科普园地”普及和倡导科学，荣获全国“文明楼栋”美誉。近年来，坚持“三个创新”，不断提升创建水平。

一是载体创新求发展。2006年创办的楼组文化节，至今已举办9届，以社区大文化的理念，集社区科教文体于一身，丰富多彩的汇演活动、浓郁浑厚的文化韵味、多年接续的传递延伸，形成一张亮丽的文化名片，每届参与居民近万人次。开展“清风楼组”创建活动，倡导“以廉为荣、以廉为乐、以廉为美”社会风尚。2012年启动大宁社区“楼组网上行”，吸引更多中青年参与楼组创建活动，有效扩大群众参与面。

二是机制创新激活力。2006年成立的街道楼组协会，是探索楼组自主管理、柔性管理、自我发展的新模式。依托星级楼组评估等机制，搭建鼓励和支持楼组自主管理、自我发展的平台，促进学习型楼组创建活动向纵深发展。

三是内涵创新促和谐。坚持以构建和谐邻里关系为内涵，形成“自律行为、自护家园、自助服务、自娱活动、自主管理”的“五自”理念，使楼组建设始终保持旺盛的活力。适应新形势新特点，促进楼组创建活动新发展，“五同”

理念（同学知识、同树新风、同筑平安、同创美境、同建和谐）凝聚人心，“四事”功能（商量大事、关注难事、调解琐事、办好实事）自治家园。新梅“六号楼现象”是适应时代发展，学习新知识，弘扬正能量的突出典型。新梅小区6号楼在党小组长赵宝珠带动下，楼组成为“文化绿洲”，楼组的事情由楼组自己解决，化解邻里矛盾，重铸邻里团结，彰显社区文化的威力所在。

（二）社会组织及团队创建活动富有特色

街道重视对社会组织及团队的培育、指导与服务，千方百计地拓课堂、搭舞台、筑阵地，为他们提供提升自我、服务群众的空间。

一是强化党建引领。把社会组织和群众团队纳入社区党建平台，在老年协会等社会组织建立党支部，由居民区党组织对群众团队进行指导，发挥党员的引领作用，从组织上保证团队健康发展。

二是加强教育培训。采取选派培训（选拔团队骨干参加市、区组织的培训）、配送培训（统筹配送师资及场地，开展培训服务）、借力培训（聘请“能人”为团队的兼职教员）、接力培训（团队骨干到小区指导培训）。通过系列培训活动，提升团队水平，培育品牌团队。

三是注重财力扶持。街道以“政府购买服务”为切入点，把文化月月演、全民健身节等文体活动，通过项目制、竞标制等形式委托群众团队承办，并给予一定经费支持。组织团队申报市、区级课题与项目，争取更多扶持资金。

四是创新管理服务。2005年年底成立“大宁社区民间组织服务中心”，将160多个社会组织和团队纳入“中心”管理服务，“中心”以创建学习型团队为引领，通过备案登记、学习培训、问题预警、团队评估等制度，促其规范健康发展。社会组织和团队活跃在创建大舞台，成为宣传、教育、培训的重要力量，是学习型创建活动的重要载体。近几年，有20多个团队在市、区各项比赛活动中获奖40余项，宁馨合唱团在上海市“阳光大地”合唱比赛中荣获优秀奖。

（三）促进“五区文化”融合发展

区域内文化资源丰富，有大宁国际小学、第十人民医院、上海马戏城、大宁国际商业广场、市北高新技术服务业园区以及部队。丰富多样的文化资源是大宁社区文化繁荣发展的重要基础。2002年建立大宁社区创建学习型组织联席会议制度，区域内学校、医院、企业、部队等单位参与。12年来，坚持“学习、交流、分享、发展”的宗旨，通过专题学习交流研讨活动，成为学习型组织创建的“圆桌平台”。通过学习交流等活动，一方面激活成员单位自身学习型组织的创建，注重把“创争”活动与企业文化建设、群众性精神文明创建等活动相结合，体现“创争”活动的特色和活力，促进职工全面发展，提高了企事业单位核心竞争力。另一方面五区共融互补，构建学习型组织创建的互动机制，构成创建“共同体”。如沪北供电所与居委会结对传授用电知识，赛克斯公司为160多居民免费提供“微软公益培训”,社区志愿者为学校开设“申音苗苗队”兴趣拓展班课程，将“教上海说唱，唤回上海味道”送到实验小学等学校，深受师生欢迎。将社区文化与商区、园业、营区、校区的文化互动融合，丰富和提升社区文化活动的内涵与层次，促进五区文化融合发展。

五、营造氛围，注重实效，促进大宁安居乐业

营造学习氛围，注重创建实效，促进社区建设和管理创新，提升社区建设和发展水平。

（一）开展社区教育实验项目富有成果

主动承担社区教育实验项目，围绕社区教育发展的重点、难点、热点问题开展探索和研究，取得成效。2007年，上海市推进学习型社会建设指导委员会在大宁召开社区教育实验项目推进现场会，充分肯定“培育民间组织，推进社区教育”做法，该项目被评为市“社区教育优秀推荐实验项目”，近年来，围绕社会组织参与社区教育持续开展实验，形成《大宁社区社会组织参与社区教育的运行机制》等成果。街道再次申报“社会组织参与社区教育再实验项目”，被上海市列入重点项目。

（二）形成全民学习、终身学习的良好风气

优良的学习环境、喜闻乐见的创建活动，吸引越来越多群众积极参与，形成了人人学习的浓厚氛围。创建活动的经验和做法，多次在市、区有关会议上发言介绍或转发，中央、市等新闻媒体予以报道。编印《学习之风吹拂大宁》《学习的大宁、思考的组织》《学习的大宁、和谐的社区》等文集，总结展示创建经验和成果。

（三）不断促进社区“安居乐业”

生动活泼、积极向上的学习型社区创建活动，营造了健康和谐、凝心聚力的社区文化环境，提升了市民文明素质，增强了参与社区建设的积极性。大家用智慧和力量建设大宁幸福家园，为“安居乐业”赋予时代内涵。大宁社区心理咨询服务站，坚持每周为居民提供心理疏导公益服务，对信访人员等特殊人

群进行心理疏导,促进纠纷化解。大宁路街道连续被评为“上海市文明社区”“上海市平安社区”“上海市市容管理综合示范街道”等，2011年6月大宁路街道党工委获得“上海市先进基层党组织”称号。

撰稿：桑益均　上海市闸北区大宁路街道办事处

倡导终身学习理念，完善社区教育体系

——杭州市上城区紫阳街道案例

紫阳街道位于杭州市上城区中南部，因地处紫阳山麓而得名，东临钱塘江，南连万松岭、飞云江路，西连紫阳山，北靠望江路。辖区面积3.5平方千米，常住户数4.2万户，总人口8.9万多人。下辖上羊市街、彩霞岭、凤凰、北落马营、十五奎巷、候潮门、新工、太庙、木场巷、春江10个社区。紫阳街道地处得天独厚的“皇城根儿”，历史悠久、人文传统深厚，为学习型街道创建工作奠定了坚实的基础。

2007年8月，紫阳街道党工委、办事处联合发文，全面启动学习型街道创建工作，要求以“学习兴街、教育利民”为目标，以学习型党组织、学习型机关创建为引领，带动学习型社区、学习型楼道、学习型家庭、学习型企业创建工作的全面推进。根据创建工作总体规划，分为宣传发动、试点先行、整体实施、提炼总结、整顿提高、持续发展六个阶段。经过数年的努力，紫阳街道学习型街道创建工作取得了一定实效，辖区逐步形成了人人参与、资源共享、昂扬向上的良好学习氛围，有效提升了社区居民的文化素养和精神风貌，提高了社区百姓对社区建设的参与热情，促进了社会和谐健康发展。街道先后获得“全国社区教育示范街道”“全国创建学习型家庭示范社区”“全国和谐邻里建设示范单位”“杭州市文明街道”“杭州市社区教育先进集体”“杭州市和谐社区示范街道”“杭州市关心下一代工作先进集体”“东海文化明珠”等几十项荣誉。

一、强抓实干，为学习型街道建设提供坚强保障

（一）加强领导，健全组织

紫阳街道领导高度重视该项工作的开展，把学习型街道创建工作摆到突出位置，纳入街道重要议程。专门成立了学习型街道创建工作领导小组，由街道党工委书记、办事处主任担任小组长，由党工委副书记、办事处副主任任副组长，小组成员包括各科室长及社区书记主任。领导小组下设宣传组和综合组，宣传

组负责创建宣传工作，综合组负责创建协调工作。严格做到岗位明确、职责清晰，为深入开展学习型街道创建工作提供了强大的组织保障。创建工作领导小组每年召开两次专题会议，研究部署创建工作。

（二）健全制度，完善机制

根据街道实际研究制定了《关于全面推进学习型街道建设的实施意见》（以下简称《意见》），按照分类指导、分层推进的原则，进一步明确了学习型党组织、学习型机关、学习型居委会、学习型楼道、学习型家庭、学习型企业、学习型窗口（班组）的创建要求和任务，为创建工作指明了方向、明确了思路。为推动该项工作可持续开展，《意见》明确必须建立和健全与之相适应的运行机制。一是目标责任机制，要求参加学习型组织创建的单位签订目标责任书，领导班子对创建工作负总责，年终将创建工作成绩作为单位及领导班子评价指标，形成责任明确、职责清晰的齐抓共管机制；二是经费保障机制，要求创建单位设置专项经费用于学习型组织创建工作，并鼓励辖区各创建单位通过多方筹措、共建共助等方式，为创建工作提供物质保障；三是评估验收机制，对于创建工作成效，每年两次组织评估小组进行评估验收，确保创建工作按照计划和方案实施；四是公开评选机制，每年将在街道范围内，通过公开评选，产生年度学习型组织和学习型个人之星；五是激励考核机制，对于公开评选出的优秀组织和个人，街道将给予一定的物质和精神奖励，学习之星所在单位还将在年终文明单位评选中给予优先推荐机会。

（三）加大投入，整合资源

紫阳街道将社区教育经费列入年度预算，随经济的增长而增长，采取“财政拨一点，单位出一点，社会集一点，个人交一点”的办法，多渠道筹措社区教育经费，目前人均教育经费大大超过了每年人均1元的标准，达到人均12元左右。每年对于重点社区教育活动，街道还突破经费限制，给予大力支持。同时，街道及社区本着“不求所有，但求所用”的原则，充分发挥社区党组织的核心作用，把辖区的人才资源和场地资源整合起来，实现“资源共享、活动联办、学习共建”，积极探索并建立一套以社区为主导、联系部门指导、共建单位支持、居民积极参与的长效管理运行机制，满足居民的文化教育需求，达到“花小钱办大事”的目标。

（四）提升师资，壮大队伍

按照管理队伍专业化、教师队伍稳定化和志愿者队伍扩大化的思路，积极引进管理经验和拥有相关专业知识的人员加入管理者队伍，选拔、聘请了一批乐于奉献、热衷于社区教育的在职在岗机关、中小学、企业的中青年骨干加入教师队伍，并聘请专家到社区兼职，为社区居民开展各类教学活动，满足精神文化需求。在辖区各共建单位、各高校、社区居民范围内广泛征集志愿者，现拥有一批从教学岗位上退休、正在从事专业教学工作或有教育学、心理学相关知识的志愿者1826人，街道每年组织志愿者队伍进行业务培训和交流。

二、强化基础，确保学习型街道创建扎实推进

（一）广泛宣传，全面发动

为了提高广大党员干部、居民群众对创建工作的思想认识，提高群众的参与积极性，街道通过悬挂横幅、书写标语、宣读方案、文化长廊等宣传形式大力宣传学习型街道建设活动总体要求、实现步骤和所要达到的目标，并通过学习型组织创建进机关、进小区、进企业、进家庭、进学校系列活动，充分调动大家的参与热情，争取社会的广泛支持，在辖区范围内形成浓厚的创建氛围。并将“紫阳先锋”打造为学习型街道创建的重要宣传阵地，提炼创建成果，宣传创建典型。创建工作启动以来，街道主动为创建工作搭建平台，先后组织专家学者召开学习型社会社区研讨会以及专家论坛，进一步统一思想、凝聚共识。按照试点先行、典型带动的创建工作思路，通过自荐、推荐等形式选取基础条件较好的党组织、社区、社会组织、企事业单位、楼道、家庭、窗口（班组）、个人率先探索创建经验，然后在辖区内全面实施。同时，通过组织推荐，自下而上的评选，挖掘出一批受到群众认可的可敬、可亲、可学的不同文化背景的终身学习先进典型，作为街道终身学习形象大使，激发居民群众参与创建的热情。

（二）完善网络，智能推进

紫阳街道共建有10个市民学校，实现居民教育点的全覆盖，方便居民在家门口获得教育服务。以彩霞岭社区的科教中心为依托，全力打造集教育、培训、娱乐为一体的综合性科普培训教育场所，整合辖区内学校、公园、健身设施等各类教育资源向社区居民免费开放，为社区居民提供广泛的学习空间和资源，形成街道、社区、社会等多元参与、较为健全的社区教育网络体系。同时，积极推进信息化建设，每个社区均有电子阅览室，开展网上教育活动，联合辖区学校、单位，建立29个远程教育点，各教学点配备电脑、投影仪等远程教育设备，

开通网络，为社区居民远程教育提供条件。充分利用电子政务系统、社区E家人事务管理系统开展社区教育管理，开拓网络平台统计、发布信息，交流展示社区教育成果。依托街道门户网站、微信公共服务平台、社区网站，方便居民实时接收教育信息。

（三）加强指导，共促共建

积极从社区教育学院选派教育骨干，作为学习型组织指导员驻企业、驻社区，由指导员和创建单位建立一对一结对关系，负责指导具体创建工作。探索学习型组织联建共建机制，鼓励各单位之间通过强强联合、以强带弱等形式，打造“学习联盟”，形成资源共享、优势互补的创建模式。“三社一校”合作项目就是学习联盟的典型。近年来，街道与杭州树人大学合作，召开“多元参与”社区发展论坛，并推出“社区桥”、外来青少年适应力提升、邻里服务中心等项目，通过项目带动学习，有效提升了社工们的专业素养以及实践操作能力。

三、突出特色，满足群众多元文化教育需求

（一）因材施教，丰富活动

根据居民群众的不同需求，为不同群体量身打造个性化的学习套餐，完善吸引居民参加学习的活动载体。如针对辖区婴幼儿早教，启动了“宝宝早教工程”，开展了“快乐宝宝秀活动”“0~3岁宝宝运动会”“奶爸向前冲”等亲子活动，为未入托的散居儿童开展亲子教育，同时，定期组织婴幼儿家长进行科学育儿教育培训，实现了婴幼儿早教向0~3周岁段延伸。针对辖区青少年校外教育，启动了“小市民新知识工程”，利用双休日、寒暑假对青少年实行课堂以外的教育，提高其动手能力、注重其心理健康。针对失业人员，开展“创业培训讲座”，依托“网上就业创业学院”“紫阳论剑”创业论坛等载体，鼓励、支持下岗失业人员自主创业，组织下岗失业人员参加免费技能培训，提高居民的就业率和创业能力。同时针对就业困难残障人员士开展心理咨询指导、文化职业技能等创业培训。针对辖区老年人，启动了“七彩”夕阳工程，定期开展“如何预防春季易发疾病”“如何防止中风”“老年人如何锻炼”等培训，使他们积累健身小知识，安享晚年。同时，还开展了“越剧会演”“社区武林门”“木兰拳牵你我”等培训，丰富老年人晚年生活。针对辖区残疾人、失业人员、困难人员等特殊群体，启动了“帮扶救助工程”，向辖区困难家庭子女送书券、学习用品等。针对失业人员，邀请劳动再就业培训中心专家为下岗居民讲授再就业政策知识

并现场解答各类再就业问题。依托残疾人“民间艺术中心”，邀请杭州王星记扇厂培训残疾人加工杭州地方特色的艺术扇，与厂家签订长期供货的帮助协议，帮助残疾人从根本上解决就业问题，解决生活困难。积极开展外来妇女教育，成立“候鸟妈妈俱乐部”，倡导“平等教育对接”的运作模式和“亲子两代人，活动不出门”的管理机制，让“候鸟妈妈”们在杭城有学习和交流的场地。发展了“温情的候鸟妈妈”QQ群和短信平台，邀请妈妈们加入社区教育QQ群畅聊和孩子的亲情故事。

（二）创新载体，拓展平台

推出“居家教育”项目，引入上城区“E学网”教育平台，开展“万户家庭网上学”活动，推行电子终身教育券制度，整合全国范围内的优秀学习资源，建立35类300余门网上常态课程，满足青少年、成年人、老年人等人群课外学习、职场充电、艺术修养和健康等各类学习需求，让居民在家即可完成资源下载和网上学习。同时积极发挥民间社团的作用，通过资金支持、师资扶持等方式鼓励辖区内有共同兴趣爱好的居民共同成立民间组织，以先进带动后进、专业带动业余，打造资源共享、互帮互助的学习圈，吸引居民主动学习、热情参与，涌现出彩嵌艺术沙龙、纸缺你——折纸艺术班、芬芳文艺队、新杭州人排舞队、彩霞天宫创意乐园等一批优秀的居民学习共同体，并获得上城区人民政府的表彰。精心打造“紫阳街道读书节”活动，专门在充满历史人文气息的紫阳书院组织旧书展卖活动，居民在每一个摊位前都可以现场免费借阅摊位上的书籍，为居民打造了一个读书、收藏书、交流心得的重要平台。打造“图书漂流站”，将社区图书馆以及居民手中的图书资源集中到数字化网络平台。只要在“漂流书站”的搜索栏内输入图书名称或作者名字，就可以看到该图书或该作者所著图书是否在各社区图书室，了解所在社区名字、借书联系电话以及该书的借阅情况，还可以查询到各社区图书室的藏书情况。这大大提高了各社区图书资源的利用率，调动起居民的阅读兴趣，通过以书交友，以书会友，营造快乐阅读、主动学习的氛围。

（三）突出个性，一社一品

创建过程中，各社区还根据自身特色推出科普生态社区、国际化社区、睦邻友好型社区，文化型社区等多类特色创建活动，努力创特色、亮品牌。以彩霞岭社区为例，围绕“科普生态社区”主题，以保安桥直街两侧绿化隔离带、科普小花园、社区科普活动室为阵地，开展“生态小区规划、资源循环利用、花卉种植赏析、科学健康生活”等“体验式”科普活动，提升居民的生态环保意识。春江社区围绕“国际化社区”建设，利用社区市民学校等载体，开设双语课程，聘请社区内外语专业大学生担任老师，社区中外籍居民均可报名上课。教授汉语、英语、韩语、日语等语言以及“外国人学杭州方言”等趣味课程，定期开展语言交流，增加课内外互动环节。在社区内开辟英汉学习角，每天早晚开放学习角，供中外籍居民自由交流。社区还成立英语学习小组，居民自发组织学习英语，近10名外籍人士得知此消息后，义务担任教师，每周六下午教授居民学习英语，主动融入到社区活动之中。以元宵节、端午节、清明节、中秋节、春节等中国传统节日为契机，先后举办了包饺子、吃粽子、做元宵、舞狮、猜灯谜、写春联、捏糖人、剪窗花等民俗活动，先后开展了“中外友人共度中秋良宵”“感受中国传统文化”“中外居民过大年”等主题活动，引导外籍居民融入中国，营造中西互融、和谐共处的良好氛围。开展“非遗文化”进社区活动，将武强年画、吹糖人、陶艺等非物质文化遗产引进社区。同时，在社区多功能活动室设立中国文化展示区，展示中国孔儒思想、中国的民俗、文房四宝、京剧等中国文化瑰宝，让外籍居民了解、感受中国文化之魅力。太庙社区依托“南宋皇城根儿”文化底蕴深厚的优势，传承“以邻为善、以邻为伴、以德为邻、出入相友、守望相助、贫病相扶、尊老爱幼”的邻里文化价值观，专门设立“邻里关爱驿站”工作室，通过太庙广场、坊巷、橱窗、宣传画廊、黑板报等有利阵地，以声像图文并茂的形式向社区居民进行睦邻文化宣传，并采集邻里真实的故事进行改编、彩排，由居民自导自演，以滑稽戏的形式推进睦邻文化建设，促进居民睦邻价值理念的重温与普及。

随着杭州市学习型城市创建工作的深入开展，紫阳街道各类学习活动广泛开展，学习型组织创建水平不断提高，全民学习、终身学习的理念深入人心、蔚然成风。

一是各类学习活动丰富多彩。以“读书节”“图书漂流站”“学习联盟”“学习共同体”为主载体，开展了丰富多彩的教育和学习活动，学习型街道创建活动有声有色，居民参与率大大提升。

二是学习型组织创建水平不断提高。通过试点先行、典型推动、全面铺开的工作思路，目前街道范围内的社区居委会、党组织参建率达到100%，参加学习型组织创建的学校和企业有20多家，学习型小区、学习型楼道和学习型家庭也正在全面推进。6年多来，紫阳街道在全面创建的基础上，评选出星级学习型组织16个，学习之星10名，创建水平得到显著提高。

三是终身学习理念不断巩固。街道和社区充分利用全民学习日、党团共建、党建联席会议、军民共建、精神文明建设理事会等载体，进一步营造学习氛围，调动广大居民参与创建学习型社区的积极性；同时通过组织开展丰富多彩的学习活动，学习型家庭、学习型楼道、学习型居委会、学习型社区共同愿景相继形成，推动和谐社区建设取得实效。

撰稿：杭州市上城区紫阳街道办事处

创建学习型马坡，促镇域科学发展

——北京市顺义区马坡镇案例

马坡镇位于首都北京的东北部，毗邻奥林匹克水上公园，地处顺义区新城核心区。镇域面积35平方千米，户籍人口2.2万。全镇21个村，其中14个村纳入顺义新城规划，是以“滨水、生态、国际、活力、宜居”为特色的重点新城。为加快推进城乡一体化，推进学习型马坡建设，加快农民向市民角色的转变，实现镇域内文明程度与顺义新城建设和谐共进、同步发展，马坡镇党委、政府与干部群众齐心协力、积极进取，共创美好家园、美丽社区。

一、坚持制度创新，带动学习型街镇建设

（一）深刻认识，形成创建合力

顺义新城发展规划赋予马坡镇特殊的功能定位。面对新的机遇与挑战，如何使广大群众适应城市化发展需要，转变思想观念和行为方式，促进劳动力优质就业、科技致富，成为马坡镇创建工作的重要课题。镇党委引导全镇开展大讨论，通过广泛地学习、研讨和交流，干部群众达成了共识：学习型街镇建设是一项长期的重要工作，是加快城市化进程的迫切需求，是推动区域经济社会跨越式发展的重要手段，是提高政府执政能力、提高全镇居民综合素质的必然途径。因此，马坡镇提出“以学习求发展、以学习求创新、以学习求和谐”的工作思路，通过深化认识，对城市化进程中的广大农民进行现代观念、法制观念和城市意识教育，普及市场经济、科学文化知识教育，提高文化道德素养，加强技能培训，使广大农民顺利进入二、三产业，加快推动农民向市民和城市人的转化。

（二）强化领导，创新管理体制

2001年，马坡镇成立了镇构建学习型社会领导小组，由镇党委书记任组长，镇长及相关副职任副组长，各有关部门负责人为成员。领导小组分工明确，目

标责任具体，每年召开3次以上专题研究会议，全力做好社区教育的规划、统筹、协调、指导和组织管理工作。镇领导小组下设办公室，由镇主管教育副镇长兼任办公室主任，教育助理任副主任，有成员4人，负责日常具体工作。各村和单位都成立由村主任等主要领导任组长的基层领导小组，制定相应的职责措施，做好任务分解，保证创建工作逐层落实。通过不断加强组织建设，形成了“镇党委政府—镇构建学习型社会领导小组—镇各部门、构建办公室及镇校—基层单位领导小组—基层构建办公室及村校”的组织管理体系。镇组织部、宣传部、工会、共青团、妇联、文化、教育、卫生、体育、司法、计生、民政、劳动以及成人学校等各个部门共同参与，齐抓共管，分工协作。“党政统筹、部门负责、分级管理、社会参与”的工作机制得到进一步加强。

（三）完善制度，形成长效机制

建立定期例会制度，每年召开全镇社区教育工作会议，总结部署社区教育工作；建立调研制度，领导小组成员经常深入到基层单位，了解社区教育情况，发现解决社区教育中存在的问题，为学习型社区创建提供决策依据；建立考核制度，将学习创建工作纳入全镇经济和社会发展总体规划，纳入镇和基层主要领导的任期目标责任，纳入对部门、村和单位科学发展工作考核的重要内容；建立表彰奖励制度，将学习型社区建设与年度评先紧密结合，定期对基层单位创建进行检查评估，表彰各类先进学习型组织。马坡镇学习奖励制度明确规定：机关干部参加各类学历和短期学习费用全部报销；本镇劳动力参加等级和非等级技能培训，费用全部由镇政府承担；新生劳动力接受学历加技能教育，镇政府负担三分之一费用，对取得学历证书及专业技术职称者奖励100~500元。

为转变居民思维模式，让学习成为全镇居民的一种习惯、一种自觉追求，马坡镇坚持“三进”“三入”制度。“三进”指进会议、进科室、进基层。“进会议”是将创建工作作为重要研究课题会上学习、研讨；“进科室”是把《第五项修炼》等学习型组织理论书籍摆放在科室工作人员案头，经常组织学习，提高干部的思想认识；“进基层”是按计划将学习型组织理论、典型经验宣讲到全镇各基层单位，营造全员学习的氛围。“三入”指入眼、入耳、入心。具体讲就是定期通过网站、电子显示屏、橱窗、文化墙等渠道宣传终身学习的理念，发放“学习型社会理论知识”系列丛书和“创建学习型马坡倡议书”，使创建工作“入眼”；定期组织学习型社会创建工作专题讲座活动，宣讲创建学习型示范社区工作的重要意义，使创建工作“入耳”；利用每年的世界读书日、全民终身学习周，组织不同类型的学习创建工作交流和深度会谈，让大家总结经验，反思问题，使创建工作“入心”。以制度规范学习，以制度促进学习，构筑学习型马坡的牢固基础，实现硬性要求与激励措施相互促进，使创建工作日常化、制度化、规范化、持续化。

（四）加大投入，整合教育资源

马坡镇结合实际，确定了“加大投入、整合资源、强化村校、直接服务”的思路，通过充实整合教育资源，成立马坡镇社区教育中心校。为方便马坡镇西部各村开展社区教育，又在马卷村设立镇社区教育分校，在此基础上，村村建有设施一流的村级社区学校（成人学校）。目前，各村共拥有校舍3000余平方米，各村教室既有容纳几十人的普通教室，也有能坐四五百人的大剧场。各村校的计算机教室、电子图书阅览室、电化教育室、数字影院、歌舞教室、文体健身房等专用场地设施一应俱全，为村民提供了便利的学习条件。

全镇开放中小学教育资源，充分利用中小学运动场、计算机房、教室等教育资源，面向市民开展社区教育活动及职业技能培训。5年来，利用学校教育资源开展教育培训72次，共培训村民2.2万人次。

为适应信息时代发展，加快信息化建设，马坡镇投入上千万元，整合农村信息资源，实施“多网合一”工程（电子政务网、远程教育网、计划生育专网、党风廉政专网、电子图书专网、有线广播、有线电视），铺装线路40千米，布网用户达4000余家。在各村建立网络教室，充分发挥市民网络学习平台优势，开展网络教育培训，增强文明素质和就业技能，使群众真正享受到“数字生活”。

为保障教学工作顺利开展，全镇建立了人才资源库，建立起一支专兼职相结合的成人教育管理和教师队伍。目前，镇成人教育中心学校有专职管理人员5人，负责镇成人教育和创建学习型乡镇的具体工作，全镇有专兼职和志愿者教师近百人。根据学习培训需求，利用首都高校资源优势，外请教师20余人。

经过多年不懈努力，全镇建立起以镇成人学校为龙头，村成人学校为基础，基础教育、成人教育、社区教育和幼儿教育相互衔接、相互融通、齐头并进的教育服务体系。教育基础设施建设、办学条件、活动经费和师资力量得到进一步改善和提高，在全镇范围内最大限度实现了资源共享，充分满足不同群体、不同层次人员的学习、培训、娱乐需要。

（五）强化培训，提升学习实效

1. 培训目的上求“实”。围绕新城建设，开展储备式培训。为适应顺义新城建设需要，推广“技能培训+职业指导+就业推荐”培训模式，800余人参加了插花、烹调、面点、月嫂、家政、收银员、计算机、创业指导等拓岗就业培训。围绕企业需求,开展订单式培训。深化“政府搭台,成校唱戏,企业受益”的“三位一体”就业培训模式，为镇域企业开办服装剪裁、物业、电工、叉车、汽车驾驶、水暖、管道、库管、绿化、保洁等提升型培训，700余人取得等级证书。围绕就业市场，开办农民学历加技能班。与顺义农广校一起，先后开办了物业管理、信息技术、农林经济管理等学历加技能班。通过学习，学员既能掌握一项以上劳动技能，又能获得大中专学历。

2. 培训内容上求“深”。围绕转变思想观念，举办农民文明素质大讲堂。利用学习周、宣传日、节假日，以走出农村拥抱城市为主题，举办就业观、法制观、家庭理财、环境保护、科学育子、和睦家庭、社会公德、法律法规等方面的培训活动，做到农民与素质同“上楼”。深化“一村一品”工程，培育区域品牌文化。深入推进文体特色品牌创建工作,各村文化品牌不断涌现,唱歌队、秧歌队、书画班等各类民间文化队伍已发展到30余支，用唱歌、舞蹈、绘画、书法、剪纸等艺术形式，讴歌文明新风，弘扬民族传统文化。部门联动，开展大型教育活动。坚持寓教于文、寓教于艺、寓教于乐，广泛开展丰富多彩的教育活动。例如：举办“二月新春”“五月鲜花”“十月金秋”“全民健身节”“读书征文演讲赛”“文艺汇演”“知识讲座”等活动，以各类活动为载体，引导村民追求文明、健康、科学的生活方式。

3. 培训方式上求“活”。开设马坡惠民网络学堂，在各村开办电脑网络培训班，充分利用顺义学习网资源，举办顺义学习网功能及使用培训会，提出每天半小时浏览时间、每天一次点击率、每周学习一门课程、每月一次小结的目标。马坡镇网络平台注册人数、点击率、视频平均学时均居全区乡镇前列。同时，马坡镇还创办“马坡手机报”“马坡网站”“马坡动态”等多种学习资源,开设“学习型社会”专栏，全方位提升村民综合素养。举办“学历+技能”班。开办石家营“学历+技能”信息技术中专培训班，招收学员100余人。大胆创新教学模式，做到：上课方式新——老师进村教学，晚上上课；考试模式新——学期阶段考试，采取“以赛促学、以赛代考”的学习效果展示方式，检验学习成效；毕业证书新——增设公文写作、计算机操作维修技能证等。开办马坡镇农民高等教育学历加技能班,为45名学员每人补贴学费3000元,课程设置本着“实际、实用、实效”的原则，以网络自学、远程授课为主，学员先取得计算机中级技能证书，再获取大学学历证书。

二、提升学习理念，规范学习行为，创建学习型组织

创建学习型组织主要从四个方面入手：创建学习型领导班子、创建学习型

机关、创建学习型新村和创建学习型家庭。

（一）创建学习型领导班子

建设学习型领导班子不仅仅是单纯地进行学习培训，提高个人或团体的素质，而是要用学习的理念去处理和解决工作中遇到的实际问题，坚持把学习理念贯穿于学习、工作和生活之中，使学习成为个人和班子发展的重要基石。具体做到“四有”和“三落实”。

“四有”即学有组织，学有计划，学有目标，学有条件。

“学有组织”：成立了镇党委书记任组长，镇长为副组长，党委成员为成员的镇学习型创建领导小组，各科室负责人为成员的学习创建工作小组，专门负责学习活动的组织工作，为创建学习型班子提供了强有力的组织保证。

“学有计划”：结合镇域内实际，制定了详细的学习计划，坚持做到“年有计划、月有安排、周有活动”，把科学性与操作性相结合，短期、中期、长期相结合，上级要求与本镇实际相结合，对学习任务、学习内容、时间安排、参加对象等提出明确的目标和要求。

“学有目标”：着眼于提高干部职工的素质和解决实际问题的能力，坚持学以致用的原则，镇党委书记率先垂范，定期组织镇中心组成员学习构建学习型社会的有关理论、党的十八大、十八届三中全会、社会主义核心价值观等文件精神，学习渠道的多样化收到了良好的效果。

“学有条件”：着力创造多种学习机会，利用各种学习工具和学习环境，发挥图书室、阅览室、学习室以及多媒体、互联网的作用，采取集中组织、个人自学等方式促进学习，开展形式多样的学习活动，力求学有所需，学有所获。

“三落实”即落实学习内容，落实学习时间，落实考核目标。

在学习内容上，由过去单纯注重业务学习向政治素质与业务能力并重转变，将学习内容分为三大类：政治理论学习，重要法律、法规的学习，以调研、信息写作、计算机为主的基础能力的学习。

在学习时间上，明确规定每星期一上午为集中学习时间，同时注重分散集中相结合，工作业余相协调，做到工作学习两不误。

在考核目标上，对每个阶段集中学习和专题讲座进行严格考核，以计划规定的学习内容为依据，检查集中学习次数、体会文章、学习笔记等，并通过测验、撰写理论调研文章检测学习效果，使学习转化为实实在在的能力。

通过创建使班子成员的学习变为个人的内在需求，班子成员树立起了全新的学习理念，即“学习为本”“终身学习”“团队学习”“工作学习化，学习工作化”的理念，使学习、工作和管理三者有机结合起来，有效地营造了知识资源人人共享的学习环境，提高了干部的政治理论素养和分析思辨问题的能力，班子解决实际问题的能力大为提高，每项决策都体现了班子的共同愿景。

在创建学习型班子的过程中，马坡镇班子成员紧密团结，充当好三个角色：一是当好设计师，设计好共同愿景，价值观和学习过程；二是当好教练员，班子的每个成员利用一切机会宣传党的路线、方针、政策，指导和帮助组织成员，合理调配组织中的全部资源，激励组织成员完成各项目标；三是当好共同愿景的服务员，充分体现以人为本的管理思想，为全镇居民实现个人愿景和优良业绩创造有利条件。

（二）创建学习型机关

学习型机关建设在创建学习型示范社区工作中起着引领作用。马坡镇政府按照“能说、会写、真干、团结、创新、奉献”的十二字工作标准，全力打造“学习型、服务型、务实型、创新型、专家型、廉洁型”机关。引导机关干部全员学习、终身学习，并要求全体机关干部把学习作为一种境界、一种追求、一种品位、一种责任，为加快马坡城市化进程夯实智力基础。

1. 强化机关管理激励机制。从学习、服务、业务等方面，完善对科室、个人工作的双百分量化考核。重新修订并下发了学习型机关管理制度。每年召开两次机关干部职业生涯规划述职活动。召开机关工作务虚会，通报学习型机关科室创建任务，以镇党委文件的形式，将学习型机关创建等各项工作纳入机关科室折子工程，并将其作为考核先进科室及个人的重要依据。每年召开机关工作人员表彰大会，对上年度涌现出的先进科室团队和个人，以“赠书卡，送知识，强素质，树形象”的形式，予以表彰奖励。

2. 强化机关学习教育机制。持续开展“五个一”活动，即每周一次学习日、每月一次讲座、每季度一本书、每半年一次学习交流、每年一次演讲。固化学习时间、学习内容，固定学习成员，抓实机关中心组学习。以“圆梦马坡”为主题，开展学习型党组织创建活动。每周一为机关干部固定学习日，全体机关干部齐聚讲堂，由理论中心组成员及科室负责人轮流授课，采用多媒体方式介绍本科室职能及服务内容，开展工作体会交流研讨，共学、共勉、共提高。要求每名机关干部有学习笔记。通过集体学习、科室学习、个人自学等方式，抓实领导班子和机关党员干部理论学习，使党员干部自觉地把学习摆在突出位置，提高机关学习力。以“转变机关作风，提高干部素质”为主题开展系列讲座。邀请北京师范大学何成刚博士举办“学习型社会理论”专题讲座，邀请市委党校周春明教授举办“中国梦和中国发展道路”专题讲座，邀请区委党校吕冬冬教授做党代会精神专题宣讲报告，邀请东城区党校副教授白智贤做“漫谈领导力的提升”报告等，提高了机关干部的执政水平。

开展“每季一本书”的阳光读书工程。机关干部每季度每人至少读一本书、每天至少上一次顺义学习网。向机关干部发放《阳光心态》《优秀其实并不难》等各种优秀书籍。新建并开放机关图书阅览室,每年对读书先进个人予以奖励，积极倡导全民阅读，马坡镇荣获顺义区“读书益民组织奖”。围绕镇党委提出的“能说、会写、真干、团结、创新、奉献”的十二字机关工作标准，开展素质比武。包括“立足本职塑形象,建设马坡展风采”演讲比赛,“我心中的马坡”“学习改变生活”征文评比活动等，既展示了马坡机关干部的新形象，也对每位干部的个人素质进行了历练与提升。鼓励机关干部积极参加各类专业进修学习，所需费用全部报销。目前，98%以上的机关干部已取得大专以上学历。

3. 形成机关共同愿景。马坡镇机关干部在创先争优工作中，经过集体研讨，形成十二字工作标准和精神，即“能说、会写、真干、团结、创新、奉献”，制作成墙壁文化镶嵌在一站式办公大厅门前，另外，制成统一桌牌摆放在各科室显著位置。同时还提出“一个奋斗目标”和“五新重点工作”。“一个奋斗目标”即“建设新城，发展马坡，推进城乡一体化”；“五新重点工作”即“新城、新农村、新发展、新环境、新形象”。围绕机关团队精神，开展学习型文明科室评比、“和谐团队”建设等活动，激发干部的学习、创新意识，全面树立和提升机关干部新形象。

4. 强化机关服务机制。为加强服务制度建设，将学习理论与解决实际问题结合起来，实行“三统一”“两规范”。“三统一”即统一着装挂牌上岗、统一日清洁卫生制度、统一文件资料摆放标准；“两规范”即规范考勤制度、规范服务标准和流程。责成专人负责当天的网上事项登记、日常事务记录，定期汇总上报。在学习型机关建设中，马坡镇多措并举，极大地激发了机关干部的学习和创新意识，全面树立和提升了干部新形象，机关干部开口能说、提笔能写、遇事能办的能力越来越强，“能说、会写、真干”的复合型人才不断涌现，为推动马坡又好又快发展提供了有力保证和智力支持。

（三）创建学习型新村

马坡镇引导基层村委会通过“四个到位”开展学习创建活动。一是宣传到位。各村利用文化长廊、橱窗宣传学习型社会创建意义，宣传各类政策法规，公示村规民约，加强村风文明建设。二是活动到位。围绕农民文明生活举办群众喜闻乐见的活动，组织各类文体赛事、节日文娱庆典活动。如石家营村举办的村歌大赛，激发了石家营村民爱家乡、爱祖国的热情，展现了群众积极健康、追求文明生活的美好愿景，其中村歌《和谐石家营》，在广泛传唱的基础上，已经成了村民的“座右铭”。三是培训到位。发挥村级成人学校资源优势，利用图书室开展读书比赛，读书心得交流，利用多媒体网络教室，举办学习型社会理论知识讲座。在各村实施“一村一品牌”文体培训工程，培育村级文化品牌，各村利用设施齐备的村校教室，开设各类文体学习班32个，用唱歌、舞蹈、书画、剪纸等艺术形式，讴歌新农村新气象，弘扬民族传统文化。各村争相聘请专业教师上课，涌现出许多典型村校，如庙卷村聘请市级专业乒乓教练，培养了一批乒乓小将；马卷村的操舞班常年活动；姚店村的剪纸、十字绣队远近闻名；石家营、衙门村的“村歌”广为传唱。全镇村村都有健身操舞队，每年春季，镇、村两级都会举办操舞培训班和比赛，聘请专业教练授课，固定操舞学员达300余人，每逢重大节日，各村村民都会精心组织数次学习成果汇报演出。四是引领到位。在学习型社区建设活动中，马坡镇树立学习型创建工作典型村，以组织参观、经验交流的形式在全镇推广与宣传。

1. 确立培养对象。石家营村是马坡镇创建学习新村重点村，村党支部提出“四个学习”理念，以此激励全村百姓，共同建设学习型石家营。一是少年学国学，培养传统美德。弘扬爱老尊老的光荣传统，共建和谐文明新村风。二是青年学科学，增长技术能力。坚持引学入村，提高青年人现代职业技能水平，拓宽青年人就业渠道。石家营村试点举办“学历+技能”的计算机中专班，全村上百人参加。三是老年学哲学，重在修身养性。利用大众图书室、老年人图书角等，丰富老年人的文化生活，为老年人安度晚年创造有利条件。四是干部学政策，提高工作水平。认真领会新农村建设相关文件精神，提升党员干部自身能力素质和理论水平，为更好地建设新农村、服务新农村夯实本领。

凝聚全村智慧的《和谐石家营》村歌在村民中广为传唱，并获得全国首届村歌大赛“优秀村歌奖”和“十佳作曲奖”；以石家营村教育活动为创作原型的电视剧《我们村的故事》在CCTV-7播出；石家营村被北京市命名为“新农村建设成绩显著村”；石家营党支部书记胡国卿被评为顺义区“道德模范”、“学习之星”，并作为“北京市农村地区学习实践科学发展观巡回报告团”13名成员之一，在全市宣讲学习先进事迹。

2. 发挥辐射作用。马坡镇以参观、专题报告的形式，在全镇各村推广石家营的学习创建工作经验：一是学习创建工作要与村级工作管理紧密结合，要使村风文明、村容环境整治成为村民追求高品质生活的自觉需求；二是学习创建工作要与村民提高生活质量、提升生命尊严有机结合，使村民通过个人努力掌握生存技能，学以致用，改善生活质量。

随着学习创建工作的深入推进，一个生活宽裕、村容整洁、乡风文明、干群和谐、管理民主的新农村在马坡逐渐形成。一批新农村先进典型相继涌现。

石家营、庙卷村，双双被评选为国家级“民主法制示范村”“北京市最美乡村”，前来参观学习者络绎不绝。白各庄村被评为“全国美德在农家示范点”，姚店被评为“北京市创新型科普社区”。全镇多数村都获得“首都文明村”“北京市卫生村”“北京市生态文明村”等荣誉称号。

（四）创建学习型家庭、学习型个人

为扎实推进学习型家庭、学习型个人创建工作，马坡镇先后聘请何玉平、闵乐夫等专家，举办“家长素质培训”和“学习型家庭”报告会。以基层村委会为单位，通过“个体申报⟶村民代表评议⟶村委会审核⟶公示确定”的方式，开展学习型家庭、学习型个人评比活动。几年来，共表彰奖励300余户镇级学习型家庭，100余名镇级学习型先进个人。石家营被评为“全国创建学习型家庭示范社区”。

通过持续深入地开展学习型街镇创建活动，逐步建立起多层次、全方位、开放式的社会化教育体系，极大地提高了社区居民素质，有力地促进了和谐社会的建设。

几年来，马坡镇先后获得“全国文明乡镇”“全国环境优美乡镇”“全国小康建设明星乡镇”“国家卫生镇”“全国亿万农民健身活动先进乡镇”“中国民间文化艺术之乡”“全国社区教育示范乡镇”“全国学习型社区示范街镇”“北京市学习型乡镇先进镇”等多项荣誉。先后涌现出“全国五好文明家庭”——康燕家庭，“全国五好文明家庭”标兵户、“首都市民学习之星”刘秀平，“北京市藏书状元户”胡德艳，“北京市十大杰出实用人才”和“顺义学习之星”胡国卿等一大批先进家庭和个人。马坡镇的“劳动力转移培训项目”课题先后两次被评为“北京市郊区农民培训优秀项目二等奖”；石家营、庙卷等多个村校被评为“北京市村成人学校示范校”。

撰稿：北京市顺义区马坡镇人民政府

学习改变命运，教育造福百姓

——慈溪市龙山镇案例

龙山镇地处慈溪市东部，邻近镇海区和江北区，人口6.3万，外来民工5.4万，镇域面积140.9平方千米，辖28个行政村、3个居委和1个农垦场。工业以化纤、小家电制造为主，大小企业达600余家；农业以海涂养殖，橘子、葡萄及草莓等种植，家畜、家禽饲养等为主。龙山镇是慈溪东部经济最发达的乡镇。

多年来，龙山镇全面贯彻党的十七、十八大精神，与时俱进，开拓创新，紧紧围绕“建设慈溪东部地区现代化小城市”的战略目标，积极开展创建学习型组织（社区）活动，切实提高社区全体成员整体素质，促进社区和谐，推进社区文明，发展社区经济，全面推进新农村建设。

一、历史文化，底蕴深厚，学习型乡镇创建活动有优势

慈溪市龙山镇建设学习型乡镇，既是传承历史的时代呼唤，也是社会发展的要求，更是提升生活品质的关键。

（一）传承历史文化的时代呼唤

龙山镇历史源远流长，人文底蕴深厚。据考证，早在六七千年前，先人就在这里繁衍生息。2000多年前的达蓬山摩崖石刻是全国迄今为止发现的徐福东渡场景的唯一物证，是中日世代友好交往的重要见证。从龙山走出的商界巨子虞洽卿成为“宁波帮”代表人物之一。虞氏旧宅以其独特的中西合璧建筑风格被列为全国重点文物保护单位。在中国共产党探寻救国救民的路上，太平闸村曾经是浙东革命重要根据地之一，涌现出了许多可歌可泣的革命故事和人物。龙山7000年独特的历史文化底蕴催生着一个学习型城镇的诞生和发展，龙山也正以其厚重、丰富和精彩，谱写着大发展、大繁荣的绚丽篇章。

（二）顺应社会经济的发展要求

龙山镇是慈溪东部经济最发达的乡镇，综合实力较强。全镇经济发展进

入了人均生产总值从1万美元向2万美元跨越的新阶段，处于全面提升城市化、工业化、信息化、市场化水平的关键时期。根据2014年镇党代会精神，紧紧围绕“建设慈溪东部地区现代化小城市”总目标，全面落实新一轮中心镇建设三年行动计划，以“新型城镇化”和“新型工业化”为主抓手，以深化“美丽龙山”建设和加快城乡统筹综合配套改革为主推力，强化落实举措、加大推进力度，促进龙山镇经济社会各项事业全面协调、可持续发展。要实现未来的发展目标，迫切需要在人才支撑、知识服务上做出更大努力，迫切需要在科技引领、创新驱动上提供新的保障，迫切需要在满足城乡人民群众多层次、多样化的需求上有所作为。创建学习型乡镇正是贯彻落实科学发展观、进一步增强龙山全面发展能力的重大举措，是提升龙山发展后劲、决定龙山未来命运的战略选择。

（三）提升生活品质的重要途径

随着龙山经济的发展、物质条件的改善和龙山独特文化底蕴的催生，居民对精神文化的需求比以往任何时候都显得强烈。这就迫切需要营造一个良好的学习环境，让每个社会组织和居民保持积极主动的求知欲望，满足人们自我发展的需求；迫切需要教育服务方式由“供给导向”向“需求导向”转变，努力形成一个立体化、广覆盖、全时空、深触角的全民学习体系，使每个社区居民都能真正实现全程、全员和全面的终身学习目标，从而促进龙山软实力提升。

二、镇域统筹，整体规划，学习型乡镇创建保障有力度

在创建学习型乡镇过程中，龙山镇在政策、经费、资源等方面强化了政府统筹，有力地推动了全镇的创建工作。

（一）政策统筹重规划

近年来，宁波市相继出台了一系列的地方性法规，如《宁波中等职业教育条例》《宁波职工教育条例》《宁波职业教育校企合作促进条例》等，同时，出台了一系列政府文件，如《关于加快构建服务型职业教育体系的若干意见》《宁波市关于开展社区教育实验工作的通知》《宁波市关于开展创建学习型社区活动的通知》《关于充分发挥社区外来务工人员服务与管理工作的意见》等。慈溪市委市政府也印发了《关于完善终身教育体系，建设学习型城市的实施意见》，龙山镇政府制订了《2011—2015年镇社区教育五年发展规划》，这些政策法规为推进学习型城市和学习型乡镇建设提供了制度保障。同时进一步强化了政府

各部门之间的协同，成立了镇建设学习型乡镇领导小组，由镇党委副书记任组长，分管副镇长和宣传委员任副组长，工、妇、科协、经发办、社会事业办、外口办、司法所、文化站、教办及成校等部门负责人为组员。下设办公室，宣传委员兼办公室主任，成校校长兼办公室副主任，负责日常工作，协调镇各职能部门的具体事务。各村、企业、单位建立村级及基层社区教育管理小组，专人负责。领导小组每年召开三次会议，讨论研究学习型组织（社区）建设的重大问题。通过不断努力初步形成了“政府主导，部门协同，学校跟进，社区参与”的工作机制。

（二）资源统筹重整合

统筹整合镇域各类学习机构，包括中小学校、村民学校、家庭学习点、青少年素质拓展中心、陈列馆、图书馆、村落文化宫、乡风文明馆，以及社会培训机构、企业职工学校等，利用原有的设施资源，集中建好综合性活动场所，实现一个阵地多种功能，一个场所多种用途。充分挖掘辖区有关单位的物质资源，推动图书馆、文化馆、学校、幼儿园的文体设施开放，使设施充分得到利用。依托社区逐步建立了思想教育、道德实践、文体活动、兴趣培养等多种形式适合各类人群的教育基地。建立流动图书馆，推进送图书“到企业、下田头、进社区”的活动，企业职工可以不出车间，农民可以在田头，居民可以在社区实现借阅各类图书的愿望。由成校牵头不断推进家庭学习点建设，已创建学习型家庭180个，其中25个家庭为慈溪市学习型家庭，155个家庭为镇学习型家庭。

（三）经费统筹重保障

财政方面，做到与公办中小学教师一视同仁地保障镇社区教育中心在编教师工资福利，还按常住人口每年人均3元的标准设立社区教育基本事业经费（每年22.5万元），在此基础上，为了保障社区教育专项培训活动正常开展，镇财政每年下拨51.5万余元用于女子学校、老年大学等专项培训。以上经费每年列入镇社区教育中心的经费拨款预算，按每人8.1元，已超过全市6.2元的平均水平。

社区教育经费除镇政府逐年增加的财政拨款外，主要来源有三个方面：一是镇社区教育中心各类办学收入，包括学历培训、职业技能培训等。2011—2013年，累计收入达769.7余万元。二是市财政的教育经费补助，主要用于劳动职业技能培训的实训室建设。如2007年电工实训室补助13万元；2008年美容实训室补助11万元；2008年“双向视频教室”建设补助5万元；2010年机械制图实训室补助15万等。三是在全镇范围开展社区教育活动，众多企业纷纷赞助，2010—2013年企业共赞助18万元用于开展镇社区活动。

三、立足社区，建构网络，学习型乡镇创建网络有梯度

在建设学习型乡镇的过程中，龙山镇注重完善社教网络、加强师资队伍建设和打造社教特色品牌，有力地推动了学习型乡镇的创建。

（一）完善的三级社教网络

加强社区教育基地建设,构建较为完善的社区教育网络,是学习型组织（社区）建设的基础。形成了以镇社区教育中心为龙头，村民（企业职工）学校为骨干，家庭学习点为基础的三级社区教育网络。三级网络各具特色，相得益彰。镇社区教育中心起统率、引领作用，每次培训活动阵容强大，受教育面广；二级网络村民（企业职工）学校专题性强，有针对性，成为社区教育的关键；而第三级网络家庭学习点分布较广，组织灵活，不拘形式，便于村民集中，因此更具活力。

龙山社区教育中心（龙山镇成人学校）于2008年8月因行政区域合并，由原龙山、三北、范市三所成校合并而成。中心位于交通便利的329国道旁，毗邻龙山镇山下村虞洽卿故居，下设三北、范市两个教学点。中心占地面积约8666平方米，建筑面积3877平方米，标准教室12个，计算机房3个，计算机160台，多媒体教室11个，移动多媒体3套，电子阅览室1个，双向视频教室1个，美容实训室1个，电工实训室1个，图书5700余册。龙山社区教育中心是浙江省示范性成人学校、省社区教育示范学校、宁波市现代化达纲学校、宁波市基层党校先进示范点、慈溪市文明单位、慈溪市标准化成校、慈溪市农村转移劳动力先进基地、宁波市“2211”工程先进单位。

（二）专兼结合的师资队伍

有一支良好的管理和教师队伍，是社区教育正常运行的重要保证，目前，龙山镇已经形成了一支以专职教师为主体，兼职教师为补充，社区志愿义工为依托的专兼职相结合的师资队伍。龙山镇常住人口为6.36万，专职教师14人，专职管理员29名，都达到大专以上学历。聘请大学教授、中小学骨干教师、企业工程师及有关单位能人、技术骨干等50人为兼职教师。同时聘请一批老干部、老教师、社会能人、农村干部、中小学教师等为志愿者，总数达132人，他们热爱社区教育工作，乐于奉献，在各自的岗位上发挥一技之长。不断提高管理者、教师和志愿者队伍素质，注重岗位培训和继续教育，专任教师每年

培训48学分以上，对志愿者的培训也做到有计划，有步骤，有记录，有实效。规范的教育培训，使管理者和服务人员适应社会教育多层次、多形式、多方位、多门类的办学需要，保证教学任务的完成。

（三）地方特色的社教品牌

慈溪市"学分银行"全国有名，龙山镇围绕创建全国数字化学习先行区，积极开展数字化社区建设。以镇社区教育中心、3个村民学校和4个家庭学习点作为实验单位，投入80余万元，建设数字化学习教室、电子阅览室等。利用现有的远程教育、干部在线、慈溪培训、99学吧、龙山镇社区教育中心网站等数字化教育资源开展学习活动，满足社区居民多样化、个性化的学习需求。不断推进学分银行工作，已发放市民学习卡1.4万张，学习卡管理到位，使用率高，在市民学分银行中获得学分人数有1.4万人，充分发挥了市民学习卡在教育培训活动中的功能。充分利用镇社区教育中心双向视频直播系统开展教育培训活动，共享全市教育资源，近两年，利用该系统开展教育培训活动26次。依托数字化学习平台，开发了"优质獭兔饲养配套技术""家庭教育""老年人医学科普健康知识"等社区教育课程，并编印了《达蓬山》等13本社区教育读本，深得社区居民喜爱，实现了学有所教、教有读本。

四、整体推进，扎实有效，学习型组织创建覆盖有广度

多年来，龙山镇一直将创建学习型组织作为创建学习型城市、学习型乡镇的重要抓手，通过学习型组织建设，使学习成为促进个人、组织、乡镇发展的核心动力。

（一）学习型机关创建率先垂范

龙山镇把学习型党政机关建设作为提高领导干部综合素质、提升干部执政能力的重要举措。2011年起，确立推广了"中心组学习模式"，运用延伸了"微型党课教育"手段，要求各级领导干部以普通学员的身份积极参加培训学习，树立"干在实处、走在前列"意识，推动创建工作开展。一是建立组织推动机制。龙山镇把建设学习型党组织纳入镇党委年度工作的重要议事日程，制定了"五个一"为主要内容的活动，扎实推进学习型党组织建设。二是建立典型带动机制。。要求广大党员对照争当优秀共产党员"五带头"的基本要求，找差距、明方向、学先进、赶先进，在推动科学发展、服务人民群众中多做贡献。东门外村党支部书记，为村里拆迁安置、新村建设等工作殚精竭虑，以实际行动诠

释着一名优秀共产党员应具备的思想觉悟和优秀品质。三是建立考核驱动机制。把学习作为硬指标纳入村（居）工作实绩考核内容，建立一套完整的农村党员干部学习考评机制。对农村学习型党组织创建工作进行定期检查考核，将考核结果作为评先评优的重要依据。

（二）学习型社区创建扎实有效

近年来，紧紧围绕“建设慈溪东部地区现代化小城市”工作目标，积极开展学习型社区创建活动，对不断提高社区成员整体素质、促进社区和谐、推进社区文明、发展社区经济，起到了积极的推动作用，获得了骄人的荣誉。2008年被评为全国“环境优美镇”、省级“生态镇”、浙江省“体育强镇”、浙江省“卫生强镇”；2009年被评为宁波市“文明镇”、宁波市“农村基层组织先锋工程建设五好乡镇”、宁波市“科协工作先进乡镇”；2010年被评为“全国社区教育示范乡镇”、浙江省“文明镇”、宁波市“农村文化先进镇”、宁波市“社区教育示范乡镇”等；2012年镇成人学校被评为省“社区教育示范学校”、宁波市“高标准成校”。至今有11个宁波市级生态村、9个省级绿色示范村、5个省小康村、6个省文明村。工业上新获批宁波市级以上新产品91个，新增中国驰名商标4个，新增高新技术企业5家，获授专利250项。有16个社区成为“学习型社区”（其中1个宁波市“优秀学习型社区”，5个慈溪市“学习型社区”）；有20个企业成为“学习型企业”（其中1个成为宁波市“优秀学习型企业”，5个慈溪市“优秀学习型企业”）；有15个单位成为“学习型单位”（其中2个成为慈溪市“学习型单位”）；有万余户家庭成为“学习型家庭”（其中25个家庭成为慈溪市“学习型家庭”，155个家庭成为“镇学习型家庭”）。

（三）学习型社团创建亮点纷呈

学习型社团建设是学习型城市建设的重要基础。为了深入开展社区教育活动，自2008年以来，依托民间文体组织，在镇文化站和社区教育中心的指导和协调下，先后成立了17个文体社团组织，有书画协会、篮球协会、太极拳协会、健身协会、门球协会、老年体协、钓鱼协会及作家协会等。各社团活动经费由政府出一点，企业助一点，个人捐一点方式筹措，保证社团正常活动。在各方的支持下，社区文体活动丰富多彩，有慈溪市远东杯篮球比赛、九菱杯职工乒乓球赛、职工卡拉OK赛、合唱比赛、演讲比赛、“新慈溪人”征文活动等。书画、摄影、文学爱好者们创新作品，深入基层，组织活动与比赛，寓教于乐，深得村民的喜爱和好评。有兴趣爱好的村民纷纷加入到社团中来，社团队伍不断壮大，活动频率越来越高，基本上都达到每月1~2次，个别社团远远不止。

社团活动的开展，有效地推进了龙山镇的精神文明建设。

五、以人为本，服务经济，学习型乡镇创建效果有高度

学习型乡镇的创建，给整个龙山带来了巨大变化，取得了丰硕成果，推进了龙山镇的转型升级。

（一）体现了以人为本的理念

根据2004年宁波市教育局、民政局、文明办联合下发《关于学校部分教育资源向社区开放的意见》，全镇共整合利用13所学校、120家企事业单位的资源向社区开放。开展了市级文化示范乡镇（街道）、文化示范村创建工作，乡镇（街道）公共电子阅览室覆盖率达到60%，行政村农家书屋覆盖率达到100%。镇建成区社区和建制村健身路径覆盖率分别达到了98%和100%，群众一出家门就可参加各类文体活动，“15分钟文体服务圈”基本建成。

一是开展了“母亲素养工程”培训。以女子学院为阵地，面向广大妇女群体实施了以素质提升为主的“母亲素养工程”，开创了妇女教育的成功案例。经镇党委、镇政府同意，镇妇联和镇社区教育中心联手，下发了《龙山镇“母亲素养工程”实施意见》，依托镇社区教育中心和村民学校，成立了镇、村两级女子学校30个，培训工作坚持“真诚、协作、创新”的理念，坚持因地制宜，现身说法与亲子互动，提高工作实效，还与巾帼示范村创建、和谐文明家庭创建、庭院整治等工作相结合。龙山镇“母亲素养工程”以家庭教育、妇女保健、礼仪为培训内容，开设了“如何做一个合格的家长”“今天我们怎样爱孩子”“掌握教育方法，做称职父母”“健康的心理，快乐的人生”“家庭理财”“聪明女人，关爱自己，关爱乳房——妇女健康促进工程大型公益讲座”等课程，已累计培训家长1.3万多人。

二是积极开展青少年素质教育培训。近三年来，对未升学的初中和高中毕业生开展后备劳动力预备教育（A、B类）活动，开设成人高中文化课（初中毕业生）和职业技能培训，学制一年，开设的文化课有：现代文阅读、应用文写作、应用数学、职业道德与就业指导、法律基础知识和社会科学等；职业技能课有：电工和计算机操作员。毕业学员133人，3人经过学习考上了职业高中，90%以上的学员走上了工作岗位，有些还成了企业（单位）中的骨干，获得社会各界的好评。利用青少年素质教育基地、虞洽卿故居、达蓬山风景区、农业基地等，协同中小学校，有计划地组织中小学生参观体验。请农技师向学生们讲“现代农业发展”，了解农业知识，参观农业园区，参观田间劳动等，培养

学生热爱劳动的习惯，增进中小学生对家乡的了解，激发学生热爱家乡、热爱祖国的情感。近三年来，参加活动人数达1.2万余人。社区教育中心以增扩服务功能满足需求为宗旨，培养少儿高雅情操为目标，针对社会上双休日、暑寒假无序培训和乱办班的状况，利用学校资源，开设了古筝、小提琴、钢琴、跆拳道、舞蹈、写作、书法、绘画、剑桥英语、奥数、中小学衔接、初高中衔接等项目，培训人数达5694人次，不仅满足家长和青少年的培训需求，同时有力地推进社区教育的文化建设。

三是全面实施了“华龄乐学工程”。为进一步整合各级各类老年教育资源，扩大老年教育的规模，提高老年教育的水平，保障老年人应当享受的学习权利，市老龄委和市老干部局、市教育局联手，在浙江省内率先启动并实施了“华龄乐学工程”。这项工作启动后，镇社区教育中心协同镇老龄会、镇老年大学、14所村老年大学形成了老年教育与社区教育一体化的工作格局，组织老年人开展寓思想性、教育性、知识性、娱乐性于一体的教育活动，使老年人老有所学、老有所为、老有所乐，老年人的生活质量得到了改善。

（二）增强了经济发展的动力

龙山镇以提高素质、促进就业、服务产业为宗旨，实行“组织管理、对象项目、基地师资、信息服务、经费投入”五个统筹，把农村转移劳动力培训、企业职工岗位培训及外来务工人员培训等六大培训工程整合归一，构筑了政府牵头、社区培训、全民参与的大培训格局。

一是开展农业实用技术培训。镇社区教育中心为发展当地农村经济，致富当地农民，创办了各类农业协会，并与延龄獭兔场、和丰养猪场等合作建立了农业示范基地，以“引种、试种（养）培训，推广咨询服务”为宗旨，依托各协会基地，扎实开展“绿证”和农业实用技术培训，三年来，共培训学员3903人，其中“绿证”698人，农业实用技术3205人。经过几年的探索和实践，形成了以社团和基地为核心，示范项目为纽带，种植（养殖）户共同参与的“基地辐射型”培训模式，把技术和信息传播出去，辐射全镇。基地还利用优质师资资源，解疑答难，亲临田头、饲养场指导，获得农户好评。为提升基地实力，深入开展农科教结合课题研究，在有关专家的指导下，进行了“优质獭兔饲养配套技术的推广与培训”课题研究，立为宁波市农科教结合项目，被宁波市政府评为“第四届职成教优秀成果三等奖”、慈溪市“优秀成果二等奖”，延龄獭兔场被评为省“一级种兔场”；与和丰养猪场等合作的“发酵床生态养猪技术”被国家农业部列为科技示范项目，对中小规模猪场持续发展起到了一定的示范作用；“农科教三位一体，‘五度式’多维培训的实践研究”被列为2011年浙江省省级社区教育实验项目；“农村成校助推‘家庭农场’发展的实验”被列为2013—2014年全国社区教育实验项目。

二是开展劳动力转移就业培训。针对村民被征地后的就业问题，社区教育中心，通过制作培训菜单送教下村，常年开班等举措，开展培训活动。三年来共培训失地农民及农村富余劳动力1650余人，涉及14大专业，有文秘、电工初级、会计考前辅导、中式烹饪师、美容师、计算机操作员、保育员、保安员、人力资源管理员、插花员、营养配餐员、CAD制图员、劳动保障协理员及管道工等，有90%以上的学员获得了职业资格证书，实现了就业。

三是组织开展企业职工培训。自2008年以来，镇加强了企业职工培训力度，开展了小家电装配，制冷设备维修工，企业人力资源管理，初级电焊工，高级电工，叉车工，电梯及高级企业管理等培训班，经社区教育中心培训达6891人，受到企业的欢迎和好评。

四是开展外来务工人员培训。龙山镇社区教育中心与综治办、各企业联合，对外来务工人员培训常抓不懈，法律法规教育、职业道德教育、乡土风情教育、上岗培训和专业技能培训，环环紧扣，近三年共培训5.5万余人，占全镇外来人口的80%以上。通过培训，提高了外来务工人员的素质，使他们更好地融入到建设新龙山，发展龙山经济、文化及各项社会事业的潮流中。

五是建立电工、女子美容实训室。2008年，龙山镇社区教育中心创建了两个实训室：电工实训室和女子美容实训室。电工实训室共投资15万元；美容实训室共投资11万元。近三年来已培训出390余名合格电工和160余名合格的初级美容师，为本镇及附近乡镇输送了大量的专业人才。

（三）加快了文明能量的传递

除建好一支具有较高水平的镇（街道）级社区教育专兼职教师和志愿者队伍外，还进一步加强社区（村）级队伍建设，发动热心社会公益事业的老干部、老教师、老党员，参与社区教育管理，成为社区教育专管兼职队伍。采用就近原则，遴选当地社区内热心于公益事业的“三老”人员3~5名，参与社区教育活动的策划与管理，进一步提高社区教育志愿者队伍力量，并形成一套行之有效的管理制度与模式。龙头场村的退休教师陈增荣一直致力于社区教育工作，他在自己家中开辟了社区学习点，退休工资大部分投入到学习点中，有图书400余册，有《宁波日报》《浙江老年报》《宁波晚报》《慈溪日报》《农村信息报》《都市快报》《知识博览报》《益寿文摘报》《新农村》《中国火炬》《门球之苑》等10余种报纸杂志；添置了电脑2台、摄像机1只、照相机2台、音响2套、电视机3台；购买二胡3支、京胡1支、笛2支、电子琴1架、鼓板1套、响器1套。陈老师发挥聪明才智，在他的精心布置下，这里成了学习之家、文艺沙龙、电脑爱好者乐园、摄影之家。深厚的学习氛围、温馨怡人的环境，使这里不仅成为学习的地方，而且成为小型文化休闲的好去处。陈老师凭着一腔热情和过硬的学习能力引领带动本村及周边老百姓投入到健康的学习生活中。

六、着眼长远，持续发展，学习型乡镇创建反思有深度

每一个乡镇都有自己独特的文化、个性、风貌，创建学习型乡镇亦然。如果说龙山在推进学习型乡镇建设过程中取得了一些成绩的话，主要得益于“四个坚持”：

（一）理念上，要坚持惠民利镇，综合一体

“学习改变命运，创建受惠群众”是龙山创建学习型乡镇最朴实的想法和目标。宁波地处长三角经济发达地区，龙山又在宁波经济发展的核心区，在当前经济社会转型发展的历史背景下，迫切需要全体居民以创新、开拓、进取的精神投身到现代化建设中去，迫切需要政府各部门的协同创新，实现全社会资源的统一配置，迫切需要全社会各类人群的积极参与，行业、企业、社区村落的整体配合，迫切需要教育服务方式由“供给导向”向“需求导向”转变，才能形成一个立体化、广覆盖、全时空、深触角的全民学习体系，真正实现“人人皆学、处处能学、时时可学”的全程、全员和全面的终身学习目标。因此，可以把调子搞得低一点，口号喊得轻一些，但一定要把基础打得好一些，工作做得实一些。就是要通过实实在在的学习型乡镇的创建，给广大市民营造一个更好的终身学习环境，给城市打造一个更好的发展平台，让人和人，人和城市更和谐！

（二）体系上，要坚持上下互动，城乡一体

近年来，宁波市相继出台了一系列的文件和地方性法规。如2006年宁波市人民政府颁布了《关于加快构建服务型职业教育体系的若干意见》等都着力强化市一级的统筹领导力量，明晰部门责任，完善组织管理体系。另一方面，明确要求各县（市）区制订相应的配套文件、落实细则，加强对部门的考核奖励。现已初步形成了完整的“市—县（市）区—街道—社区”学习型城市创建四级组织领导体系，形成了“政府主导，部门协同，学校跟进，社区参与”的

良性工作机制，做到了上下互动，城乡一体，综合发展。

（三）基础上，要坚持全员构建，全民学习

为更好地满足学习者日益增长的学习需求和多元化、个性化的服务要求，创建的基础始终定位于“全员构建，全民学习”，进一步完善市民终身学习的公共服务设施，开发和优化整合继续教育资源。积极参与政府招投标项目，与高校合作开展企业经营管理人才、高技能人才、紧缺专门人才、专业技术人员等培训；以需求为导向，开发市民闲暇类培训项目；积极探索社区教育与社会治理相结合的途径；继续开展农业实用技术和农民“绿色证书”培训；积极参与宁波“开放大学”项目，依托宁波电大开放式继续教育公共服务平台，利用现代远程教育技术,为全体社会成员提供更快捷多样的学习支持；继续实施“市民终身学习卡”制度，依托慈溪市“学分银行”，实施继续教育学分积累与转换制度，为学习者提供可选择的多种学习途径和机会。同时大力开展家庭学习点建设，积极参与市民终身学习活动周，整合社团组织，建设乡风文明馆，大力促进民间志愿服务组织建设，鼓励和孵化志愿服务组织，提升志愿者专业技能，建构志愿服务网络，促进社会和谐发展。

（四）行动上，要坚持顶层设计，基层落实

2011年12月,《宁波市终身教育促进条例》被列为宁波市人大2012年立法调研项目，2013年年底《宁波市终身教育促进条例》征求意见稿发布，2014年下半年正式出台。该《条例》将进一步明确政府在构建终身学习体系和建设学习型社会中的导向作用和责任，为宁波的终身教育和学习型城市建设做好顶层设计，提供法律保障。在具体创建工作中，因地制宜，整合资源，统筹力量，切实加强终身教育和学习型城市创建工作的投入，完善创建工作机制，确立各方在创建工作中的目标和任务,形成“有钱创建,有人创建”的良好局面。

古老文明为龙山积淀了深厚的文化底蕴，现代文明使龙山充溢着无限的活力和生机。6万多龙山人正是在古代文明与现代文明的交融中，为学习型乡镇创建，为龙山美好的明天，增添着新的韵律，铸就着新的辉煌。

撰稿：顾雪锋　慈溪市龙山镇人民政府

从农民“种文化”到学习型社区的华丽转变

——嘉兴市嘉善县天凝镇案例

天凝镇位于浙江省嘉兴市嘉善县西部，水陆交通便利，区位优势明显。全镇总面积75.4平方千米，辖22个行政村、3个社区，辖区内有常住家庭1.7万户，总人口5.8万。曾先后荣获“全国静电植绒乡镇”“全国环境优美乡镇”“全国社区教育示范镇”“浙江省教育强镇”“浙江省卫生镇”等称号。

一、种文化：弘扬新文化，培养新农民

2007年春天，浙江大地春潮涌动，由4县8村发起了“我们都来‘种文化’”的倡议，随后，浙江全省农村启动“千镇万户种文化”活动，广阔的农村展开了一场不同寻常的耕作竞赛——种文化，就像农民种庄稼一样，春天，在希望的土地上播撒文化的种子，让文化落地、生根、开花、结果；秋天，农民收获文化的喜悦，乐享精神文明的累累硕果。

在农民“种文化”活动中，天凝镇是发起者，也是引领者。天凝镇素有“篮球之乡”的美誉，群众参与文体活动热情高，与篮球相关的各种文体活动蓬勃开展，名声远播省内外。在镇党委、政府的大力推动下，天凝镇以“篮球”为种子，积极举办排舞、舞龙、绣球舞、交谊舞、乒乓球等民间文艺体育项目。农民“种文化”活动由洪溪村辐射到全镇各村，范围越来越广，参与人数越来越多，内容越来越丰富，影响也越来越深远，“篮球”这颗文化的金种子在此生根发芽，茁壮成长。

（一）“种文化”需要一定的环境条件，关键在培育

开展农民“种文化”活动，需要建设一批公共文化服务设施，天凝镇政府以“舍经济小利谋文化远略”的战略眼光和胸怀，在公共文化服务设施建设上重投入、善引导，合理布局。为确保“种文化”活动的长效性，天凝镇加大投入，建立机制，扩大文化阵地，充实师资队伍，确保了镇村文体骨干的培训，使农民“种文化”活动由骨干带动群众，逐步引向深入。

1. 落实资金抓镇级阵地建设。天凝镇把文化阵地建设规划的重要内容，写进政府工作报告，并列入政府实事工程。积极调整工作思路，整合资源，抓重点、补缺点、建硬件，进一步加快实施步伐，形成了办文化、建阵地的热潮。天凝镇投入150万元新建文体活动中心，设施完善，功能齐全，图书阅览室、培训室、影视播放室、老年活动室一应俱全。全镇现有综合性文化活动中心1处，文化广场3处，篮球场42个（其中灯光球场20个），篮球馆1个，门球场7个（其中塑胶门球场3个），健身路径40条，书场1个。文体活动中心每天开放12小时以上。

2. 落实任务抓村级阵地建设。天凝镇村级文体阵地建设的重点，主要是组织有条件的村建设“文化礼堂”，将文化阵地的规划建设与当地历史人文特色紧密结合，建设一批示范性的基层文化阵地。如东顺村、洪溪村、洪南村、镇东村先后开展了“文化礼堂”精品村、特色村建设，各村新建了标准化文化礼堂，建筑面积均在1200平方米以上，均配有200多套课桌椅和多媒体，同时，因地制宜，将旧祠堂、闲置校舍、老厂房等加以改造，乡里生土里长的文化礼堂，成为“种文化”的最佳阵地，成为农民自己的精神家园。

3. 落实措施抓企业文化建设。天凝镇印发了《关于对村企文化体育建设实行单项考核的通知》，积极引导企业主、企业员工感受文化、参与文化，并不断扩展企业文化阵地。明达集团投入20多万元，建立了图书室、乒乓室、棋牌室等近400多平方米的活动中心。永浩管桩为了吸引附近群众开展文化活动，无偿腾出1000平方米的生产车间，并投入3万多元购置了乒乓桌、音响、电视机等设备免费为群众开放。此外，在建“农家书屋”、村图书流通点的基础上，有针对性地选择维克托塑化、明达集团等企业设立了企业图书流通点。

4. 落实师资指导骨干培训。如何持续增强农村“种文化”活动的内生活力？结合农村实际，充分挖掘农村文化资源，整合农村文化活动载体，激发“种文化”潜在活力，培训辅导骨干尤为重要。天凝镇聘请专业的文体辅导老师对村社基层的文体骨干进行培训指导，各文艺队伍挤时间，空场地，抢时机定期进行排练。为进一步提高镇村文艺骨干的业务水平，组织文艺骨干中的3名佼佼者，到浙江省职业艺术学院进行为期3个月的脱产学习。还先后举办了全镇排舞骨干培训班6期，舞蹈培训3期，腰鼓培训1期，民乐、越剧联合培训1期，歌咏培训1期，篮球培训1期，共400多人参与培训。“洪溪辣妈宝贝”是天凝镇全力打造的一支优秀的文艺队伍，长期活跃在县、市、省乃至全国的舞台上。2012年12月28日参加《中国达人秀》全国总决赛，“辣妈宝贝”以3个“yes”直接晋级，随后又在人民大会堂精彩亮相，先后应中央电视台、浙江电视台邀请，参与CCTV-1《状元360》和黄金栏目《舞出我人生》节目录制，在多项比赛中取得好成绩，在文艺巡演中一展新农民风采。

（二）“种文化”源于生活，突出体现一个“活”字

开展农民“种文化”活动，主体是农民，农民是享受者、提供者、创造者。广参与，善创新，是天凝镇农民“种文化”的一大亮点。围绕“聚起来、忙起来、火起来”，大力推进农村基层文化建设，群众自编、自导、自演、自评、自赏，和谐、亲民、本土、草根的基层活动丰富多彩。如，举办以“贯彻十八大精神创建美丽新家园”为主题的文艺大篷车巡演，持续开展文艺下乡演出20余场，覆盖全镇所有行政村和社区。东顺村举办了春节晚会、闹元宵、猜灯谜、庆五一、庆国庆、庆中秋文艺演出，还多次举办歌唱比赛、越剧演唱会等，全年演出10余场。东顺大舞台每天有排练，每月有演出，东顺老百姓在自己的文化家园共享“精神食粮”。洪溪村组织部分党员、文艺骨干赴上海市金山区廊下镇中华村进行文化走亲活动，在村文化礼堂举办道德讲堂、农民趣味运动会。

天凝镇农民“种文化”活动红红火火，具有“四化”特征。首先，内容生活化、形式通俗化。农民“种文化”源于农民的生活，根植于农村的广阔天地，保持着农民的本色，符合农民的口味。农民“种文化”的过程是帮助农民重新认识自己文化的过程。“种”，土生土长，适合农民，篮球、排舞、挑花篮、舞龙、打莲响、马灯、开门红、舞狮、大头娃娃等节目形式都是在农村广泛流传的，这些活动大多源于农民生活，真正贴近农民生活，有着深厚的底蕴，简单易学，能够让更多的农民投身到文化传播的队伍中来，形成具有天凝特色的文化体育活动模式。

其次，农民主体化，活动常态化。“种”，就是扎根，就是开花，就是结硕果，农民“种文化”的主体是当地村民。充分挖掘、发现当地的人才、骨干，让他们自己发挥作用，外来的专家学者只起辅助作用。在“种文化”的过程中，农民既是精神文化产品的享受者，同时也是提供者。登上舞台是演员，走下舞台是观众，演的是自己的生活，感受的是自己的快乐，到处都是舞台，想唱就唱、自娱自乐、共创共享。“种文化”源于农民，根植于农村，所以它更容易成为农民生活的一部分。像篮球、排舞、挑花篮、舞龙、打莲响这样的文艺形式，对活动的场地、布景、音响设备要求都不是很高，只要农民有空聚在一起，就可以天天动一动，也就是所谓的常态化。

文化活动既是催化剂，又是黏合剂，强身健体，陶冶情操，推动精神文明建设，从文化到文明，推动全民文化繁荣。

在红红火火的“种文化”过程中，精神的富足，让天凝镇农民体会到幸福的滋味，也激起了文化创造与分享的无限热情。他们不再只是文化建设的看客，

也成了主人翁——文化大篷车、流动大舞台、文化走亲……一个个生于民、活于民、用于民的“种文化”活动品牌在十里八乡遍地开花。

目前，全镇22个村都有自己的文艺队伍，基本形成了“村村有队伍、社社有骨干”的良好局面。特别值得一提的是,不少文艺骨干以前是上访带头人，现在成了村里的“协调员”，有的入了党，有的当上了文艺小社长，有的成了妇女联络员，为和谐新农村的建设贡献智慧和力量。

二、建学习社区：提升生活品质，乐享和谐家园

以文化农，用文化引领新农村建设。昔日天凝镇农民“种文化”，今天，他们实现由农民“种文化”向建设学习型社区的华丽转身，在社会主义新农村建设中再度领跑。

（一）政府主导，强化“学习型社区”的推动力

创建学习型社区是天凝镇新农村建设一个新的引领目标。为加强对学习型社区创建工作的组织领导，成立了由镇党委党群书记任组长，宣传委员、文卫镇长、成校专职人员任副组长，政府部门相关负责人、社区以及企业负责人等组成的领导小组并设办公室，有专人负责。办公室设在社区学校，成立综合协调组、宣传策划指导组、社区文化活动指导组、法制宣传教育培训组、再就业培训指导组、创建学习型家庭指导组、学习型机关创建指导组、档案归集工作组、后勤保障组9个工作组。把社区教育和农村劳动力素质培训工作列为镇党委、政府的年度工作来抓，培训工作纳入镇年度工作考核指标体系，农民培训工作做到“五有责任制”。各职能部门有明确分工，形成多方参与、分工负责、齐抓共管的创建工作机制。把学习型社区创建任务层层分解落实到各部门，实行目标责任制管理，纳入工作目标考核范围。在此基础上，天凝镇建立了社区教育工作例会制度，每年至少召开两次会议研究学习型社区的建设工作，落实工作计划，分析总结实施情况。出台了《天凝镇（2013—2016年）社区教育工作规划》，通过规划为学习型社区建设工作指引方向和目标，严格按照规划内容对各社区进行考核，形成终身学习的良好氛围。

为保证学习型社区创建工作顺利开展，天凝镇政府逐年加大投入力度。2010年投入资金114.4万元，2011年投入118.8万元，2012年投入276.6万元，村级文体设施建设投入2700多万元，其中创建学习型社区、教育培训、文体健身活动经费900万元，建设费1800万元。自2006年以来，总投资1000多万元,新建了占地面积达9500多平方米的社区教育中心,900平方米的塑胶门球场，

1300多平方米的绿化休闲健身园。社区教育中心培训教育大楼建筑面积2800多平方米，设有标准电脑房1间，培训教室4间，每间都配有多媒体教学设备，能容纳500多名培训学员同时授课；配有400平方米的图书馆,有2万余册图书，30多种报纸杂志，内设成人阅览室、幼儿阅览室和电子阅览室；还有200平方米的乒乓球馆，150平方米的舞蹈房，能容纳2000名观众的篮球馆和露天灯光篮球场以及2000多平方米的市民排舞广场和新农村大舞台。

（二）创建阵地，构筑“学习型社区”基石

天凝镇在创建“学习型社区”中，着力构建以社区为基础、以人的全面发展为中心、以“教育社会化”和“社会教育化”为目标的社区大教育新格局，营造处处有学习场所，时时有学习机会，人人有学习愿望的良好氛围。

一是健全社区学校的组织网络。各村和300人以上规模的企业成立社区学校并建立领导小组，每年年初针对工作人员流动问题，政府及时做好调整补充，并以文件形式下发到各成员单位。全镇22个村3个社区的协理员建立工作群，健全培训工作台账，分类建立培训信息库，确保信息准确，实行动态管理。

二是完善社区学校的培训制度。对照县委、县政府有关农村劳动力素质培训工作要求分解任务，由镇劳保所牵头负责，镇成人学校组织实施、统一管理。由镇党委和镇政府的主要领导定期检查督促培训工作进展情况，形成一级抓一级，层层抓落实的工作局面。

三是壮大社区学校的师资队伍。镇社区学校有一支政治素质高、业务素质精，既能胜任实用职业技术培训又能担当理论知识教学的专兼职教师队伍。配有4名专职人员负责日常工作，聘请市职业学院、县人社局、县农经局、镇农技站和镇中小学教师等17人担任兼职教师，全镇社区教育志愿者已增加到156名。社区学校已成为天凝人的知识库和人才库。

四是创新社区学校的培训方法。为了使培训工作真正落到实处，天凝成人学校制定了三项制度，即培训管理制度、点名签到制度、培训招生协理员带队制度，大大地提高了学员的到课率、参考率和考试合格率。由镇人民政府发文并由成校发聘书组建了一支农村劳动力素质培训协理员队伍，聘请各村妇女主任担任成校培训工作协理员，根据已明确的目标任务、当前的市场需求和农民的主观意愿，积极结合本地农村劳动力素质实际，制订了具体的有针对性的切实可行的培训计划。每年召开由各村协理员参加的全镇劳动力素质培训招生会，会上把培训任务分配到各个村，并出台了招生奖励政策和年终考核制度。按照“合理布局、方便群众”的原则，把培训班办到学员家门口，如在宏杨村开展了农业专业技能培训班、在洪南村开展了葡萄栽培技术培训班。据统

计，2010—2012年天凝镇参加各类教育培训的总人数达到16.8万人次。其中，2010年全镇常住人口7.8万，参加各类教育培训的有5.5万人次。2011年，全镇常住人口7.6万,参加各类教育培训的有5.6万人次。2012年,全镇常住人口7.9万，参加各类教育培训的有5.6万人次。

（三）用心服务，提升群众参与的吸引力

天凝镇社区教育中心主要工作任务是做好广大农民群众学习活动的宣传和服务工作。近年来，社区教育中心组织开展丰富多彩的文体娱乐活动达50多次；举办各类文化艺术培训班、科普讲座、农技知识讲座80多场次；每周二至周日开展读书借阅服务，组织群众开展读书活动。社区教育中心在原有硬件设施的基础上进行了扩建，配备了书刊阅览室、培训教室、信息资源共享服务室、多媒体教室、舞蹈房、乒乓室、灯光球场等。同时积极整合资源，把党校、成人学校、农技站、文化站、人口学校、科协、老年大学、新居民家庭教育分校融为一体，常年开展各类德育实践活动、文明礼仪和法制讲座、专题培训，各类广场文化活动以及多元化的成人文化教育培训，营造了“教者尽其能、学者有其所、处处是课堂”的社区教育氛围，为社区成员的学习、健身、娱乐、生活创造了一个全新的空间。另一方面，积极认真探索农村文化服务新机制，搭建平台、做实培训、坚持不懈，打造基层文艺骨干培养的品牌，先后培训了80多名文艺骨干。培训课程除了舞蹈、歌唱等专业技能外，还包括社区文化活动的策划与组织、业余文艺团队建设。骨干学员经过培训后回到各村，如同“火种燎原”般带动了基层群众参与文化活动的积极性和创造性，不仅极大丰富了群众文化生活，还催生了一批文化艺术精品。

借助平台，创新社区教育特色项目。以“一镇一品”为特色的社区教育项目在全县已基本形成，如天凝社区教育中心的“村级农民种文化”、魏塘街道社区教育中心开展的“城郊新居民社会适应性教育”、姚庄镇社区教育中心的“农民画”、惠民街道社区教育中心的老年教育、大云镇社区教育中心的“戏曲大家唱”培训活动等，都在当地形成了相当高的知名度，对社区居民的吸引力也越来越强。联合县社区学院、县委宣传部共同搭建的“柳洲大讲堂”、与县卫生局合作举办的健康教育大讲堂等，都充实了社区教育的项目。

以洪溪村为例，该村自发选拔人才，组成文体骨干队伍，依靠和培育文艺骨干发展组建各具特色的文体队伍，做到家家有队员。每周一晚，由镇社区教育中心邀请专业老师对文体骨干队员进行培训，经过培训的骨干回到各自的

社区对广大村民进行手把手地训练和指导。目前，仅洪溪村就自发汇集了近300多名排舞队员，50多名篮球骨干精英，40余名妇女组成了篮球宝贝（辣妈）舞蹈队，另外还有320余人组成的18支各类文艺队。广大群众积极参与，盛况空前，不仅构建起了立体化的队伍网络，更为提升村级社区文化休闲活动起到了积极的作用。实践证明，只有用心服务，激发农民群众的积极性、创造性，学习型社区建设才会有生机和活力。

三、见成效：走向物质富裕，精神富有

（一）丰富了农民的精神文化生活

从农民“种文化”活动到创建学习型社区，天凝镇逐步走向“物质富裕、精神富有”的现代化新农村。过去，一些村民由于闲着无聊，沉迷于打牌、酗酒、搞迷信活动。如今，夜幕下一队队的文艺排练，一场场的文化表演，一阵阵鼓掌呐喊声，一排排翘首观看的身影成了一道道独特的风景。广大村民通过先进文化熏陶，知书达礼、重义轻利，文化生活及精神面貌悄无声息地发生变化，求知、求美、求新，文明健康、积极向上成为新追求、新时尚。

（二）提高了农民的文化参与意识

从农民“种文化”活动到创建学习型社区，天凝镇利用电视、报纸、网络等各种渠道，进一步提升社区教育的知名度和影响力，同时通过宣传栏、展板的形式营造终身学习的氛围，吸引更多农民参与到学习型社区建设中来。全镇各村共建立文艺队伍38支，篮球队26个，参与人数已由开始的1200多人发展到现在的3800多人。农民从文化的旁观者变为参与者，成为农村文化建设的主角。

（三）推动了农村和谐社会建设

洪溪村是天凝镇学习型社区创建中最具典型的案例。几年前洪溪村是远近闻名的“上访村”。最激烈的时候，几十个人挤在村委会的一间小办公室里吵吵闹闹，有人甚至直接把烟灰缸砸到村书记身上。现在的洪溪村无一例上访事件。学习型社区建设的深入开展，不仅使村民们有了共同的爱好和话题，而且拉近了干群关系、邻里关系，和睦了家庭关系，更营造了和谐向上的好风气。赌博没有吸引力了，吵架没有闲工夫了，社会风气得到了明显改善，广大村民

在健康的文体活动中感受着现代文明的熏陶鼓舞，感受着身心的愉悦快乐。悄然而生的集体荣誉感、责任感和幸福感，使家家户户、村村社社形成了新的凝聚力。

撰稿：盛学新　嘉兴市嘉善县天凝镇党委
吴曙强　嘉兴市嘉善社区学院
赖　立　中国教育科学研究院

敢为人先创新培训模式，追求卓越创建学习型街道

——武汉市新洲区邾城街道案例

邾城街道位于武汉市新洲区中部，举水河畔，为古邾国都城故名。辖区面积99.3平方千米，总人口17.5万，城区常住人口10.5万，下辖40个村民委员会和12个社区居委会。邾城交通便利、地理区位优势明显，处于承东联西、南北交汇的战略地位，是新洲区“一城两区四带”发展战略中一区（邾城商贸文化宜居区）两带（新型城市发展带、现代农业发展带）的中心城镇，同时也是武汉市辐射鄂东的战略节点和产业转移外迁的重要承接地。

作为区政府以及各局级单位所在地，邾城街建设学习型街道基础扎实，文化资源、教育资源相对丰厚，人口素质相对较高，名人、才人、能人云集，商贾流动频繁。这些优势为推进学习型街道建设提供了有力支撑，也为邾城街领跑全区学习型街道建设奠定了基础。但是，邾城街的发展依然面临诸多挑战：随着进城务工、经商的农民工增多，培养新农民、新市民，提高他们的综合素质迫在眉睫；时代飞速发展，新知识、新技术不断更新，城镇居民终身学习的多样化需求日益增长，社区教育的功能和任务加重；文明城市的创建工作内涵更为丰富，既有对人行为举止的要求，又有对环境的要求，需要市民不断“充电”。因此，邾城街加速推进学习型街道建设势在必行，时不我待。

一、有计划有步骤地推进学习型街道建设

邾城街党工委，办事处高度重视学习型街道建设工作，成立了以办事处主任为第一责任人的街道社区教育委员会。委员会的成员由街道各职能部门的主要领导组成。12个居委会和40个村民委员会也成立相应的领导小组，确立了“党委领导，政府推动，社会支持，全民参与”的运作机制。邾城街还把学习型街道建设工作纳入日常工作议程和干部年度考核目标，从而为创建学习型街道工作的顺利实施提供了强有力的组织保证。

为了有效推进学习型街道的建设，邾城街道有计划、分步骤进行积极探索。

（一）深入开展调查研究，准确掌握学习型街道建设的基本信息

经过深入细致的调查研究，全面了解和掌握学习型街道建设的基本信息。

1. 人口年龄结构信息。10.5万城区常住人口中，60岁以上的常住居民2万人，18至59岁居民6.7万人，未成年居民1.8万人。

2. 成年人文化层次信息。在约9万常住成年人中，本科及以上学历1.6万人，专科学历1.9万人，高中或中专学历3.4万人，初中学历1.1万人，小学学历0.9万人，半文盲0.1万人。

3. 成年人从业信息。在约9万常住成年人中，公务员0.2万人，事业单位工作0.9万人，从事商贸工作3.5万人，企业就业人员1.8万人，个体手工业劳动者1.6万人，灵活就业人员1.9万人。

4. 学习需求信息。居民构成成分复杂，学习需求所涉及的领域也相对广泛，主要有以下方面：政策法规学习、商业服务技术、烹饪与餐饮服务技术、花卉园艺园林种植技术、农副产品加工技术、交通运输技术、建筑材料制造技术、电器维修技术、装饰装潢技术、保健常识与健身技能、青少年拓展训练（琴棋书画）、文娱活动等。家庭教育技能是郏城街居民的共同学习需求。计算机应用技术、驾驶技术学习需求主要涉及18岁到55岁之间的居民及各行各业的从业人员。灵活就业人员的从业特点是遇什么做什么，做什么学什么，因而其学习需求具有变动性、及时性、跨行业性。

（二）认真谋划充分论证，民主决策学习型街道建设的实施战略

在准确掌握学习型街道建设的基本信息后，郏城街社区教育委员会召开各成员单位“诸葛亮会议”，民主决策，确定郏城街学习型街道建设的战略构想：立足“轻工新城、商贸新城、生态新城”发展战略，把学习型街道建设纳入区域经济社会发展规划；提出“整体架构、局部实验、分层推进、带动全局”的建设思路和“党委领导、政府推动、社会支持、全民参与”的运行机制。郏城街社区教育委员会与郏城街社区教育学校共同制定了《郏城街学习型街道建设实施方案》，着力打造“教育强街”品牌，推动社区教育以及学习型街道建设进程。

（三）正确选择试点单位，确保学习型街道建设突破口实验成功

郏城街作为新洲区政府所在地，是全区政治、文化、教育、科技中心，公务员队伍比其他街道相对庞大，政府机关部门相对集中。以提高公务员综合素质为突破口，把政府机关部门作为试点单位，采用宣传动员与制度规范，刚性

标准与灵活评价相结合的方式方法，推动学习型机关的创建，带动学习型街道的建设。

（四）积极营造学习氛围，全面推进学习型街道建设方案的铺开

为了使创建学习型街道活动家喻户晓，深入人心，邾城街利用各种宣传手段，大张旗鼓，营造学习型街道建设的浓烈氛围。一是利用有线广播电视宣传。制作有实例、有情境、有讲评的广播电视节目，增强节目寓教于乐的趣味性，让社区居民喜闻乐看。二是利用宣传车，流动宣传。开展创建活动以来，共出动宣传车辆156台次，每次下乡进街宣传，不仅注重宣传广告的新颖，还注重宣传语言的穿透性，使受众听之难忘。三是制作宣传橱窗、展板。邾城街在街头村头共制作展板、宣传栏等358处，这些宣传展板图文并茂，内容充实，具有很强的观赏性。四是会议宣传。在学习型街道建设过程中，逢会必讲，做到专题会议重点讲，主题会议附带讲，让学习型街道建设的工作引起各级领导的高度重视。

二、建立健全保障机制，确保各项工作层层落实

为了确保《邾城街学习型街道建设实施方案》得到落实，提高方案的执行力，邾城街建立了强有力的保障体系。

（一）制度保障

为了确保方案得到落实，街道制定了《邾城街社区教育章程》《岗位安全职责》《岗位职责》《岗位工作管理制度》《岗位工作管理办法》《岗位工作评价标准》《评先评优标准》和《学员学习管理制度》。这些制度的执行，保障了方案的落实。

（二）经费保障

学习型街道建设的经费是通过街道财政拨款、单位赞助、个人捐赠和联合培训集资等渠道解决的。其中，街道财政按居民每年人均1.5元进行拨款；单位按实际耗资的1.2～1.5倍赞助；个人捐赠按自愿原则进行；联合培训集资按实际耗资的1.2倍收取。

（三）队伍保障

邾城街有政治、文化、教育、科技商贸人才集中的优势，主要从四个方面

保障了学习型街道建设的队伍：一是招聘专职人员充实队伍；二是聘请离退休人员扩大队伍；三是招募志愿服务人员壮大队伍；四是让知识分子相对集中的单位与社区、居委会结对，互助互补。

（四）理论保障

一是认真学习各级指导性文件；二是研究终身学习、学习型社会相关理论，并延伸到学习型街道建设实践中；三是探究社区教育相关理论，并拓展到学习型街道建设之中；四是借鉴学习型街道建设先行地区的实用理论，并与郕城街的实际相结合；五是成立课题研究小组，提炼出自己的“土”理论。

三、整合资源，夯实学习型街道建设的基础

基础不牢发展空间必然受限，没有细胞也就没有组织。为此，郕城街将学习型组织创建作为抓手，夯实学习型街道建设的基础。

（一）学习型组织与团队的建设

1. 创建学习型机关。首先，明确考核内容。如读书学习笔记，学习小组讨论发言记录，学习考核记录，大会交流发言记录，撰写的论文或经验材料，获奖情况，重大政治活动参与情况等。其次，实施量化管理。如对中心组成员的学习目标量化为“一、二、三”，即每年撰写一篇理论与实际相结合的论文，两次中心发言或下基层辅导，三万字的读书笔记等。具体的分值分别量化为20分，18分和30分。参加集中学习12次，12分，缺一次扣一分。对于撰写论文在市、区级刊物上发表或交流的另增奖励分。最后，将考核结果与个人业绩挂钩。对完成学习目标任务，积极参加学习活动，获优秀征文奖的同志予以表彰奖励。对不重视学习，没有完成学习任务，经考核达不到基本分的，年度考核不能评定为优秀。学习考核的结果记入个人学习档案，并作为晋级、选拔干部的重要依据之一。

为了切实保障评估激励机制的有效运行，街道办事处专设一万元专款作为奖励启动资金，由创建学习型机关领导小组组长管理。对论文获奖者，在各级报刊发表文章，年终考核合格者均给予奖励。

2. 创建学习型村组（组织）、家庭。针对广大居民，采取柔性管理和人性化规定。一是举办各种特色活动，激发市民的学习热情，营造全民学习的氛围，真正做到“人人皆学”。郕城街借助每年的“全民终身学习活动周启动仪式”，积极打造学习型社会建设的标志性活动品牌，每次“启动仪式”郕城街都精心

准备，周密安排，邀请学习突出的市民代表参加，进行典型交流发言，授予政府奖励,从而激发市民学习的热情。邾城街积极开展“邻居节”“市民读书节”“百姓论坛”“振兴中华读书活动”“创建学习型组织，争做知识型员工”等特色活动，拓展了社区教育的服务形式，为推进学习型街道建设发挥了重要作用。二是举办各种竞赛活动和才艺展示活动。邾城街定期举办“读书竞赛”“书法竞赛”等各种竞赛活动，对优胜者予以奖励，激发市民的参与热情。三是典型引路，树立学习标兵。邾城街通过群众推荐，层层筛选的办法，海选全街道学习典型，特别是通过学习取得明显成效的典型，在经济上予以重奖，最高可达一万元；政治上给予关心，符合条件的优先入党；工作上予以照顾，符合条件的学习标兵优先进企业，学习突出的个体老板优先发放贷款。

（二）终身教育与学习网络的建设

在终身教育与学习网络建设方面，形成了社区教育学校、社区与行政村教学点、村民小组学习点和学习型家庭建设互助组等四级学习网络，实现了居民终身学习指导全覆盖。为满足日益增长的多元化学习需求，邾城街结合自身特点，广泛开展岗位培训、学历提高、技能学习、继续教育等教育培训，服务于城镇化发展和市民生活品质的提高，为学习型街道建设打下了坚实的基础。

（三）终身学习氛围的营造

邾城街作为古邾国都城积淀了一些具有地域特色的传统文化。如“前堂教子后堂相夫”是古邾国留下来的传统瑰宝，经过发掘整理，编辑成《家庭教育文化》，利用本地区男主外女主内的特点，组织妇女进行家庭教育；“节孝”是古邾国老祖宗留下的精神遗产，社区学校把它整理、拓展成为气节与孝心文化，在收集素材之后，以民间故事的形式进行气节与孝心教育。另外还有“牌子锣鼓”“举水谣”等民间传统节目。

四、学习型邾城街的创建特色和成效

（一）创建特色

为巩固学习成果，邾城街不断推出自己的创建特色，并从多方面进行创新。

1. 各级领导亲力亲为。2007年10月，邾城街成立了创建学习型街道领导小组，由街道办事处主任任组长，街道党工委、办事处多次就创建学习型街道进行了学习研讨，统一思想认识。通过借鉴硚口区创学习型社会——“十万市民进课堂”，江汉区创学习型社区——“万人读，千人赛、万人评”等先进单位的成功经验，结合街道实际制定了《郝城街学习型街道建设实施方案》，在全街党员干部中宣传发动，召开骨干会，提高党员干部对创建学习型街道的认识，确立了“党员领导、政府推动、社会支持、全民参与”的管理体制。在学习型街道建设活动中，郝城街以创建学习型机关为先导，以各级领导为前驱，将着力点放在“虚功实做”上，使学习活动有载体，有硬件设施，有目标要求，有检测手段。一是各机关单位专门开辟学习室，室内设有图书柜、报刊架、阅览桌、电脑等，还特设“学习、思考、交流、提高”专栏，作为干部职工书面交流的园地。二是设立个人学习档案，发放统一的学习笔记、小组讨论记录本，制作公示牌，每季公布一次考勤，集体学习活动与政治学习活动均有记载。三是将学习活动列入年度考核目标。四是使学习活动有声有形，有实感，见实效。

2. 将强化管理作为根本。郝城街从创建工作一开始就出台了《郝城街学习型街道建设实施方案》《学习型街道建设专职、兼职教师选聘办法》等20多个政策文件和管理条例，使创建工作事先有方案，实施有督查，事后有考核，形成一整套操作性极强的科学管理规程。

3．视社会支持为生命。自创建以来，郝城街摒弃以往政府一家单打独斗的做法，调动各方力量，所有社会成员、单位和团体都承担起“全民学习、终身学习”的社会责任，各类媒体都按照学习型社会建设的要求，增加学习类节目，拓展节目的教育功能，开发市民喜闻乐见、寓教于乐的学习栏目。各类学校、机关、团体积极开发并开放本单位的学习资源，按照终身教育发展的需求，做好自己的工作，为创建工作增添含金量。

4．将创新模式作为保证。积极创新工作模式，努力构建长效机制。近年来，郝城街创新了“社区学校”集中培训模式；探索出“一居一品牌、一校一特色、一街一策略”的品牌教育模式；尝试了社区教育进村进居委会的“社区教育下基层”模式，收到了良好实效，推动了工作的深入开展。

（二）实际成效

郝城街创建学习型街道活动，涌现了一大批德艺双馨的新型农民和新型白领，体现了“敢为人先，追求卓越”的武汉精神，为实现郝城街跨越式发展提供了有力的智力支撑。

1. 科技示范户引领农民“以文化人”。借助新农村建设的东风，引导示范户担负起传播先进文化的职能。郝城街市级科技示范户程建森组织农民开展多种形式的文化娱乐活动，用所学知识教化开导村民，使许多村民一改打麻将、喝小酒、扯闲话、打架斗殴的陋习，变成爱卫生、讲礼貌、守法纪的“乡间绅士”。程建森在创建活动中的所作所为，得到了村民的认可和赞许，在2008年村级换届选举中，被推举为村支部书记，近年还当选为区、市两级人大代表，在他的引领下，章程村成了远近闻名的“明星”村。

2. 带领农民“闯市场”。邾城街站桥村农民张水应，年近六旬，老当益壮，酷爱学习，不仅是种菜能手，也是经销能人。通过参加街道举办的市场营销培训班，学到了营销技能，加上他多年的阅历和经验，牵头成立了蔬菜协会，利用网络信息帮助本村菜农及时将早春黄瓜卖出高价，帮助农民增收致富。在学习型街道建设中，成为邾城街表彰的学习标兵。

3.“弱势群体”显“奇能”。邾城街残疾人王文静，因患小儿麻痹症，半边手脚不灵活，初中毕业后进社区教育学校电脑培训班学习，从基础的打字学起，直至学会平面设计，学成后的王文静被阜财门文化广告业务部录用为广告设计员，用一技之长自食其力，改变命运。

撰稿：徐　波　武汉市新洲区邾城街社区教育学校

打造“五型五优”社工队伍，让人人享有出彩机会

——杭州市上城区小营街道案例

小营街道地处杭州市中心腹地，具有深厚的历史文化底蕴，这里是毛泽东主席视察过的街道，是中国共产党杭州小组的诞生地，有当代科学家钱学森故居，太平天国听王府，王文韶大学士府，还是诗人戴望舒笔下“雨巷”的所在地。小营人，秉承了“敢为天下先”的红巷精神，为实现“中国梦”积极进取，努力开拓，成功打造“雨露小营”“红巷精神”“最美小营人”等文化品牌；同时，也培育了一支学习型、服务型、专业型、全能型、创新型且理念优先、素养优良、结构优化、方法优质、业绩优异“五型五优”的社区工作者队伍，让每一位社区工作者都有施展才华的天地，让人人享有出彩的机会。

一、顶层设计，播种社工出彩的种子

当前，我国正朝着“小政府、大社会”的方向迈进，社区工作者处在城区改革、发展、稳定的第一线，直接面向社会，面向社区居民，是推进学习型社会建设的重要力量。社区工作者作为社区服务的直接提供者，社区建设的参与者，直接代表着社区的形象、政府的形象，提升社区工作者的专业素养，建设专业化、职业化、社会化的社区工作者队伍迫在眉睫。小营街道创新机制，着力发展社区工作者人才队伍，根据《上城区加强社区工作者队伍建设的实施办法》《上城区专职社区工作者管理实施细则》等文件精神，以科学人才观为指导，以人才培养为基础，以人才使用为重点，以政策制度为保障，以“敢为天下先，甘为孺子牛”的红巷精神为引领，依托上城区社区学校的专业力量，分析现有社区工作者队伍的现状，加强顶层设计，启动“小营街道社区社会工作者专业素养提升工程”。通过开展系统化的专业知识培训，大力培养社区社会工作者的胜任力、执行力、发展力、创新力和领导力。同时，建立街道社区社会工作者教育培训的长效机制，保障每人都有48课时培训学习时间，其中必修课24课时，选修课16课时，自我研修8课时。以此播种社区工作者出彩的种子，着力打造“五型

五优”的社区工作者队伍。

二、更新理念、明晰社工出彩的方向

理念不变原地转，理念一变天地宽。社区社会工作者的工作忙、乱、杂，然而，百姓无小事，民生是大事，如何从纷繁的杂事中解放出来，更新理念是关键。提高服务水平不仅需要提高工作人员的专业素质，更需要加强社区工作的实务指导，实现管理规范化、事务流程化、规章简便化、操作明细化。为此，小营街道编撰《小营街道社工手册》，明确岗位职责，规范工作进程，指引社工出彩的方向。2012年5月，街道精心挑选各行各业的优秀社工组成编写小组，参照杭州市地方行业标准及规范，从社区工作和社区居民需求出发，编制社工岗位职责11个，事务操作流程9个，明确社工工作规范、岗位标准和操作流程。历经半年多时间，几易其稿，完成了《小营街道社工手册》的编写。该手册已成为每一个社工的工作指南，是提升社区服务的管理工具，更是提升工作成效的好帮手，为社工解决居民事务问题、应对居民诉求等方面提供基础性指导，增强了社区服务能力和工作执行力，提升了社区服务的整体水平，推进了学习型街镇的建设，提高了居民的满意度。

三、创新机制、搭建社工出彩的平台

为鼓励社工热爱社区工作、扎根社区沃土、在平凡的工作中出彩，小营街道创新社区工作者选拔任用五大运作机制。

（一）建立选录任用机制

推行职业资质准入制度，规范社区专职工作者队伍的“入口”，从源头上解决社区工作者素质问题。建立公平公开、择优录取的考试录用机制，面向社会公开招聘社区专职工作者，择优录用相关专业的大专院校毕业生，吸纳一些年富力强的高素质社会人才充实到社区工作者队伍中来。建立专职社区工作者人员信息管理系统，一人一档，对专职社区工作者的工资、晋升、人员变动等进行动态管理，让每一个社工都有公平竞争、展现自己的舞台。

（二）健全教育培训机制

一是学历教育。鼓励专职社工参加政治理论、专业知识、业务技能及知识更新的培训，鼓励在业余时间参加学历继续教育。二是职称考试。要求40周岁（含）以下的在职社工，正式录用起5年内取得《社会工作者职业水平证书》，新招聘专职社工需在符合考试资格后2年内取得《社会工作者职业水平证书》。三是专业素养提升培训。社区工作者必须参加街道举办的社区社会工作者专业素养提升工程培训。社工完成课程学习并通过考核后，颁发培训结业证书，用学分制的方式记录、管理社区工作者的职业成长轨迹，并将培训情况纳入社区社会工作者的年度绩效考核体系，让每一位社工享受终身学习的福泽。

（三）制定工作指导机制

一是加强对社区社工价值观的培育，注重将先进理念内化为精神追求，并外化为自觉行动；二是增强实务技巧的训练，引入社会专业方式；三是重视培养独立工作能力和创新意识。如，开办专业服务指导会诊所，聘请心理咨询老师进行专业指导，搭建社会工作专业大学生实践基地，为社工创造提高解决事务能力的平台。又如，开设网上社工“一事一议”点评交流平台，通过相互交流社区遇到的重大居民事务、社区难点等问题，加强社区与社区、社工与社工之间的工作经验交流，让每一位社工都有施展才华的天地。

（四）完善绩效考核机制

街道制定了《小营街道社区工作者绩效奖金发放细则》和《小营街道社区工作者特殊绩效考核奖励细则》，每年年终对专职社工的德、能、勤、绩进行考核。每年一次对工作业绩、劳动纪律进行考核，对每一位社工进行严以自律的作风启迪。

（五）推行竞争激励机制

一是公开选拔。社区后备干部选拔工作做到公开、公正、公平，择优录用，以推荐、审查、笔试、面试、考察、公示等方式进行。考试出题、批卷、全权委托第三方，面试由区、街道相关部门参与，共同完成。二是职位选聘。依据德才兼备，群众公认，公平竞争的原则，在业绩评定和综合考察的基础上，将思想素质好、工作热情高、自制能力强、清正廉洁的人选聘进社区领导正副职岗位。2012年7月，小营街道面向12个社区首次公开选拔社区后备干部，通过竞聘，共有16位社工走上社区副职岗位，平均年龄36.4岁，大专学历以上的占100%，优化了管理队伍的整体素质，使社区干部队伍建设有一个良好的培养发展机制。

小营街道积极探索建立符合实际、易于操作的社区工作者选拔录用、晋升、奖惩制度，调动社区工作者积极性和主动性，搭建社区工作者发展平台，完善相应的年度考核机制，制定统一的考核标准和考核模式，公开考核结果，发挥考核成果的应用价值，把量化考核和民主评议结合，将考核结果作为评选优秀社区工作者的重要参考，并与个人的收入挂钩，畅通出口，形成动力与压力并存，激励与约束相连的考评体系，让人人享有出彩的机会！

四、“五型五优”，塑造社工出彩的形象

针对社区工作者队伍中存在的职业素质不高、专业技能不强、管理和服务工作水平有待提高的现状，小营街道在实践中不断探索，组建一支由专职社区工作教师、社会工作者、社区学院教师、社区社工代表组成的课题研究小组，经过政策调研、社工需求调研、专业理论论证、专家座谈、方案评估等，经街道反复讨论、研究、审定，出台了《关于实施社区社会工作者专业素养提升工程的意见》。该工程着眼于构建和谐社区的客观需求，明确社工培养的规模、结构、目标、任务及政策措施等，推出有计划分层次的培训体系，根据社工队伍的实际，分为成长期、发展期、丰盈期和社区负责人四个不同层面。通过对不同社工梯队的分类指导，开展“百灵鸟”“千里马”“孺子牛”“玉麒麟”“金凤凰”五大系列的专业培训，并落实政策、经费、智力支持等保障措施。例如，工作3年内的社工，培训内容为专业素养成长、岗位实务知识等；工作4~6年处于发展期的社工，主要开展提升性的培训，使其快速成长为一名成熟的职业人士；工作7年及以上的丰盈期社工，主要提升其执行力、创造力，帮助他们克服职业发展“高原”状态。通过系统规范的培训学习，促进社区工作者不断成长，发挥其在困难救助、矛盾调解、人文关怀、心理疏导、行为矫正、关系调适等个性化、多样化服务中的专业优势。如今的社区工作者，是一群年轻有梦、充满智慧、活力无限的有志青年，他们愿意把青春奉献给社区，种下一个梦想，然后用行动把梦想变成现实。

五、雨露小营，滋养社工人人都出彩

小营街道悠久的历史积淀、深厚的文化底蕴、独特的红色元素，滋养了小营人，激励着小营人，“敢为天下先，甘做孺子牛”的红巷精神是小营社区工作者奋发有为的精神源泉，小营街道不仅从精神上激励着社区工作者奋发努力，更在实际工作中为社区工作者提供营养和雨露。

“择优升职制”，成为在岗社区工作者职业提升的阶梯。小营街道坚持从社区工作实际出发，打破传统的用人机制，建立公开、平等、竞争、择优的用

人机制，选拔在社区连续工作多年，业务能力强，会干事，群众口碑好，连年评为优秀的社工，通过组织考察，群众评议方式，提拔到社区重要岗位，并在实践中培养锻炼。

“人才蓄水池”，作为新社工做好本职工作的试金石。参加专业提升工程学习优秀者，工作表现突出、有发展潜力、持有社会工作者职业资格证书、年终考核优秀的社工，经社区组织推荐，符合提拔社区后备干部的条件，进入“后备干部人才库”。

“一专多能法”，提供各显其才的机会。在12个社区推出“值班长”制度，让每位社工轮流坐镇，既方便居民来社区办事，又能让社工体验值班经理的工作，提高处理日常事务的能力，培养一专多能的社工。选送优秀社工外出学习，参加专业培训，并作为评选先进的优先条件。在物质激励方面，年终奖金与考评结果相挂钩；在精神激励方面，评选表彰优秀社区工作者、优秀学员等，不断增强其工作归属感、成就感。在公务员、事业单位考试，人大代表推荐等方面适当向优秀社区工作者倾斜，形成向上流动的激励机制。

近年来，小营街道在社工培养上立足实际、突出重点、强化措施、稳步推进，力求在工作中提升，在突破中前进，在巩固中发展，实现社区管理规范化、社工队伍专业化、公共服务优质化。以“机制-培训-联动”的管理模式，牢固树立“人人享有出彩机会”的培训理念，形成了发现人才、选拔人才、录用人才、培养人才、成就人才、激励人才的工作模式，提升社区工作者能力素养和专业形象，致力于打造一支素质过硬、业务精湛、服务一流的专业化、职业化社区工作者队伍，努力把小营街道建成管理有序、服务完善、文明祥和的学习共同体。

撰稿：李　敏　杭州市上城区小营街道办事处

老街新韵，彰显学习文化的多彩魅力

——天津市南开区鼓楼街道案例

天津老城是天津形成和发展的摇篮，是天津民俗文化的发祥地，也是近代天津政治中心、经济中心和文化中心。老城历史遗存和文化积淀十分丰富，享有天津紫禁城的美誉，堪比天津“活化石”。600载天津卫，根在南开。作为天津老城厢的所在地，厚重历史积淀而成的文化底蕴，南北交融、中西合璧、博采众长、兼容并蓄，反映出天津老城包容开放的文化特征，是天津人根之所系。随着时代的变迁，天津老城旧貌已逝，文化底蕴仍存。

鼓楼街道地处天津市南开区东部，总面积2.2平方千米，常住人口4.8万，流动人口2万，下辖6个居民社区，全部为商品房住宅小区。鼓楼街道拥有丰富的历史文化资源，辖区内可供利用的教育资源有鼓楼、文庙、天后宫、玉皇阁、广东会馆、格格府、天津民俗博物馆、古文化街等，是南开区极具特色的街道。

为充分利用现有资源，建立健全社区管理和社区服务机制，不断提高社区建设水平，鼓楼街道党工委、办事处制定了建设鼓楼特色街区的工作目标，针对街区特点，结合社区实际，提出创建“居住和谐、生活和谐、文化和谐、保障和谐、安全和谐”的“和谐鼓楼”新社区，力争将鼓楼街道建设成为社区服务体系较完备、社区功能和配套设施较完善、社会公共服务资源较完整的人文环境、社区氛围最优街区，不断增强社区居民的认同感、归属感和幸福感。美丽南开，和谐鼓楼，社区建设是基础，本着“一居一特色，一支一面旗”的原则，鼓楼街道正在以整街建制创建工作为基础，朝着打造美丽宜居、文明和谐新社区的工作目标奋勇前行。

一、示范引领，创建特色学习团队

2010年,鼓楼街道开始实施老城厢特色“学习共同体”实验项目。几年来，项目走过了一条“创建——完善——提高”的可持续发展之路，增强了社区居民的自豪感和归属感，提高了社区居民的凝聚力，推进了和谐社区的建设与发展。

（一）建立机制，培育能力，打造队伍

鼓楼街道在深入调查的基础上，坚持科研引领、项目推动，确定了工作思路和实施策略：扶持、管理和引导现有民间社团，提升为市民学习团队；根据市民兴趣爱好、学习需求，扩大和组建新的市民学习团队。

1. 发掘和引导。对社区现有的民间社团加以发掘和引导，强化学习因素，营造学习氛围。社区发展建设最大的优势就是拥有得天独厚的国学文化资源，街道从自身文化中寻找发展动力，发挥社区自身优势，发展社区优势项目。长期以来，老城厢的地域文化特色鲜明，但是却没有形成文化社团品牌。为了弘扬传统文化，鼓楼街道对辖区内社团进行调查和梳理，发现民间社团中存在一些问题：如社团活动不够稳定,缺乏持久的生命力；社团活动的硬件条件不足，活动经费不足；社团发展存在娱乐倾向，多集中在文化、艺术、体育等方面；社团活动形式单一。深入了解这些情况后，街道从培训入手，加强对“社区居民学习共同体”的核心要素——社团负责人的培训和指导，提升他们的自身素质，增强他们的组织能力，以便帮助社团更好地开展活动。街道积极搭建平台，鼓励社团之间、成员之间交流分享，促进社团共同体发展和壮大。

2. 管理和激励。统筹规划，科学管理。一是采取有效措施，建立健全管理机制。项目组结合街道实际,制定了《鼓楼街社区居民学习共同体基本要求》和《鼓楼街社区居民学习共同体登记表》，对社区居民学习共同体应具备的基本要素，包括共同愿景、终身学习、良性运作等条件作出明确规定。二是积极组织活动。在活动中，一方面注意用反思与探寻的方法去促进团队成员交流，达到共同学习，共同进步，共享成果的目的；另一面采取互动式学习方式，激发团队成员的学习热情。三是开展“标杆学习”，树立学习楷模。在团队内树立“个人标杆”和“项目标杆”，从物质上和精神上进行奖励，鼓励大家从他人身上发现优秀的学习品质。

3. 普及和提高。社区居民积极主动参与到学习共同体中，是学习共同体赖以生存的根本。项目组广泛宣传，深入发动，积极营造学习氛围，同时不断培育品牌社团，在普及的基础上努力提高学习团队的质量和品位。近年来，由于新知识新信息更新快，个人的素质要想与社会发展相适应，需要建立和完善学习系统。在学习团队中，理解和沟通是共享知识的必要条件，也是团队成员协作的基础前提。首先，有效沟通是建立优秀团队的前提。创造良好的氛围，使团队成员之间能够坦诚交流、相互信任、友好相处，才能有效合作，营造出团结和谐、融洽共事的良好氛围。其次，和谐运作是团队成功的根本。团队的

基本功能和特征是协作，协作的实质是分享和共享。它能使本来分散的个人和具有不同能力、不同个性的人结合起来，携手共进，组成一个有共同目标、相互协调的整体。

（二）尊重需求，各具特色，丰富多彩

从居民的兴趣出发，因势利导，组建各类学习型团队，凝聚居民的学习热情，使终身学习理念深入人心。铜锣湾社区的三笔字学习小组，壹街区社区的民乐队和舞蹈队，后现代广场的夕阳红合唱团，天霖园社区的阳光晨练队，环保大课堂，天越园的党员学习小组，社会实践学习小组，龙亭园的合唱队等学习团体，活跃在鼓楼街社区的大街小巷。后现代广场的夕阳红合唱团成员都是社区的离退休人员，每月两次的活动不仅将老年人团结在一起，而且丰富和充实了他们的老年生活。合唱团成立以来，深受社区群众的喜爱，为创建平安社区创造了有利条件。天霖园社区成立了阳光晨练队，社区居民纷纷报名参加并积极投身到全民健身行列中。晨练队自成立以来，已经学习了太极拳、功夫扇、太极刀、太极剑以及气功健身五禽式等近十个套路。经过大家的不懈坚持，2010年，在南开区安全杯和劳动保障健身节比赛中获优秀奖。天霖园社区的环保课堂已经成为鼓楼街社区教育的一大品牌，社区携手区环保局专家、南开大学绿色环境小组的大学生，为社区学生与家长上环保课，以环保课堂为载体，形成系列活动，让低碳生活成为一种生活态度，使环保理念深入人心、深入家庭。随着环保工作的深入开展，社区志愿者队伍进一步扩大，目前志愿者人数已达1196人。

（三）不断反思，积极建设，推陈出新

建立各类市民学习团队是建设学习型社区的基础。因此，如何有效地建设各类学习型团队，对于建设学习型社区尤为重要。通过不断探索实践，总结反思，鼓楼街道在建设特色学习团队中注重把握以下重点环节：

1. 树立先进的学习理念是建设学习型团队的前提。思想是行动的先导，在建设市民学习团队的过程中，一要树立“终身学习”的理念。社会发展日新月异，新东西层出不穷，“活到老，学到老”，每个人要适应环境的变化，不断地吸收、处理外界信息，洞察环境变化，及时博采众长，超前应对。二要树立“团队学习”的理念。团队学习是可持续发展的基础，在信息社会和知识经济时代，要成功就要靠知识，靠全体成员的创造力，开发整个团队的智力资源。三要树立“学习生活化，生活学习化”的理念。把生活的过程看做是学习的过程，使二者紧密结合在一起。四要树立“学习最主要的任务是学会学习”的理

念。当今世界，一方面知识总量成倍增长，另一方面知识更新速度加快。因此，学会学习，防止知识老化，必然是当今社会学习的最重要任务之一。

2. 建立激励约束机制是建设学习型团队的关键。市民学习团队是一种能够不断学习、持续创新的组织，约束机制的建立和完善就显得十分关键。首先，要建立动力机制，包括内动力机制和外动力机制。内动力机制就是通过树立共同愿景，增强组织和个人学习的内在动力；外动力机制主要是激励和竞争机制。其次，要有投入机制。街道各社区在建设市民学习团队的过程中，要有必要的经费保证，努力为各类市民学习团队创造良好的学习条件和环境。

3. 加大行政推动力度是建设学习型团队的保证。在建设市民学习团队的初始阶段，必须加大组织领导和行政推动的力度。首先是各级党政领导班子要高度重视，建立健全责任制；其次是各街道社区主要领导要有针对性地指导；三是要广泛进行动员，保证全员参与；四是要通过舆论宣传等形式，营造浓厚的建设氛围。

4. 通过扶持市民学习团队发展以提升社区教育内涵。市民学习团队具有组织的自发性、广泛的分布性和强大的凝聚力，使得市民学习团队成为社区文化形成和传播的重要途径。因此，鼓楼街道提出“以团队学习引领社区教育”的发展战略，通过扶持市民学习团队发展，进而提升社区教育内涵，促进社区建设。市民学习团队建设是一项长期工作，打造市民优秀团队没有固定的模式，需要在实践中不断地完善。只有长于思考、勇于探索、善于实践、惯于总结，市民学习团队建设才能日臻完善，越来越多的优秀团队才能脱颖而出，在社区建设发展中发挥整体优势，推进街道社区各项工作的稳步前进。

二、打造津门文化名街，提升学习文化内涵

深厚的文化底蕴是鼓楼街道得天独厚的资源优势，鼓楼街道以整街建制为契机，以“突出特色、整合资源，精心打造津门老城厢传统文化名街”为目标，以“一刊六个基地”的工作思路，大力弘扬中华民族传统美德，积极宣传老城厢文化，潜移默化提升居民道德素养，建设和谐社区家园。

（一）文化和谐，铸特色文化品牌

走进鼓楼街社区中心广场，就置身于国学文化之中，“雅风亭”正前方“弘扬国学惟修德，传播道义必倡廉”的对联，与文庙外“道观古今”“德配天地”的牌坊，借古论今，相得益彰。而“雅风亭”内四周有“天津精神——爱国诚信、务实创新、开放包容”的字牌，亭中有与“天津精神”内容相关的名言名句，

体现了天津海港都市博大的文化情怀，彰显了天津人兼容、和谐、豁达的性格。国学文化不仅体现在社区亭台楼阁建筑空间，社区居民的生活空间也无处不在。

壹街区社区与国学圣地天津文庙毗邻，步入壹街区社区，首先映入眼帘的是一个朱红色的中国印造型的墙体装饰，“和谐家园”四个大字跃然眼前。具有中国建筑特色的社区活动室，依次排列着悦馨室、廉政文化室、书画苑、养颐轩、图书阅览室、国学堂、市民学校，实现了“一室一特色、一步一风景”，虽然地处城市最热闹的商业中心，却依然被亲切、浓郁的国学文化包围着。壹街区社区还与时俱进，将国学廉政文化与社区教育有机结合，采用廉政漫画、廉政格言警句、顺口溜等形式，将政策法规、廉政文化等宣传与社区自然景观和楼门结合在一起，先后建成廉政文化路、廉政文化广场和廉政文化墙，设置楼门廉政牌20余处，在社区范围内营造出浓厚的“廉荣贪耻”的文化氛围。成立“廉政文化宣讲团”和“廉政文化歌唱团”等4支队伍，开展廉政讲座和廉政文艺汇演10余场次，扩大廉政文化教育覆盖面。同时，壹街区社区在“党旗进社区，为民办实事”的系列主题实践活动中以国学廉政文化为指导，举办8场主题活动，促进了社区文明建设，进一步提升社区品质。

（二）生活和谐，助居民乐业安居

天越园社区是鼓楼街整街建制着力打造的精品社区，经过提升改造后，社区服务功能得到进一步提升。作为鼓楼街“一刊六基地”之一的“茶文化基地”，天越园社区致力于创建“文化康乐型”社区，以“茶文化活动基地”为依托，以社团组织建设为抓手，老城厢文化与现代文化相交融，以茶道文化促带社区建设。在创建“文化康乐型”社区中，天越园社区作为茶文化特色社区，坚持“文化发展，茶道先行”的文化理念，开展了“茶道与健康”“茶道与养生”“茶道与中医”“茶道与书画”“茶道与人生”“茶道与社交”六大系列的茶文化活动，使居民“爱在天越，享在天越，心在天越，建设美丽天越”。

铜锣湾社区积极发挥社区居委会的作用，为群众解难题办实事，甘当居民业主与物业公司之间的“调和剂”和“润滑剂”。一段时间以来，由于物业企业在小区管理服务不到位，引发一些矛盾和不满，在街道办事处与区质监局、物业办等职能部门的积极协调下，铜锣湾社区居委会多次召集业委会、居民代表、物业公司负责人进行协调，倾听居民群众的诉求，确保居民群众生活不受影响，最终妥善解决了难题，化解了物业和群众之间的矛盾，让居民在铜锣湾社区乐业安居。

后现代广场社区定位为“康居服务型”特色社区，充分利用社区宣传阵地，利用横幅、展牌、文体活动，广泛深入宣传“创建康居服务型社区”的重要意义。同时，以志愿者为主体，有组织、有计划、有步骤、有目标地开展服务活动。不断完善社区志愿者队伍建设，提高社区服务质量和水平，发挥楼门长和党员骨干的纽带作用，通过多种形式的助老、助残、精神慰藉、家政等志愿服务，为居民群众提供方便，满足居民群众的实际需求。

（三）保障和谐，解百姓后顾之忧

龙亭家园社区以创建“公共服务型”特色品牌社区为目标，充分发挥社区优势，建立龙亭家园便民服务圈，社区为老服务中心和社区卫生服务中心坐落其中。根据社区老年人多的特点，龙亭家园社区大力发展志愿者队伍、共建单位等组成的社区社会组织，打造龙亭“为老服务”阳光工程，提高居民群众的文化素质和社区文明建设水平。通过搭建信息反馈平台，组织社区党员、楼门长、志愿者成立社区事务反馈中心，深入了解居民所需，不断提升公共服务水平。通过环保宣传、绿地养护等活动的开展，增进了邻里的交流互助。通过扶植社区合唱团、晨练队、葫芦丝乐队、编织组、舞蹈队等多支文化体育组织，带动更多居民群众参与社区建设，社区单位也在带动下参与社区共驻共建，开展为民服务活动，从而为社区社会组织更好地发挥作用打下了坚实的基础。完善的制度、规范的社会组织、贴心的服务、共建和谐的氛围夯实了社区以人为本的工作基础。社区社会组织的良好运转与作用的充分发挥，使社区党支部、居委会的作用更加显著，确保了“公共服务型”社区品牌落到实处，深入人心。

（四）居住和谐，促美丽社区建设

天霖园社区坐落在老城厢地区的西南角。历史上这里是平房成片的旧式城市居民聚居区。房少人多的尴尬，屋漏阴雨的艰难，因陋就简的“休闲娱乐”……种种“大杂院、小胡同”式的生活图景，构成了数代老天津人的共同记忆。2003年，老城厢地区整体拆迁改造；2007年，新的住宅小区建成，区域面貌随之焕然一新。如今的天霖园社区在“创新理念，强化优势，创建环保型模范社区”的目标引领下，自然环境优美、人际关系和谐，呈现出居民共建共享的生态宜居社区面貌。社区的绿地面积2.5万平方米，树木有30多个品种，共计300余株，水池、凉亭、假山、长廊等园林小品17处，整体绿化覆盖率达31%。徜徉其间可见，每一棵大小树木各有其名，每一处亭台轩榭题匾殊异，这是居民集体智慧的结晶，他们以自主命名、自我认养的方式，表达了对社区、对生活的无限热爱。居民以自主行动保护环境，爱护植物，文明养犬，互帮互助，同做文明市民，共建生态宜居社区。社区定期开设环保课堂，为居民传授环境保护知识，传达健康文明的生活理念。

尚佳新苑社区以创建“和谐平安型”社区为特色，本着以人为本、共筑和谐的目的，深入挖掘社区资源，重点打造秩序和谐、环境和谐的平安社区。社区与辖区内医院、学校、物业等单位开展丰富多彩的共驻共建活动，利用社区多功能活动室，举办各种类型的法律法规宣传和健康讲座；利用“文化书吧”，举办读书沙龙活动；在中小学生假期时举行爱心图书角捐书活动，进一步提高社区居民的文化修养，强化居民的治安防范意识。在服务工作中，加强社区、物业、民警三方联合管理，定期对辖区内单位进行防火防盗宣传讲座，逐步落实组织制度的建设，完善社工人才高效联动机制和社区基层管理模式，加快实现社区网格化管理。

撰稿：孟　佳　天津市南开区社区教育委员会办公室
赖　立　中国教育科学研究院

五区联动添书香，共谱社区教育新篇章

——上海市杨浦区五角场街道案例

五角场街道地处上海市区东北部，面积7.66平方千米，常住人口14.9万，有居委会32个，居民小区144个，是上海四个市级副中心之一，也是杨浦区建设国家级创新型试点城区和大学城区、科技园区、公共社区“三区融合、联动发展”的核心区域。辖区内有各类学校近30所，其中包括复旦大学、上海财大、上海远程教育集团、南京政治学院上海分院、第二军医大学等7所高校，在读大学生10余万人，两院院士23位；区域内还坐落着上海创业者实训基地、联合国南南合作特设局、美国硅谷银行上海代表处及各类企事业单位3000余家，国家级科技园3个、驻区部队14支。街道教育科研、创新创业和人才智力资源非常丰富，为社区建设发展提供了得天独厚的优势，也为推进社区教育和建设学习型街道提供了良好的基础和条件。

学习型街道创建历程凝聚了街道各层领导和群众的心血及努力。自2006年街道成立社区教育委员会开始，便十分重视社区教育工作，先后获得2006—2010年“上海市成人教育先进集体”,2011—2012年“全国社区教育示范街镇”、“上海市社区教育示范街镇”，“全国文明单位”等一系列荣誉。

一、加强领导，完善体制，形成齐抓共管的工作格局

五角场街道高度重视社区教育工作，以积极打造“魅力五角场、知识新家园”为总目标，以争创全国文明单位三连冠为抓手，按照资源共享、联学联创的工作理念扎实推进各项工作，构建了“五区联动”的区域性社区教育模式。所谓五区联动，就是以大学校区为依托，以科技园区、部队营区和副中心商区为平台，以资源在公共社区的积聚、共享、融合为抓手，注重利用区域内各类资源，形成社区教育工作的合力。

完善体制机制，为学习型街镇建设提供条件保障。一是健全管理体制。坚持由街道党工委书记任主任的社区教育委员会（以下简称“社教委”）制度。社教委成员来自“五区”——社区、校区、园区、营区和商区，共有32人，

负责创建工作的指导协调。下设五角场街道社教办公室及社区学校，负责学习型社区的日常创建工作。二是完善工作机制。街道党工委坚持上半年和下半年两次听取学习型社区创建工作专题汇报，使工作做到制度化、规范化。三是整合志愿者队伍。一支由百余名专家学者、30余名专任教师组成的社区教育志愿者队伍，发挥团队的智力优势，为学习型社区创建献计献策。四是提供物质保障。2013年，街道投入300多万元（人均达20元）用于推进社区教育工作。同时在确保政府投入逐年增长的基础上，积极引导社会资金，多渠道补充对社区教育的投入。

二、培养团队，积极扶持，完善考核评估的指标体系

积极开展杨浦区五项学习型组织创建活动。在学习型团队创建中，共有6个学习型居委会、12个学习型楼组、12个学习型班级、8个学习型文体团队、6个学习型志愿者队伍荣获“杨浦区五项学习型组织”的称号。

在学习型团队创建工作中，街道提出创建的目标、任务、要求和措施，积极扶持，加强管理。以读书、培训活动为重点加强学习型机关建设，连续开展主题读书活动，撰写读书心得和感言征文，定期举办专题辅导讲座和各种比赛活动等。以“创争”活动为契机加强学习型企事业单位创建，建立和完善考核评估指标体系，开展骨干培训班、辅导讲座、编写学习材料等活动，打造“创争”骨干队伍。以评价指标为载体，推出“幸福港湾”项目，培育试点家庭，结合“文明小区”“文明楼组”“五好家庭”等创建活动，引导家庭成员树立人人学习、相互学习、终身学习的理念。社区居民通过参加团队学习活动，丰富了知识，沟通了情感，振奋了精神，充实了生活。富有特色的团队学习活动，形成了共同的价值观、理想和信念，凝聚起社区精神，成为深受居民喜爱的学习聚集地。

三、整合资源，深化内涵，提升创建工作的整体水平

辖区内大中小学校的教室、图书馆、多媒体教室、体育馆、操场及设备已全部向社区开放，许多教师加入社区教育师资队伍。复旦大学、同济大学、上海财经大学、南政上海分院、上海理工大学、上海电机学院、上海电力学院等高校联动发展，以讲师团、专家咨询团、大学生志愿者、社区教育辅导员等多种形式融入社区。在上海远程教育集团的支持下，远程教育卫星网教育资源接入社区东方信息苑，“三网合一”学习点已覆盖全部社区居委会。

文化中心是2004年市政府实事工程之一，是通过整合区域资源建立的集文化娱乐、社区教育、健康服务为一体的综合性文化休闲活动场所，建筑面积5100平方米，其中91%为公益用途。五角场社区学校的校舍设在文化中心内，配备教育网络及电脑房，充分利用东方信息苑的资源。以2013年为例，电脑房活动总人数达3404人次，网络培训总人数达3454人次。五楼图书馆本着“以人为本，服务社区”的原则为社区居民服务，多次获得全国及市级荣誉。各类图书达13.9万册，书籍利用率较高。影视资料使用情况良好，定期有影视活动。馆内还建有独立的档案资料存放处，方便档案资料及时整理归档。

重视和加强社区学校管理队伍的建设，社区学校专职副校长积极参加上海市社区学校校长研修班的学习。通过学习研讨,组织协调能力有了不小的提升。在师资方面，社区学校所聘任的专兼职教师都能胜任并出色地完成教学任务。

街道社区学校目前开设的课程已经增加到63门，约500多个班次，参加学习和培训的人数也增至1.5万人次，布艺画、营养保健、麦秆画等特色课程和根据上班族的特点专门增设的晚间瑜伽班、肚皮舞班，受到市民欢迎。社区学校已申报的14门市学分银行课程均已通过。布艺画项目参加第七届上海市终身学习活动周书画展示，李长明获市摄影作品三等奖，周敏尔获区书画作品二等奖。社区学校为居民教学点提供菜单式的课程配送服务，在32个居民教学点建立了约270个教学班，平均每个教学点开设8门课程，方便居民就近参与学习，形成了健全的社区教育网络。社区学校还积极组织教学点学员参加“市民健康道”评选大赛等活动。

四、政府主导，区域联动，探索同创共建的工作模式

街道充分利用五区优势资源,积极探索“共建共育、共创共享”的创建机制,不断提升全民学习的覆盖面。在社区，积极整合各类资源，形成了“1个社区学校+32个居民区学习点”的两级办学网络。在部队营区，通过开展“书香飘军营”“高雅艺术进军营”等系列活动，不断丰富知识拥军、文化拥军、科技拥军的内涵。部队专家则以“军地党校”为阵地进社区作形势报告，开展国防教育。在校区，与复旦、财大等高校共同建立了高校专家志愿者工作室，联手众多高校，以“政府支持、协会操作、社区搭台、志愿者推进”的运作模式，成立了“阳光同伴俱乐部”，招募大学生志愿者，通过参与式的同伴教育，在同伴间倾听，在同伴间沟通，交流敏感话题，让同龄人共同面对、共同解决。组织精神文明巡访团等，开展“环保讲座”“防核辐射知识普及”“低碳环保”

等一系列社区活动。在商区，广泛开展学习型单位、学习型班组创建活动，成立了“流动职工学校”和“职工书屋”，以岗位培训、学习沙龙等形式，切实提高企业员工的职业素质和学习能力。在园区，“缘聚五角场”青年俱乐部时常面向白领青年发起各类联谊、读书等活动，“寻找幸福缘动力”——缘聚五角场“五区”女性成长项目，引进公益组织，面向五角场街道商区、校区、园区、社区、营区的女性群体开展培训，提升“五区”女性幸福指数。

杨浦区开展的区域联动“双十双百”活动为探索同创共建的工作模式提供了空间，街道积极响应并参与。一是开展社区居民进高校学习活动，以复旦大学为试点高校，推出100本居民高校学习护照，有8人参与了学习活动并拿到了护照。二是积极参与了区学习办推出的100个以上高校学生社团与街镇居民学习点结对共建活动。将高校文化教育资源引进居民小区，丰富居民学习生活，促进居民学习点规范化建设，有10个居委会与10个高校学生社团结了对。三是杨浦区的“十大创新基地”的创建工作。街道申报了体现“三区联动”的教育基地项目——“创智人生”，由复旦大学团委、创智天地、五角场社区联合组建教育基地，为校区、园区、社区提供丰富多彩的“菜单”式服务，为各类人群提供丰富便捷的学习机会。四是积极参与“杨浦高校社区教育超市”提供的各类讲座活动。

五、大力宣传，开展活动，着力提高市民的文明素质

五角场街道着力把社区教育纳入街道建设过程中，在探索社区教育模式上卓有成效。让婴幼儿挖掘潜能，让年轻人互相学习，让流动人口潜移默化地接受知识……社区真正成了寓教于乐的好地方。以创建全国文明单位“三连冠”为抓手，积极开展“蒲公英”行动计划，深化党员义工服务站等志愿者服务基地建设和“心心相连”青年助老志愿者服务等志愿者品牌项目，不断提升社区文明程度和市民文明素质。举办“家园——第七届社区文化节、学习节”系列活动，吸引来自五区的不同行业不同领域多家单位参与。以研讨会、学习竞赛、文艺演出和讲座等各种形式充分展示社区教育发展成果。依托复旦博士生讲师团、大学生精神文明建设巡访团、社区大学生记者团等志愿者资源，通过文艺表演、咨询、版面展示、发放小册子、电子大屏幕等形式，进行节能减排的宣传。新建小区宣传橱窗40个，科普宣传画廊1个，廉政文化围墙4面，形成较为整齐、规范的宣传舆论阵地。重视青少年学生教育，以弘扬爱国主义民族精神为目标，进行以“红色英烈”“红色记忆”“红色经典”为重点的主题教育，积极开展暑期读书节、影评节活动，并获得区

影评节“主题活动优秀组织奖”。

六、创新载体，打造品牌，营造书香浓郁的学习氛围

不断创新活动载体，打造学习品牌，有效激发社区群众学习需求，推进了学习型社区的常态化建设。一是创“五区联动”特色品牌。整合社区特有的“五区融合，联动发展”特色资源，以“魅力五角场文化联盟”为“五区联动”的有力抓手，各类系列活动的轰动效应波及整个上海区域，呈现一抹亮色。“五区联动”下的文化联盟不断挖掘社区教育文化资源，坚持“主题活动与群众文化教育活动的结合，阵地活动与区域性活动的结合，组织活动与自发活动的结合”原则，积极构建具有特色的社区文化教育体系，大力营造温馨和谐的社区文化教育氛围，有效形成了“五个一”亮点：“一节”，即每年一届的社区教育、文化节，通过综合文艺演出，集中展示社区文化教育建设成果，已举办七届；“一园”，即五角场社区“爱在第二故乡”春节游园，为辖区驻地部队官兵、外来务工者等营造欢乐、祥和的第二故乡节日氛围；“一月”即社区读书月，推动全民读书新理念；“一场”，即社区评弹书场，打造真正的百姓文化；“一圈”，即绿杨军地读书圈，形成书香军营的文化亮点。这一系列特色活动的开展，成为街道公共文化教育服务体系建设的重要抓手，较好地满足了社区大众多层次、多样化的文化需求。通过“魅力五角场”文化联盟搭建平台，社区文化教育主体服务对象从社区老年人为主拓展到五区的在职人员，让更多人享受到社区文化教育事业发展的成果，也让更多人增强了社会责任感和使命感。社区文化教育在服务城市建设管理、促进社会进步、维护社会稳定、提高居民幸福感等方面发挥着不可替代的作用，“魅力五角场”文化联盟的成立，使杨浦社区文化教育迈上一个新的台阶。二是强化志愿者品牌建设。着力培育了“复旦大学博士生讲师团进社区”“园丁助学工作站”“街道关心下一代老干部宣讲团”“知识女性志愿者工作站”等258支各类文体志愿者团队。三是创新活动载体。在全市首创“网上阳光之家”，为家庭生活困难的社区居民和活动不便的残障人士提供了学习的平台。四是整合市级文化资源。加大与市文联艺术培训中心和市话剧艺术中心、市评弹团的合作力度，为社区提供市级优质文化资源。五是加强文化中心建设。仅以2013年为例，文化中心每周开放平均时间为84小时，接待外国友人、外省市领导、本市区领导及其他参观单位共96批，先后承办各类会议222次，播放电影107次，举办各类演出118场、培训172次、讲座48次、展览11场，共接待群众累计近60

万人次。

七、扎实推进，积极研讨，凸显学习型街镇建设的成效

街道社区学校承担的市级课题“居民教学点教育活动评价指标体系研究”顺利结题，获市优秀成果二等奖，“深化学习型团队发展，推动和谐社区建设的探索与研究”实验项目已进入具体实践阶段。《五区联动，涵养一个书香社区》一文编入《实验与示范（二）——上海市社区教育实验工作总结》，《构建“五区”联动机制，共筑书香浓郁五角场》《五角场街道创建学习型社区的现状与思考》两篇论文分别荣获上海市第九届社区教育优秀论文二、三等奖，《构建“魅力五角场”文化共建联盟的实践与思考》荣获上海市第十一届社区教育优秀论文三等奖，《贯彻〈条例〉，实现社区教育新发展》《贯彻实施〈促进条例〉，实现社区教育法制化建设》两篇文章分别发表于市、区社区教育杂志。

近年来，街道先后荣获“全国文明单位”“全国社区教育示范街镇”“全国优秀职工书屋”“上海市文明社区”“上海市社区教育示范街镇”“上海市成人教育先进集体”“上海市科普示范街镇”“上海市特级社区文化活动中心”“上海市特级图书馆”“上海市百万市民环保培训先进单位”“上海市社区学校教学观摩点”“杨浦区学习型机关创建工作先进单位”等荣誉称号。社区学校获评“上海市社区教育先进集体”，“复旦大学博士生讲师团进社区”被评为上海市2006—2012年“终身学习活动品牌项目”。

知识的洪流到处涌动，浓郁的书香溢满社区。发展社区教育是一项长期工作，只有起点，没有终点。在广大辖区单位、社区群众的积极参与和共同努力下，五角场街道的社区教育必将迎来更美好的明天！

撰稿：上海市杨浦区五角场街道社区教育委员会

争创学习型院校，助推学习型街镇建设

——北京市海淀区中关村学院案例

近些年来，中关村学院（北京市海淀区职工大学）顺应全球知识经济发展的新趋势，积极践行终身教育理论，认真分析海淀区情、海淀教育的区位优势和学院自身发展现状，通过系统思考、系统设计、系统建构，基于自身集社区学院、职工大学、电大分校、文明市民总校于一体的特点，从发展目标、功能实现、学习方式转变等方面，将打造学习型院校与服务学习型街镇建设结合起来，形成良性互动，提升区域服务支撑能力，助推学习型街镇建设。

一、目标体系定位学习型街镇建设发展

2003年4月，海淀区委、区政府召开海淀区教育大会，提出要创建国内一流的教育综合改革试验区和学习型社会示范区的发展目标，努力提高海淀区各级各类教育质量，进一步提升高等教育水平，缩小城乡教育差距，使海淀教育的学习服务能力、人才支持能力、知识贡献能力和国际竞争能力有显著增强，建成全国教育现代化水平最高、文化学习氛围最浓的“学习型海淀”。2003年12月，区政府发布了《关于开展创建学习型组织的实施意见》。

中关村学院树立“开放、合作、服务、创新”的办学理念，本着“立足海淀、面向市场、优化服务、特色创新”的原则，形成了基础定位、价值定位、功能定位、延伸定位的学校目标体系，明确了“一体两翼”发展战略，即以学院为一个整体，以学历继续教育和非学历培训、社区教育为两翼。“一体”提供整合、管理、服务职能;“两翼”联动，相互融合，协调均衡，带动学院整体发展。以主动、积极的态度整合优化教育资源，以“一体化”思路整体构建教育服务体系，在实现学院发展目标转型的同时，助推学习型街镇建设再创佳绩。

中关村学院把建设学习型院校作为立校之本、发展之源。在达成共同愿景的基础上，学院内部进行组织变革，从体制机制、人员配置上保证业务、行政、后勤、安全、保卫等职能部门形成合力，全面推进学习型学院创建工作。2011年6月和2012年6月中关村学院进行了两次内部机构和人员配置调整，优化了

管理结构和人员素质。在区域层面，海淀区政府教育督导室授权学院设立了“海淀区社区教育督导办公室”，并将“海淀区职业教育成人教育学会”秘书处、海淀区校外青少年教育研究中心和海淀区青少年社会大课堂办公室移设到学院内，为学习型街镇建设的构建提供组织保障，使学习型学院构建和学习型街镇建设形成良性互动。

在积极推进学习型学院建设的同时，学院配合海淀区学习型城区建设工作领导小组办公室、社区教育联席会议，协助承办《学习型海淀》报和网站建设，深入开展学习型社会、学习型城区、学习型组织理论的学习和宣传，提高广大群众对学习型街镇建设的知晓度、参与度，促成学习型城区建设的区域共识。积极配合各级党委、政府、各委办局开展学习型街镇的建设工作，力促“党委领导、政府推动、社会支持、全民参与”的建设机制形成。加大投入，为广大群众参与学习型街镇建设创造更好的环境和条件。通过努力培育海淀良好的精神文化（文明）氛围，优化区域发展环境，促成一种创新创意“场”，使学习型院校的建设成为区域功能发挥的“黏合剂”和“倍增器”，提高核心竞争力，促进区域五大建设，特别是学习型街镇的建设。

二、科研体系引领学习型街镇建设方向

中关村学院通过重点课题研究、专家委员会指导、学术委员会管理咨询等对各种教育形式进行综合研究，服务学院教育教学实践，引领学习型街镇的方向。

全国教育科学“十一五”规划2010年度教育部重点课题“区域构建终身教育体系实验研究——针对‘常青藤’社区终身学习系统建设的研究”“社区教育计算机特色课程建设研究”，国家社会科学基金教育学青年课题“社区教育教师工作特性与能力建设研究——基于同中小学教师比较的视角”的子课题“教育资源富集地区教育发展形态与社区教育教师（工作者）工作特性问卷数据分析”，北京市教育科学“十二五”规划2013年度立项的重点课题“农村城镇化中新市民学习需求分析与教育功能的研究”“校企合作加强实训基地办学模式创新研究”，以及“北京市推进终身学习和学习型城市建设案例研究”等工作课题的研究，充实了学院的科研体系内涵，营造了学院的学习研究氛围，为引领学习型街镇建设提供了科研支撑。

学院鼓励教师全员参与科研工作，加强课题之间的互相配合，将课题研究成果转化为项目，形成与学院的教育教学实践良性互动的科研体系。学院分别对应启动“常青藤”社区终身学习系统建设、“甘百商学院”校企合作、学

前教育一体化衔接、北部新区车耳营乡村民生建设等有机统合的项目。特别是农村教育研究逐步形成了“课题簇”：国家社会科学基金“十二五”规划课题教育学重点课题“新型职业农民教育培养重大问题研究”子课题“新型职业农民教育培养路径、内容与方法”；全国教育科学“十一五”规划教育部重点课题“区域构建终身教育体系实验研究——‘常青藤’社区终身学习系统建设的研究”子课题；2013年度北京市教育科学规划重点课题“农村城镇化中新市民学习需求分析与教育功能的研究——以海淀北部新区为例”；北京市成教学会2013—2015年度成人教育科研课题“云平台在乡村社区教育活动中的应用”“农村教育资源整合与成人学校建设研究”“城镇化进程中的农村成人教育发展问题研究”。

三、资源体系支撑学习型街镇建设

利用海淀教育和科技资源优势，学院紧密结合区域资源、课题研究、项目运行推进资源整合优化，从自发到自觉、从浅层次到深度融合、从横向到纵横向结合，各种教育形式互相配合，将资源优势转化为系统优势，支撑学习型街镇建设。

（一）区域化

中关村学院结合海淀高科技集聚的特点，与中关村高新科技企业协会合作，开设“中关村大讲堂”，为万余家高新科技企业搭建新的教育服务平台；利用海淀区教育的独特优势，共享青少年社会大课堂的优质教育资源，学院的社区教育体验中心也对中小学师生开放，实现与区域基础教育的联动和融合。

在推进学习型乡镇建设中，中关村学院突出区域化的特点，以2013年全国社区教育实验项目——“两委”培训项目为牵引，结合各镇自身特点，从镇级层面构建全面战略合作伙伴关系。学院协助街镇制订人力资源开发和人才培养方案；共同调研、起草有一定影响力和地域特点的人才教育发展报告；在各街镇建立社区教育分院，向各街镇派驻教师联络员，开展相关培训和学历教育；共同开展课题研究，共建理论研究、实验推广基地，协助培养文体骨干，辅助开展文体活动。通过战略合作的模式，共同推进学习型街镇的建设。

（二）课程化

社区教育体验中心开设以中国传统文化为主题的体验课程、公务员文化素养课程、城镇化进程中的农村干部群众素质提升课程、中小学生校外教育课程、不同人群书法、美术等艺术教育课程……通过一系列的课程改革，将不同项目、不同层次的课程和学习资源有机整合，创新了学院的课程框架体系，在“区本”知识资源的建设上进行了有益的尝试，丰富了学习型街镇建设的内涵。比如，在海淀区苏家坨镇车耳营村乡村旅游接待户培训项目中，学院农村发展与教育研究中心的老师，开发出原创性的“管理提升模块”农民培训课程，在课程设计、教育教学组织上，都取得了较好的效果。

“管理提升模块”共80课时，培训内容由三大板块构成。基本知识：包括“农家院”经营申办程序、乡村旅游基本要素、“农家院”经营过程主要环节、“农家院”的服务观念与经营原则、“农家院”服务的基本要求与质量等。创新技能：包括创新思维与创新方法、饮食文化打造经营特色的方法、民俗文化打造经营特色的方法、地域特色文化打造经营特色的方法、服务过程打造经营特色的方法、经营项目打造经营特色的方法等。管理技能：包括计划管理、人员管理、采购管理、成本管理、质量和安全管理等。

“管理提升模块”课程安排表

时间	地点	课程内容	课时
10月29日	车耳营村委会一层会议室	乡村民俗旅游的发展与建设	8
10月30日	车耳营村委会一层会议室	管理方法与管理原则1	8
10月31日	车耳营村委会一层会议室	管理方法与管理原则2	8
11月5日	车耳营村委会一层会议室	“农家院”的经营与管理1	8
11月6日	车耳营村委会一层会议室	“农家院”的经营与管理2	8
11月7日	车耳营村委会一层会议室	创新思维与创新方法	8
11月12日	车耳营村委会一层会议室	“农家院”的特色服务与创造	8
11月13日	车耳营村委会一层会议室	文化与特色服务的打造1	8
11月14日	车耳营村委会一层会议室	文化与特色服务的打造2	8
11月19日	车耳营村委会一层会议室	文化与特色服务的打造3	8

中关村学院组织校内外的专家和优秀教师，组成“管理提升模块”的教学团队，严格按照课程安排，通过老师授课、小组学习、案例剖析、村民参与、共同评价等形式，增加了“管理提升模块”培训的吸引力。课程安排在周一至周三的接待闲暇时间，通过适当的考勤管理，村民到课率达到90%以上。培训中设计了评价反馈表，通过收集村民的评价和意见，分析村民通过培训获得的成长与进一步的学习需求，目标是通过严格的培训程序把控，将“管理提升模块”做成示范样板，总结提炼出具有典型意义的理论成果。

中关村学院正在努力打造海淀北部新区农村地区教育服务的“项目群”。围绕新型城镇化进程中农民的学习需求，形成实验性和实践性项目群。主要包括村基层干部培训、镇中层干部培训、企业干部（员工）培训（职工素质培训），文体骨干培训、社区管理干部培训、农民综合素质培训等。

（三）信息化

从“海淀终身教育网”到“学习型海淀网”再到正在进行的云平台建设，不断升级、完善的信息化平台是学院整合优化区域资源的现代化手段，并逐渐成为学习型街镇建设的重要载体。通过专业化培训，激励老师的学习热情，使全体教师的信息化能力不断提升，与区域内的专业资源建设机构合作负责网上资源的提供、运行、服务、管理，为学习型街镇建设插上了信息化的“翅膀”。

四、服务体系推进学习型街镇建设

（一）更多的服务功能

中关村学院的服务由以往较单一的学历教育向多种教育并重，同时加强社会服务、文化传承的方向转变，“甘百商学院”、北部新区车耳营乡村民生建设等项目全方位服务政府和社区，拓展了学院的服务功能。

一批批学习基地由学院和社会资源单位建立，新的学习项目不断涌现，各种门类的课程和学习资源不断生成，充分体现了学习型街镇建设“常青藤”般的开放性、有机性、生长性、可持续性。学院开发了包括北京高等教育精品教材建设项目《军乐艺术概论》等12部教材和网络课程；开设了书法、国画、插花艺术、厨艺、中西面点、茶艺、葡萄酒，摄影、陶艺、国乐等门类的体验课程；已拍摄学习资源类参考教程《中华美食》系列片320集，正在推出非物质文化遗产传承创新教育系列片《面塑艺术》。通过“学习型海淀网”“中关村学堂”和国家开放大学在北京唯一确定的“社区教育网络实验室体验学习基地”，以及正在全力建设的云平台等信息化平台，真正实现线上线下的互动与融合。

（二）更宽的服务领域

针对各个年龄段、各行各业学习者的个性化学习需求，学院提供的学习项目不断丰富并逐步系统化，为各类学习者提供了知识共享、互动学习、交流提高的平台，力求做到服务“人人”的“时时”“处处”学习。学院重点服务十大系列的学习型组织建设，夯实学习型街镇建设的基础。比如，紧贴海淀实际，加强与学习型企业的合作沟通，发挥海淀高科技企业的创新示范作用。通过与各行业协会、社会组织联手，开展多种教育服务项目，促进了社会成员的学习积极性，传达了党和政府对百姓的关爱之情，弘扬了中华传统文化。通过政产商学研和区域各类社会资源调动、融合、优化，发挥了政府、企事业单位、社会团体和学习者组织的综合作用，探索了以学习型街镇的建设推进区域社会管理的创新之策。

鼓励社区依托自身的资源优势，成立各种学习组织、学习团队，通过组织学习，激发社区居民的学习积极性和创造性。2013年，海淀区有群众自发性学习团体2051个，参加人数超过10万。仅以海淀区温泉镇为例，就成立了58个文艺团体和66个健身团体。

学院努力发挥自身的师资以及体验中心场地的环境优势，对这些组织进行帮助扶持，夯实学习型街镇的基础。

（三）更强的服务能力

1. 教师队伍建设。为了满足学习型街镇建设和学习型学院建设对教师能力和结构的新要求，学院除传统的教师继续教育培训外，还组织教师参加国内外高水平的教法与管理素质培训、社区教育有关的技能培训。通过“请进来，走出去”，先后有近百名教师参加了包括哈佛大学研究生院的教法培训等各类专业培训。利用海淀区人才济济的区位优势，外聘社区居民当中的人才和大学生担任志愿者，还在其中聘任37名客座教授。与海淀区教育基金会合作，设立“社区教育创新管理者、创新型教师和优秀学员”项目奖励，已经连续两年奖励80人。2012年起为了配合学习型学院建设和学院的战略转型，成立了以潘四发院长担任组长的社区教育课程开发和建设领导小组，负责对社区教育课程开发和建设工作的指导与培训。通过教研和科研部门的积极配合和各主管院长以及相关部门的共同努力，使教师获得了更多提高和发展的空间。

2. 服务平台体系构建。学院立足区域、服务区域，积极建立向社会开放优质教育资源的机制，构建人人、时时、处处学习的平台和服务体系。按照《海淀区“十二五”时期教育发展规划》的部署，利用海淀区教育科技文化资源丰沛的优势，形成以学校为“龙头”，以29所街道（镇）社区教育中心、6所社区教育学校为“龙身”，以653所社区（村）一级社区教育学校为“龙尾”的社区教育三级办学网络。

在强化原有平台基础上，学院建设了集学习、示范、传播、交流、研究等多功能于一体的公益性“社区教育体验学习中心”。中心以体验式学习为特色，通过项目机制将自身教育资源和社会资源加以整合，开发出一系列新的教育服务项目。通过资源的优化整合，吸引一部分区域公共及社会教育资源，建设了一批终身学习的服务基地。迄今为止，中心先后接待近58个国家的外宾朋友和70多个省市地区的兄弟单位参观，每年培训和学习交流受益人数达到近10万人次。中心积极探索新的学习服务形式，将研究性学习、行动学习和体验学习等多种学习形式融入培训和社区教育活动之中，吸引更多的社区民众参与。作为体验式学习的先行者，在全国得到普遍认可。

通过三级网络和体验中心的建设，为海淀学习型街镇建设奠定了组织基础。作为“龙头校”，学院积极为各级各类社区教育组织机构、各类学习型组织建设提供支持和帮助，以三级网络为主干，通过相应的机制组织起社区居民自发成立的社会组织网络；还利用海淀区教育资源的优势，努力锻造自身“核芯”地位，并全力整合了一个终身教育公共服务平台和社会资源供应网络。由面到点，由点到面的“点面结合”工作推进，多载体的有效整合，使学习型学院构建与学习型街镇建设良性互动。

3. 服务项目品牌化。在教育教学实践中，学院打造了一批优秀教育服务品牌项目。甘百商学院、学前一体化衔接、常青藤社区数码摄影学习圈、美丽人生培训、市民数字化能力培训、车耳营村农家乐旅游服务水平提升培训等，以优秀项目为载体，不仅全面提升了学院的服务能力，还促进了区域社会经济文化的发展。

近年来，在海淀区委、区政府的关心支持下，中关村学院在推进自身学习型学院建设的同时，积极投身海淀区的学习型街镇建设，逐步形成了“政府主导引领、多方协同联动、居民给力参与”的良性发展局面，取得了丰硕的成果，在国家级、市级层面获得了多项荣誉。西三旗街道是首批“全国社区教育示范街道，”四季青镇成为“全国创建学习型社区示范街镇”，西三旗街道、学院路街道、青龙桥街道获得北京市级“社区教育示范街道”称号。

实践发展永无止境，认识真理永无止境，理论创新永无止境。在新的历史起点，中关村学院作为区域性的高校，按照“开放、合作、服务、创新”的总体思路，以“高端、示范、引领”为建设目标，履行高校四大职能，大力推进海淀区继续教育事业，努力提高市民文明素质和城区文明程度，为海淀区终身学习服务体系建设、中关村国家自主创新示范区核心区的加速发展、学习型街镇的全面建设做出创新性的贡献。

撰稿：徐文新　北京市海淀区中关村学院

反盗版举报电话　（010）58581897　58582371　58581879

反盗版举报传真　（010）82086060

反盗版举报邮箱　dd@hep.com.cn

通信地址　北京市西城区德外大街4号　高等教育出版社法务部

邮政编码　100120